HTML5, CSS3, JavaScript

웹 표준을 이용한 iOS 앱 개발 트레이닝

크리스토퍼 레이온 지음

김지선 옮김

정보문화사
Information Publishing Group

HTML5, CSS3, JavaScript
웹 표준을 이용한 iOS 앱 개발 트레이닝

초판 1쇄 인쇄 | 2012년 7월 9일
초판 1쇄 발행 | 2012년 7월 13일

저   자 | 크리스토퍼 레이온
역   자 | 김지선
발 행 인 | 이상만
발 행 처 | 정보문화사

편   집 | 김우진, 이미향, 정수진, 이선주, 정인경
디 자 인 | 성연미, 최우정
기획마케팅 | 임철우, 남무현, 안상현, 유희상, 김수환
주   소 | 서울 종로구 동숭동 1-81
전   화 | (02)3673-0037~9(편집부) (02)3673-0114(대)
팩   스 | (02)3673-0260
등   록 | 제1-1013호
I S B N | 978-89-5674-567-1

도서 문의 및 A/S 지원
정보문화사 홈페이지 | http://www.infopub.co.kr

이 책은 저작권법에 따라 보호받는 저작물이므로 무단 전재와 무단 복제를 금지하며,
이 책 내용의 전부 또는 일부를 사용하려면 반드시 저작권자와 정보문화사의 서면동의를 받아야 합니다.

• 정보문화사는 독자 여러분의 의견에 항상 귀를 기울이고 있습니다.
• 잘못된 책은 구입처에서 교환해 드립니다.
• 가격은 뒤표지에 있습니다.

나의 아버지, Roger Layon을 추모하며.
그의 삶은 나를 올바르게 살도록 가르쳤으며
그의 죽음은 나를 정열적으로 살게 했다.

역자의 글

Apple의 iPhone이 세계 휴대폰 시장의 판도를 뒤바꾼 것은 누구나 다 알고 있고 인정하는 사실입니다. Apple을 성공하게 만든 이유는 다양하지만 가장 큰 요인 중의 하나는 사용자들을 기존의 수동적인 위치에서 적극적이고 능동적인 Apple의 개발자가 될 수 있는 길을 열어주어 일반 사용자들에게 다양한 앱을 즐길 수 있게 해주었다는 것입니다. 물론 앱 개발을 한다고 해서 Apple의 정식 고용인이 되는 것은 아니지만 말입니다. 누구나 앱을 만들어 앱 스토어에 올려 판매할 수 있다는 무한한 가능성에 프로그램에 관심이 있는 사람이라면 한번쯤 앱 개발을 꿈꾸어보았을 것입니다.

이 책에 대해서 이야기해보겠습니다. 이 책은 저자가 밝히고 있는 것과 같이 프로그래머가 아닌 HTML, CSS, JavaScript와 같은 웹 표준에 관련 지식이 있는 디자이너들을 대상으로 썼습니다. 앱 개발을 하려면 Objective-C를 알아야 하지 않나요? 라고 묻는 독자가 있을 수 있습니다. 물론 저도 지금까지 그렇게 생각해 왔습니다. 하지만 이 책에서 다루는 툴인 NimbleKit은 방대한 Objective-C 라이브러리를 사용하여 앱 개발자가 굳이 Objective-C를 코딩하지 않아도 앱 개발을 수월하게 할 수 있도록 길을 열어주었습니다.

또한 이 책은 앱 개발을 위한 작업 환경 세팅, 앱 개발 과정, 앱 빌드 및 테스트 과정, 앱 스토어에 올리는 과정 등을 비교적 상세하게 설명하여, 처음 앱 개발자의 길에 들어선 독자들에게 간접적이나마 전체 그림을 그려주어 아직까진 막연한 앱 개발의 세계에 어느 정도 뚜렷한 지침이 될 수 있게 해주었습니다. 이 책에 나오는 대로 차근차근 따라하다 보면 아주 간단한 앱을 뚝딱 만들 수 있을 정도로 아주 쉽게 쓰였습니다. 이 책이 앱 개발에 관심은 많으나 어디서부터 시작할지 몰라 망설이는 독자들에게 많은 도움이 되길 바랍니다.

이 책의 번역 기회를 주신 정보문화사 편집부에 감사의 뜻을 전하고 싶습니다. 제 인생에 새로운 활력이 된 계기였습니다.

김지선

저자의 글

나는 interactive design 분야의 석사 학위를 가지고 있으며, 이 책을 쓰는 과정은 마라톤 훈련 그리고 대학원 과정과 매우 비슷했다. 나의 목표를 성공적으로 달성하기 위해 철저히 계획하고 전념하는 것이 필요했다.

하지만 다른 사람들의 지원 역시 매우 중요한 요소였다. 나의 친구들과 동료들, 가족들이 많은 지지를 보내주었으며 그들 모두에게 감사의 말을 전한다.

New Riders, PeachPit, Box Twelve에 있는 편집, 디자인 그리고 미게팅 스태프, 특별히 Michael Nolan, Jeff Riley, Glenn Bisignani에게 감사한다.

나의 기술 에디터, Zach Johnson의 코딩 경험과 비판적인 눈 덕분에 이 책의 수준이 한 단계 높아졌다. NimbleKit의 창시자, Alexander Voloshyn의 부가적인 기술 지원과 여러 가지 중요한 코드 샘플들 그리고 친근한 조언들을 많이 제공해 준 것에 감사한다. Martin Grider와 Bill Heyman은 내가 첫 번째 iPhone 앱을 만들고 Objective-C를 배우는데 도움을 주었다. Eric Meyer와 Kristina Halvorson은 도움이 되는 조언과 (그보다 더 큰 도움이 된) 격려를 해주었다. Apple에 근무하는 Mike McGraw는 내가 San Francisco에서 열리는 2010 WWDC에 참가할 수 있도록 도와주었다.

나에게 첫 번째로 앱 개발을 의뢰한 고객이자 협력자인 Mark Brancel의 참을성, 그리고 나의 작업을 믿어준 것에 대해 감사한다.

친구이자 법률 자문인 Shawn의 조언와 지원은 나의 많이 날카로워진 신경을 가라앉혀 주었다.

친구이자 항해 교양과목 학자(sailing liberal arts scientist)인 Tim은 항해술을 가르쳐주었고, 함께 얘기할 때마다 세상을 다르게 볼 수 있도록 영감을 불어넣어 주었다.

친구이자 달리기 코치인 Eric. 내가 달렸던 세 번의 마라톤은 이 책을 마치기 위해 필요한 훈련과 정신적인 인내를 갖게 했다.

Minnesota 대학의 System Academic Administration에 근무하는 디자인 그리고 커뮤니케이션 동료들, Amy, Angie, Gabe, Kate, Kathy, Mike 그리고 Peggy에게 감사한다.

2008년부터 현재까지 나의 MinneWebCon 컨퍼런스 계획 동료들인 Amanda, Dan, Danny, Eric, Gabe, Jesse, Peter, Sara, Simin 그리고 Zach에게 감사한다.

장모님과 장인어른 Marilyn과 Kent 두 분이 아주 많은 시간동안 아이들을 돌보아 주셨기 때문에 이 책을 쓸 수 있었다. 작가이기도 한 Marilyn은 이 책의 첫 번째 장의 편집을 도와주었으며, 이 책을 출판사에 보낼 수 있는 확신을 주었다.

나의 어머니 Sharon의 정원사이자 꽃꽂이와 스테인드글라스 아티스트로서의 재능은 내가 패턴들과 아름다움을 보는 능력을 기르는데 도움을 주었고 새로운 것을 창조하고자 하는 열정을 불어넣었다.

나의 사랑하는 아내와 딸들은 이 책을 작업하기 위한 시간과 공간을 허락해 주었고 책을 쓰고 편집하느라고 가족의 일원으로서 충실하지 못한 것에 대해 전혀 불평하지 않았다. Katie, Sarah, Grace, Emma 그리고 Anne에게 감사한다.

저자 약력

Kristofer Layon은 디자이너이자 교육자이고 컨퍼런스 디렉터이다. Kris의 첫 번째 iPhone 애플리케이션, 'ArtAlphabet'은 유년기 아이를 위한 조판 플래시카드 게임이며 2009년에 App Store에서 판매를 시작했다. 그의 회사인 Aesthete Software는 의뢰인들을 위한 모바일 애플리케이션들을 디자인하며, 의학, 사진 그리고 교육을 포함한 다양한 범위를 다룬다.

그는 1993년부터 그래픽 디자이너로 일했고 1996년부터 웹 디자이너로 일했다. 그때부터 Kris는 엔지니어, 도시 계획자, 시 정부, 예술가, 음악가, 소매업자, 국립공원 서비스 그리고 30개 이상의 고등교육기관의 사이트를 디자인해왔다. 웹 사이트 디자인 외에도 Minnesota 대학의 디자인 컬리지(the University of Minnesota's College of Design)에서 지도교수로서 그래픽 디자인과 조판을 가르쳐 왔다. 2008년에는 웹 전문가들을 위한 지역 컨퍼런스인 MinneWebCon을 설립하도록 도왔다.

Kris는 Minnesota 대학에서 interactive design 전공으로 Fine Arts 석사를 받았으며 독일에서 예술 학사 학위 그리고 Saint Olaf College에서 pre-architecture를 전공했다. 그는 AIGA, HighEdWeb 협회, 디자인 연구 집단(Design Research Society), 미네소타 상호 마케팅 협회(Minnesota Interactive Marketing Association)의 멤버이다. 그의 작품은 AIGA와 마케팅 전문가 서비스 단체(the Society of Marketing Professional Services)로부터 디자인상을 받았으며 그는 일찍이 웹 비디오를 채택해 1999년에 apple.com에서 특집 기사로 다루었다.

INTRODUCTION

HTML와 CSS, JavaScript로 iOS 앱을 디자인하는 것에 관한 책을 읽고 있는 당신은 iTunes App Store에서 앱을 배포하거나 판매할 수 있다. 이것은 당신이 웹 디자이너이며 iPhone, iPod touch, iPad를 위한 네이티브 앱을 디자인하는 것에 어느 정도 관심이 있다는 것을 의미한다.

이것은 너무 좋아서 사실이라고 믿기 힘든 이야기를 읽기 시작할 준비가 되어 있고 또한 믿을 준비가 되어 있다는 뜻이다. 작년 여름 한 워크샵 참석자가 나에게 이렇게 말했다. "내가 당신의 워크샵에 등록한 유일한 이유는 이것이 가능하다는 걸 믿을 수 없어서였습니다." 이 말의 속뜻은 해석하면 이런 것이다. "나는 여기 올 때 당신이 나에게 바가지를 씌우려는 거짓말쟁이라고 생각했습니다."

하지만 이것은 정말로 가능하다. 지금 당신은 내가 2년 전쯤에 갖기를 원했던 바로 그 책을 손에 쥐고 있는 것이다. 당신은 Objective-C 프로그래밍을 배울 필요가 없다. 이것은 나와 같이 자신을 프로그래머로 생각하지 않는 사람들에게는 희소식이다.[1]

그러면 이것이 어떻게 동작하며, 이 책은 정말로 실현 가능한 작업을 다루고 있는가?

물론이다. 하지만 짚고 넘어갈 것이 몇 가지 있다.

이 책은 다음 사항들을 포함한다.

- Apple iOS 디바이스에서 동작하는 네이티브 앱을 디자인하기 위해 HTML과 CSS, JavaScript의 사용법을 다룬 소개서이다.

- NimbleKit Objective-C 프레임워크를 사용하는 소개서이다. 이것은 엄청나게 많은 라이브러리 아이템들의 집합이며, Objective-C 프로그래밍을 하지 않고서도 Apple이 요구하는 Objective-C 앱을 디자인할 수 있게 한다.

---

1 물론 HTML과 CSS, JavaScript와 같은 언어들은 소프트웨어와 하드웨어를 특정한 방식으로 동작하게 한다. 따라서 웹디자이너들은 또한 프로그래머이기도 하다. 하지만 문자 그대로의 프로그래머는 아니다.

- iOS 앱을 시각화하고 계획, 디자인, 구현, 배포하기 위한 포괄적인 지침서이다.

- 고유 iOS 인터페이스를 포함하고 있으며, 콘텐츠 기반의 앱을 여러 가지 형태로 디자인하기 위한 매뉴얼이다.

- 빠른 시간 내에 자신의 첫 번째 앱을 성공적으로 디자인하기를 원하는 학생들에게 iOS 앱 디자인과 콘텐츠 포매팅 원칙들을 가르치는 사람을 위한 책이다.

- 앱 디자인 팀들이 샘플 앱 내비게이션과 스크린을 위한 기능적인 와이어프레임을 만들도록 도와주는 리소스이다.

지금까지 이 책이 담고 있는 내용이 무엇인지에 대해서 설명하였다. 하지만 이 책이 다루지 않는 것을 이해하는 것 또한 중요하다.

이 책은 다음 사항들을 포함하지 않는다.

- Objective-C를 프로그래밍하기 위한 매뉴얼이다. 시중에는 이에 대한 수없이 많은 책들이 존재한다. NimbleKit은 당신이 필요로 하는, 이미 작성된 Objective-C를 포함하고 있다는 것을 기억하도록 하자.

- 당신이 구상한 어떤 앱을 디자인하기 위한 과정을 단계별로 다루고 있다. 그 앱들이 웹 표준과 NimbleKit에서 지원하지 않는 것일 수 있다. 이 경우에 다른 옵션들을 고려해야만 하며, 그 중의 일부를 10장에서 언급하였다.

- NimbleKit에 대한 완벽한 지침서이다. 물론 NimbleKit은 책 한권으로 모든 내용을 가르쳐 주기에는 내용이 너무나 방대하다. 따라서 나는 이 책을 적당한 두께에 합리적인 가격을 책정해서 독자들이 비교적 빨리 읽을 수 있게 하였다.

- 세상에서 가장 훌륭한 HTML과 CSS, JavaScript 코드 예들의 집합이다. 대개는 코드로 디자인 문제를 해결하기 위한 한 가지 이상의 방법이 있다. 때때로 나는 한 가지 이상의 방법을 제시하고 어떤 때는 단지 하나만을 보여주기도 할 것이다. 만약 한 가지 방법만 소개했다면 그게 더 쉬운 방법이거나 단순히 내가 아는 유일한 방법이기 때문이다. 만약 당신이 다른 방법(특히 더 좋은 방법)을 안다면, 이 책의 웹 사이트 http://iosapps.tumblr.com을 통해서 나에게 알려주면 고맙겠다. 만약 내가 테스트해볼 수 있는 코드를 올려준다면, 그것을 웹 사이트를 통해서 다른 독자들과 공유하도록 하겠다.

- 나는 Apple의 iOS 디바이스와 App Store의 열렬한 옹호자이다. 내가 Apple의 디자인과 사용자 경험(user experience)에 대한 헌신을 정말로 좋아하지만 이 책을 팬의 입장에서 쓰지는 않았다. iOS 디바이스를 위한 모바일 애플리케이션에 초점을 맞추고 단순하게 내가 알고 있는 스토리를 쓰고 있으며 내가 할 수 있는 것을 독자에게 가르치고 있다.

- 집필 당시에는 최신 버전이었지만 책이 인쇄되는 동안 어떤 부분은 더 최신 버전으로 바뀌었다. 하지만 나는 끝까지 당신을 도와줄 것이다. 업데이트 내용을 확인하거나 이 책에 나온 코드 샘플들을 다운로드하려면 http://iosapps.tumblr.com을 방문하도록 하자. 샘플은 정보문화사 홈페이지(http://www.infopub.co.kr)의 자료실에서도 다운로드할 수 있다.

만약 당신이 웹 표준에 익숙한 디자이너라면 나의 목표는 당신에게 새롭고도 흥미로운 기회를 열어주는 것이다. 이 책을 읽고 예시들을 따라 해봄으로써 자신의 iOS 앱을 디자인할 수 있고 큰 규모의 디자인 팀들에게 모바일 인터페이스와 사용자 경험 목표에 대해 상담해줄 수 있으며, 다른 사람들에게 모바일 디바이스에서 사용하기 위한 디자인과 콘텐츠를 포맷하는 방법을 가르쳐 줄 수 있을 것이다. 이 책은 단지 시작일 뿐이다. 이 책의 이상적인 목표는 독자가 준비를 갖추고 결과적으로 이 책의 내용보다 훨씬 더 많이 배울 수 있도록 격려하는 것이다.

따라서 행운을 빈다! 즐거운 마음으로 읽고 디자인하기를 바란다!

CONTENTS

1 작아지는 것의 커다란 효과

나는 왜 이 책을 써야만 했는가?
시중에는 이미
iPhone과 iPod touch, iPad 앱을
만드는 것에 관한 책이 나와 있지 않은가?

시중에는 이 책에서 다루고 있는 주제에 관한 책이 이미 여러 권 나와 있다. 그리고 이 책들은 매우 많은 정보를 다루고 있다. 그럼에도 불구하고 이 책을 쓴 목적은 특별한 독자들, 한마디로 바로 나와 같은 사람을 위해서이다.

이 책은 2년 전쯤 내가 처음으로 iPhone 애플리케이션을 디자인하려고 연구를 시작했을 때 내 책꽂이에 있었으면 했던 책을 직접 쓴 것이다. 당시에 내가 구한 책들은 Objective-C를 이용한 프로그래밍에 대해 설명하거나 iPhone과 iPod touch의 특정 기능과 특징에 대해서 다룬 것뿐이었다.

나는 Objective-C 프로그래밍에 대해 반대하는 입장은 아니다. 단지 직접 프로그래밍하기를 원하지 않을 뿐이다. 나는 디자이너로서 Apple의 모바일 기기들이 가지고 있는 특징에 감명 받긴 하지만 나의 일은 기술 자체를 다루는 것이 아니라 사람들과 조직체들이 소통하도록 돕는 것이며, 이것이 내 소망이기도 하다.

따라서 만약 당신이 기술과 씨름하는 것보다 사람들과 일하는 것을 즐기고 각종 기능을 실험하기보다 문제를 푸는 것을 즐기는 디자이너라면, 아주 적합한 책을 찾은 것이다. 왜냐하면 이 책은 사람을 중심으로 하고 필요에 기반한 iOS 애플리케이션 디자인에 대해서 다루고 있기 때문이다.

모바일 매직 그리고 포켓 컴퓨터

iPhone과 다른 스마트폰이 대중적으로 인기를 끌면서 잘 만들어진 모바일 콘텐츠에 대한 요구 역시 급격하게 증가했다. 다음 숫자들을 보면 믿기 어려울 지경이다.

- 2010년 중반까지 8천 5백만 대 이상의 iOS 디바이스 판매
- iTunes App Store에 25만 개 이상의 애플리케이션 등록
- iTunes에서 150억 개의 애플리케이션 다운로드

개인적으로 iPhone이 생긴 뒤로 쇼핑할 때도, 업무 중이나 조깅할 때도, 심지어 스키장 리프트에 앉아있을 때도 언제 어디서나 콘텐츠를 사용할 수 있게 되는 놀라운 경험을 했다. 해변에 있거나 물속에 있을 때를 제외하곤 iPhone을 늘 지니고 있다. 따라서 궁금한 것이 생기면 바로 해결할 수 있다. 참고자료로 쓰기 위해 이전에 찍어둔 사진을 연구할 수도 있고(나는 기록용으로 항상 카메라 앱을 사용한다), 어느 지점으로부터 얼마나 멀리 와 있는지 볼 수 있으며 날씨를 확인할 수도 있다. iPhone으로 할 수 있는 것은 무궁무진하다.

나는 사실 iPhone의 이름이 다소 잘못되었다고 생각한다. 이 이름은 부가적인 기능을 가진 '전화기'처럼 느껴진다. 하지만 사실 이 디바이스는 네트워크 연결이 된 포켓 사이즈의 컴퓨터이다. 당신은 iPhone을

- 원하는 곳 어디든지 가져갈 수 있다.
- 필요할 때마다 언제든지 사용할 수 있다.
- 원하는 소프트웨어를 구입하거나 설치함으로써 개인 용도에 맞춰 최적화할 수 있다.

우리는 iPhone이 가지고 있는 폰 앱 때문에 전화기(그림 1.1)라고 생각한다. 하지만 전화기능은 iPhone이 가진 많은 앱 중의 하나일 뿐이며, 이들은 언제, 어디서나 당신이 원할 때마다 네트워크 연결을 하여, 다양한 하드웨어와 소프트웨어 특성을 잘 이용하여 문제를 풀어주고 정보에 접근하도록 도와준다.

1.1 이게 바로 전화기이다! (반면에, iPhone에서 전화기능은 많은 앱 중 하나이다)

결국 콘텐츠와 문맥이 전부다

그렇다면 이렇게 명백한 것에 초점을 맞추는 이유가 무엇일가? 중요한 점을 지적함으로써 어떻게 앱을 디자인해야 할 것인지에 대한 사고의 틀을 잡기 위해서이다.

다음의 두 날짜를 보도록 하자.

2007년 1월 9일

그리고

2010년 5월 25일

무슨 날인지 알겠는가? 이 날짜들은 iOS 앱에 관련된 아주 중요한 날이다.

2007년 1월 9일은 Apple Computer, Inc. 라는 회사명을 Apple, Inc.로 바꾼 날이다. 3년 뒤 2010년 5월 25일은 Apple, Inc.가 세상에서 가장 가치 있는 회사가 된 날이다.

뉴욕 타임즈의 기사가 이것을 가장 함축해서 보여준다.

> *"가장 중요한 기술 상품은 더 이상 당신의 책상에 있지 않고, 바로 당신의 손 안에 있다."*

Apple은 2007년 초 회사명을 바꿀 때 이런 날이 올 것을 예상한 것이다. 아마도 iPhone이 그해 여름에 곧 나올 예정이었기 때문인 것 같다.

하지만 Apple이 iPhone 하나 때문에 2010년 봄에 가장 큰 기술 회사가 된 것은 아니다. 그 과정은 iPod이 도입된 2001년에 시작되어 iTunes가 출시된 2003년까지 지속적으로 이루어졌다. 그리고 그들이 큰 사이즈의 컴퓨터 생산을 중단한 것은 아니지만 이와 병행해서 좀 더 작은 기기들을 만들기 시작했다. 그리고 이 시도는 일찍이 데스크탑 컴퓨터나 노트북이 해온 것보다 훨씬 더 강력하게 일상생활과 컴퓨터 기술을 하나로 결합시켰다.

완전히 새로운 초소형 iPod 컴퓨터 플랫폼의 출시로 Apple은 Apple II에서 Mac으로 처음 전환했을 때보다 훨씬 더 큰 도약을 이뤘다. 진화의 첫 번째 단계에서 Apple은 데스크탑에 시각적인 은유(아이콘)를 배치하는 그래픽 유저 인터페이스(GUI)를 대중화했다. 또 한가지는 당시에는 신세계를 여는 혁신적인 디바이스로서 현재 모든 개인 컴퓨터에서 보편적으로 사용하는 마우스이다. 요즘은 대부분의 사람들이 모국어를 사용하지 않고도 개인 컴퓨터로 상호작용하며 작업한다 (다시 말해 실제 작업을 하기 위해서는 이 모든 것을 프로그래밍해야 한다).

iPod에서 가장 놀라운 것은 Mac을 놀라울 정도로 줄여버렸다는 점이다. 마우스 수준이 아니라 본체까지 없애버린 것이다. 화면 크기를 아주 작게 만들었으며 디바이스에서 어떤 콘텐츠도 바로 만들 수 없게 만들었다(그림 1.2). Apple은 컴퓨터를 가져다가 많은 기능들을 없앤 다음 최대한 작고 심플하게 만들어서 완전히 비생산적인 디바이스로 만들었다. 1990년대에 그들이 펼쳤던 개인 컴퓨팅 전략과는 완전히 정반대의 전략으로서 궁극적으로 비(非)사업적이었다.

그러면 이와 같이 전력과 크기 그리고 용량을 과감히 감소해서 얻은 결과는 무엇일까?

판매는 역대 최고를 경신했고 Apple은 믿을 수 없을 정도의 성공을 거두었다.

2.1 최초의 iPod. 컴퓨터의 기능을 Mac 보다 훨씬 더 축소시키고 단순화시켰다.

이러한 변화는 심오하게 느껴진다. 왜냐하면 우리 중 누구도 iPod를 초소형 컴퓨터로 인식하기보다는 휴대할 수 있고 실용적이며 사용이 쉬운 기기라고 생각하기 때문이다. 우리는 이 기기로 음악, 뉴스, 정보, 오디오 책을 듣고 사진을 보며 심지어 영화와 TV 쇼까지도 볼 수 있다.

이것은 사업 콘텐츠가 아니라 일상 생활에 밀착한 콘텐츠이다.

흥미롭게도, Apple은 iOS 디바이스들을 도입하면서 이러한 새로운 기술 기반을 많이 변화시키지 않았다. 오히려 그들이 큰 사이즈의 컴퓨터에서 초소형의

iPod 플랫폼으로 큰 도약을 할 때 제거했던 몇 가지의 주요 특징들을 2007년에 iPhone을 도입하면서 다시 추가했다. 데스크탑과 노트북에서 사용했던 인터넷 연결 기능을 살렸고, iPod의 클릭 휠로만 조작할 수 있도록 제한하던 것을 (스크린 기반의) 키보드를 통해 정보를 입력할 수 있도록 기능을 재도입했다.

오 예.. 이제 iPhone에서 전화 애플리케이션을 사용할 수 있다!

무엇보다도 iOS 디바이스들은 우리의 삶을 보다 편리하게 해 주었다. 이제 뉴스를 어디에서든 보고 들을 수 있고 음악을 생방송으로 즐길 수 있으며 우리 아이들의 축구 스케줄에 관한 정보도 바로 알 수 있다. 또한 현재 위치에서 내가 가고자 하는 식당을 가려면 어느 방향으로 가야할지 지도로 볼 수도 있다.

이와 같은 것들이 의미하는 것은, 이런 디바이스들을 디자인할 때 생활에 기반한 콘텐츠에 초점을 맞추고 날마다의 삶과 그 속에서 직면하는 생활 속 문제들을 중심에 두고 접근할 필요가 있다는 것이다.

이러한 환경에 맞추어 디자인하기 위해서는 현실 감각을 유지해야 한다.

모바일 애플리케이션 ≠ 데스크탑 애플리케이션

하지만 또한 단순해야만 한다.

여러분이 생활 밀착형 모바일 콘텐츠를 만들고자 한다면 우선 사람들이 언제 어떤 방법으로 정보를 구하는지에 초점을 맞춰야 한다. 그 다음에 실제로 사람들이 모바일 기기를 어떻게 사용하는지에 초점을 맞춘다.

앱 개발에 관련된 많은 책들과 발표 자료들은 특정한 기능들을 사용하는 데 초점을 맞추고 있다(예를 들면 디바이스를 진동시키는 방법!). 물론 복잡한 애플리케이션을 만들고 있는 큰 소프트웨어 팀을 위해서라면 아주 자세한 기술적인 특징들과 동작들에 대해 기술하는 것이 맞겠지만 이 책은 인간 중심적 관점으로 썼고 사람들과 그들이 사용할 콘텐츠를 우선으로 하고 있다.

사용자들이 모바일 콘텐츠를 사용할 때 앱에 기기의 특정 기능이 포함되었는지 아닌지 여부는 관심사가 아닐 것이다. 하지만 만약 디자이너들이 특정 기능들을 무시하거나 제대로 구현하지 않으면 분명히 알아차릴 것이다. 우리는 콘텐츠와 사용자들의 필요성에 초점을 맞춤으로써 올바른 동작과 특성들을 채택할 수 있다.

나에게는 특성을 구현하는 방법을 먼저 배우는 것보다는 동작을 중심으로 한 앱을 만드는 방법을 생각해내는 편이 훨씬 납득하기가 쉽다.

모바일 디바이스를 위한 앱을 디자인하는 것은 큰 사이즈의 스크린이 있는 컴퓨터에서 볼 수 있는 웹 사이트를 디자인하는 것과는 매우 다르다. 일반적으로 업무나 교육 환경에서는 데스크탑과 노트북 컴퓨터를 더 자주 이용하게 된다(인터넷은 놀라울 정도로 이를 변화시켰으나 잠시 이 얘기는 보류해 두자). 즉, 우리가 컴퓨터를 주로 이용하는 곳은 사무실, 교실 또는 집이다. 물론 노트북 컴퓨터는 장소 이동이 가능하고 일부의 사람들은 어디든지 가지고 다니기도 한다. 하지만 대부분의 사람들은 한 장소에서만 사용한다.

이를 iPhone, iPod touch 또는 iPad를 사용하는 것에 비교해 보자. 어떤 모델의 디바이스를 가지고 있는지, 인터넷 연결 방법의 종류가 어떤 것인지(아직 무선 네트워크가 어디에서든 제공되는 것은 아니지만) 간에 이런 모바일 컴퓨터가 여러분의 주머니(만약 당신이 진짜! 큰 주머니를 가지고 있지 않다면, iPad 소유자에게는 은유적인 표현일 것이다!) 속에 있다는 것은 이동 중에도 디바이스를 사용할 수 있다는 뜻이다. 그리고 디바이스를 사용하는 이유는 컴퓨터를 사용하는 것과는 전적으로 다른 것이다. 만약 당신이 요리사나 레스토랑 사업자가 아니라면 재료 목록과 요리법을 확인하는 행동이 사업과 관련된 것은 아닐 것이다. 우리는 배가 고프거나 이동 중에도 그때그때 문제를 해결하기 원하기 때문에 iPhone이나 iPod touch를 식료품 가게에서 꺼내드는 것이다.

이것은 기술적인 문제가 아니다.

기억해야 할 가장 중요한 점은 다음과 같다. Apple iOS 디바이스를 위한 콘텐츠를 디자인하는 것은 데스크탑의 큰 스크린에서 보는 브라우저를 위한 콘텐츠를 디자인하는 것과는 다르다. 그리고 이것은 단순한 콘텍스트 이상의 것을 의미한다. 풀 사이즈 화면에서의 브라우저에 우리가 만들 콘텐츠를 포함해서 약간만 변형하면 된다고 생각할 수도 있겠지만 그런 식으로 생각해서는 안된다. 브라우저는 웹 사이트를 보여주고 여전히 컴퓨터에서 실행되면서도 우리가 브라우저 자체가 변화한 것을 알아차리지 못해야 한다.

마법은 변화하는 것에 있다

iOS 디바이스에는 또 다른 주요한 차이점이 있다. 특수한 커뮤니케이션 필요성 또는 최종 용도(end-use)에 맞춰 디자인한 네이티브 앱을 통해 우리가 디자인한 방식대로 콘텐츠를 전달할 수 있다.

좀 더 자세히 설명하기 위해 다른 하드웨어와 스크린 표면 면적의 비율을 비교해 보자.

iPhone과 iPod touch, iPad는 한 가지 점에서 매우 비슷하다. 이 디바이스들은 대부분이 스크린으로 이루어져 있다. 세 개의 디바이스들은 전면에서 봤을 때 95퍼센트 이상이 스크린으로 이루어져 있는 반면 노트북 컴퓨터는 키보드를 포함한 많은 부가적인 표면 면적 때문에 50퍼센트 이하가 스크린으로 구성되어 있다(그림 1.3). 이것은 큰 차이이다. 노트북 스크린에서 웹사이트를 볼 때 화면은 여전히 노트북 스크린에 있다. 그렇지 않은가? 키보드, 터치 패드, 스크린을 둘러싼 테두리는 없어지지 않는다. 이와 같은 것들은 경험에 영향을 주며 우리를 콘텐츠로부터 멀어지게 만든다.

1.3 노트북 컴퓨터는 대부분이 키보드와 터치패드, 프레임으로 이루어져 있다. 스크린은 전체의 50퍼센트 이하이다.

하지만 iOS 디바이스에서는 앱을 실행하자마자 전체 디바이스가 변화하는 것처럼 보인다. 그 이유는 멀티 터치, 스크린 중심의 디자인 때문이다. 이와 같은 특징은 일부 앱에서 좀 더 명백하게 드러나지만, 여기에서는 iPhone에서 전화기 앱을 실행할 때 전화기로 보이게 하기 위한 외형적인 변화를 고려해 보도록 하자. 앱을 실행하면 하드웨어는 거의 사라지며, 일순간 내장된 전화 목록을 포함하고 있는 반짝이는 전화기 키패드가 나온다. 이와 동일한 것이 지도 앱에서도 확인된다.

이것은 디바이스 안에 실제 지도가 내장된 것이 아니라 앱이 기기를 지도로 만들어준다.

이런 디바이스의 디자인에 접근하기 위해서는 앞서 설명한 전환 효과를 이해하는 것이 매우 중요하다. 특히 사용자 인터페이스(UI) 디자인에 주의를 기울여야 한다. Apple의 고유한 iOS 컨트롤을 존중해야 하며, 우리가 디자인하고 있는 앱의 통신 요구사항을 지원하는 사용자 UI 요소들을 바탕으로 디자인해야 한다. 그리고 어떤 경우에는 UI 요소들이 단지 기능성을 넘어 브랜드화하는 요소가 될 수도 있다.

이와 같은 디자인에 대한 고려가 얼마나 중요한지를 이해하는 것이 필수적이다. 왜냐하면 고유 Apple UI 컨트롤이나 콘텐츠 또는 브랜딩에 한정된(content- or branding-specific) UI 세부사항에서 기호를 하나 빠뜨리는 것은 학교 시험에서 기호를 빠뜨린 것처럼 가볍게 지나칠 일이 아니기 때문이다.

불행하게도 디바이스에 대한 환상은 이를 바라보는 시선을 매우 까다롭게 만들었다. 만약 어떤 앱에서 측정 거리를 나타내는 표시를 빠뜨렸다고 한다면 아주 훌륭한 앱이라는 평가는 고사하고 좋은 앱이라는 평가도 받기 어렵다. 사용자는 이런 경우를 조금도 납득해주지 않으며, 심지어 짜증나는 앱이라는 인식을 갖게 된다.

"음... 어... 좀 혼란스럽네요." 라고 생각할지도 모른다.

잘 디자인한 앱은 사용자가 어디 있든 간에 그들의 삶에 완벽하게 파고들도록 디자인해야 하며, 어느 부분이든 간에 고유 Apple iOS 사용자 인터페이스의 세부사항(native Apple iOS user interface detail)에 맞춰야 하며, 콘텐츠나 특정 브랜드의 UI 세부사항도 또한 적절하게 포함되어 있어야 한다. 그렇게 하기 위한 마법의 수식은 무엇인가? 어떻게 하면 콘텐츠와 사용자 인터페이스 둘 다를 성공적으로 만들 수 있는가?

물론 한가지의 수식을 가진 정답은 존재하지 않는다. 하지만 다행히도 웹 디자이너들은 이미 고객의 요구를 많이 들어왔고 회사의 스타일 지침에 따라 디자인하는 것에 익숙하다. 이런 가치 있는 웹 디자인 경험을 iOS 앱 디자인에 적용하기 위해 고유 사용자 인터페이스 표준, 세부사항 그리고 권고사항들에 익숙해질 필요가 있다. 자신만의 프로젝트 요구사항을 정하고(자기 주도의 프로젝트든지 의뢰인이나 고용주의 프로젝트든지 간에) iOS 디바이스에 맞게 디자인할 최선의 방법을 결정하도록 하자.

이 책에서는 이와 같은 테두리 안에서 내용을 진행할 것이다. 독자들이 디자인 경험과 웹 스킬을 잘 살려서 iOS 앱을 디자인할 수 있는 방법을 보여주며, Objective-C를 프로그래밍하지 않고도 프로젝트를 진행할 수 있는 기술을 소개할 것이다.

디자인은 사람으로 시작해서 코드로 끝난다

"잠깐만요. 저는 모든 앱을 Objective-C로 프로그래밍해야 되는 줄 알았는데요??"

물론 맞는 말이다. 그렇다고 해서 독자가 스스로 Objective-C를 프로그래밍해야 하는 것은 아니다.

만약 다른 사람이 작성한 코드가 이미 존재하며, 누구나 사용 가능하다면 어떻게 할 것인가?

웹 브라우저 안에 보여줄 콘텐츠를 디자인하기 위한 JavaScript 프레임 구조를 생각해 보자. 개인적으로 선호하는 예제인 jQuery와 Yahoo! 사용자 인터페이스(YUI)는 대부분의 양이 많은 코드를 제거함으로써(코드의 무게가 얼마나 나가는지 궁금할 것이다) 웹 디자이너들이 JavaScript를 이용하는 동작들을 사용하도록 도와준다. 매우 훌륭하게 동작하는 코드는 이미 모듈로 작성되어 있고 우리가 처음부터 모든 것을 새로 작성할 필요가 없이 간단하게 가져다 쓰면 된다. 사실 프레임워크를 이용하기 위해 다른 중요한 관점을 잊어서는 안 된다. 코드는 완전히 검증되었으므로(지속적으로 테스트가 진행 중이며 계속해서 업데이트되고 있다) 우리가 코드를 디버그할 필요가 전혀 없다.

이와 비슷하게 iPhone 앱 디자인을 위해 동일한 역할을 하는 iOS 디자인 프레임워크가 존재한다. 내가 즐겨 사용하는 것은 NimbleKit(그림 1.4)이다. 이 놀라운 도구 안에는 사용자를 위해 미리 작성해 놓은 Objective-C 코드들이 많이 들어 있다. 이것은 고유 iOS 기능들과 동작들을 수행하며 HTML, CSS, JavaScript를 사용하는 디자인에서 함께 동작할 수 있도록 개발되었다. 웹 브라우저가 특정한 콘텐츠를 디스플레이하고 특정 방식으로 동작하게 만들기 위해 이와 같은 동일한 언어들을 사용하는 것과 매우 비슷하다고 할 수 있다. 우리는 NimbleKit을 사용할 것이며, 특정 운영체제(iOS)와 배포 네트워크(iTunes)를 위한 디자인을 할 것이다.

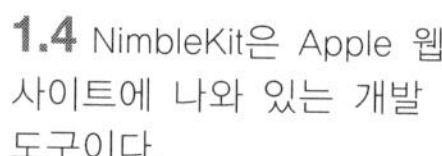

1.4 NimbleKit은 Apple 웹 사이트에 나와 있는 개발 도구이다.

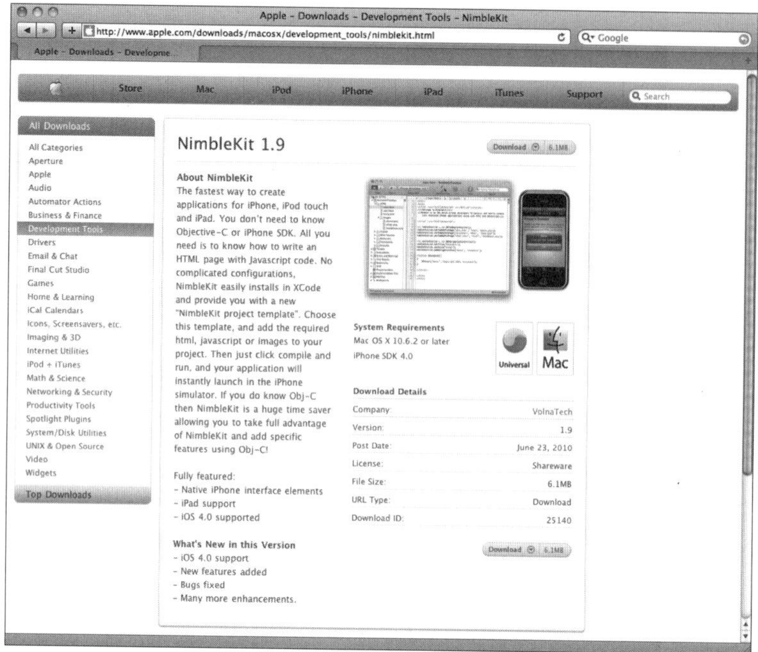

다음 장에서는 iOS 인터페이스와 동작의 주요한 특징들에 대해서 알아보고 NimbleKit이 익숙한 웹 디자인 언어와 새로운 디바이스(와 고유 개발 언어) 사이의 차이를 어떤 방식으로 연결해주는지 보게 될 것이다. 그리고 콘텐츠 기반의 iOS 앱을 디자인하기 위한 몇 가지 예를 배운 후에, Apple에 앱을 승인 요청하는 방법과 iTunes에서 배포하고 판매하는 방법에 대해 이야기할 것이다.

2001년부터 현재까지 Apple이 시장을 리드하면서 콘텐츠가 주도권을 장악하는 것을 볼 수 있었다. 그리고 작고 단순하고 직관적이고 일관된 인터페이스의 디바이스는 가장 유용한 콘텐츠, 즉 생활과 밀접하게 관련된 콘텐츠를 원하는 장소와 시간에 사람들에게 제공해주었다. 우리가 원하는 것은 대중들이 정말로 원하는 것에 초점을 맞추고, 보유하고 있는 웹 디자인 기술을 바탕으로 새로운 팁과 요령을 익히며, Apple이라는 매우 성공한 기차에 올라타는 것이다.

자 이제 시작해 보자!

요약

이 장에서 다룬 내용은 다음과 같다:

- 'iPhone'이라는 이름에 속지 말라. 이것은 전화기 앱을 포함하고 있는 포켓 컴퓨터이다. 이 이름은 아주 놀라운 일을 할 수 있다는 것을 의미하며 우리는 이러한 것들의 일부를 구체화하는 것을 도울 수 있다.

- 전체 iOS 생태계는 라이프스타일, 유비쿼터스 정보 그리고 콘텐츠에 초점을 맞춘다는 Apple의 전략에 따라 엄청난 변화를 이뤘다. 이는 디지털 기기를 디자인하는 사람들에게 막대한 기회를 창조했다.

- iOS를 사용하는 것을 우리 주변에서 흔히 볼 수 있게 되었다. 단순히 업무에 한정된 것이 아니라 완벽하게 우리의 삶의 일부분이 되었다. 어떻게 하면 이러한 환경에 맞게 앱을 디자인할 수 있을까?

- 네이티브 앱은 Objective-C를 이용해서 프로그래밍 되었다. 하지만 이것이 디자이너들이 Objective-C를 배워야 한다는 뜻은 아니다. 그들은 프로그래머와 팀을 이루어 일할 수 있다. 또는 간극을 메우기 위해 코드 프레임워크를 사용할 수 있다. 이 책은 후자에 관련된 것을 다룬다.

2 앱 디자인 스튜디오 만들기

iOS 애플리케이션 디자인의 기술적/ 생산 지향적 측면에서 접근하기에 앞서 나는 이 책이 독자들에게 정말로 큰 도움이 되기를 바란다. 나는 이 책이 질문을 불러일으키기보다는 많은 질문들에 대한 대답이 되기를 원한다.

이 책은 사실 도달하고자 하는 목표라기보다 갈망에 가까울지도 모르지만 한편으로는 여전히 진지한 목표이며 나 자신의 앱 디자인 경험에서 나온 것이다. 우선 대부분의 프로세스들은 내가 처음에 기대한 것보다 훨씬 많은 단계(그리고 더 많은 결정 과정)를 필요로 한다. 그리고 이러한 모든 단계들을 거치면서 나는 전체 프로세스를 쉽고 무사히 끝마칠 수 있게 도움을 받을 만한, 내용이 충실한 문서를 거의 찾을 수 없었다.

그래서 이 책은 때로 다소 지루할 정도로 자세하게 설명하고 있는데, 이는 독자들이 iOS 앱 개발 계획, 디자인 그리고 상품화 등 아주 기본적인 부분들을 터득하게 하기 위해서이다.

그리고 이 책이 독자들이 원하는 특정 앱을 디자인하는 것을 가르쳐 주지는 못하더라도 위에서 제시한 일련의 과정을 독자들에게 아주 잘 가르쳐 줄 것이다.

iOS 애플리케이션을 디자인하기 위해서 독자는 이른바 앱 디자인 스튜디오를 만들어야 한다. 이 스튜디오는 독자가 애플리케이션을 디자인하고 테스트하고 포장해서 Apple에 제공하기 위한 장소이다.

스튜디오의 기반은 Mac OS X 운영 체제 Snow Leopard 버전의 Intel-based Mac일 것이다. 그 기반 위에 Xcode(Apple이 개발한 통합 개발 환경, IDE)가 있고 이 Xcode로 Apple을 위한 소프트웨어를 차근차근 디자인할 수 있다. Apple은 일정 부분 Mac과 윈도우 컴퓨터를 위해 소프트웨어(iTunes와 Safari 등)를 디자인했고 iOS 디바이스를 가지고 있는 수백만의 사용자들이 윈도우 컴퓨터와 그들의 디바이스를 매일 동기화하지만, Xcode는 윈도우 운영체제에서는 동작하지 않는다.

일단 독자가 올바른 프로세서와 운영체제를 탑재한 Mac이 있다면, 나는 이론적으로 독자들에게 단순하게 Xcode를 다운로드해서 설치하라고 말할 수 있다, 그러면 독자는 iOS 앱을 디자인할 준비가 끝난 것이다. 하지만 무료 Xcode를 얻는 것은 그렇게 단순하게 한 단계로 끝나지 않는다. 그래서 이 과정을 매우 자세하게 살펴보고자 한다. 우리는 주도면밀하면서도 빠르게 진행할 것이다. 결국 우리는 우리가 디자인한 앱을 갖게 될 것이다!

Apple 개발자 ID 만들기

Xcode를 설치하려면 iOS SDK(이전에는 iPhone SDK였지만 2010년 7월에 이름이 바뀌었다)를 다운로드해야 한다. 하지만 iOS SDK를 찾기 전에 먼저 해야 할 일은 Apple 개발자 ID를 만드는 것이다.

Apple 개발자 ID는 앱 디자인, 검사, 배포, 업데이트 그리고 (만약 자신의 앱을 판매한다면) 보상 과정 등의 전체 과정을 위한 온라인에서의 신원을 뜻한다. 그리고 내가 보기에 결과적으로 Apple은 독자들이 이 전체 과정에 참여하기를 원하기 때문에 독자들이 iOS SDK를 다운로드하기 전에 Apple 개발자 ID를 등록하도록 하는 것이다. 하지만 Apple 개발자 ID를 만드는 것은 SDK를 다운로드하는 것과 마찬가지로 무료이니 겁낼 필요는 없다.

ID 등록과정(그림 2.1)을 시작하기 위해 아래 주소를 방문하도록 하자.

http://developer.apple.com/programs/register

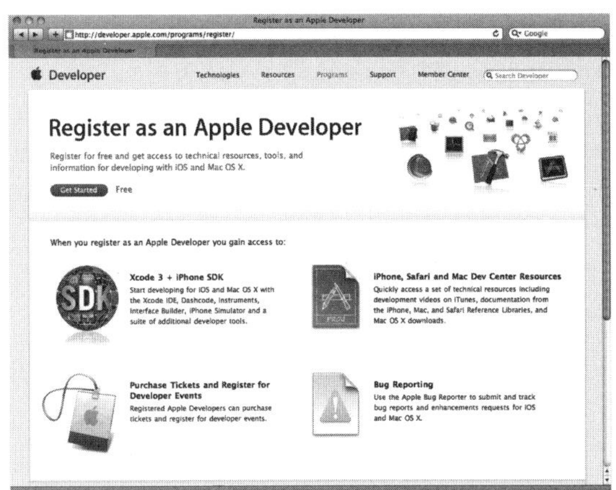

2.1 Apple 개발자 ID를 얻기 위한 시작점

이 과정에서 두 번째 화면(그림 2.2)은 독자가 이미 Apple ID가 있는지를 물어본다. 만약 독자가 원한다면 iTunes 이용이나 Apple Store에서 상품을 구입하기 위해 만든 Apple ID를 사용할 수 있다고 설명한다. 하지만, Apple은 회계와 리포팅 이슈를 피하기 위해 별개의 개발자 ID를 생성하는 것이 나을 것이라고 명시해 놓았다.

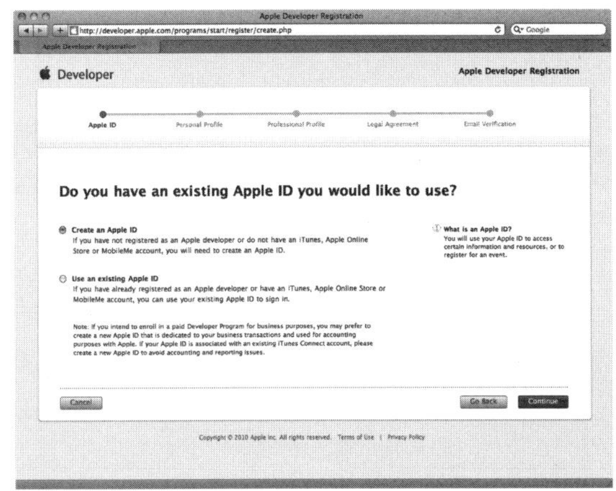

2.2 지금까지 Apple 개발자가 아니었다면, 이미 보유하고 있는 Apple ID를 사용하지 않도록 하자. 회계와 리포팅 이슈가 발생할 수 있기 때문이다.

사람들은 궁금해 할 것이다. 그렇다면 왜 여기에 이와 같은 옵션을 제시한 것일까?

만약 독자들도 나와 같다면 아마도 회계와 리포팅 이슈가 발생하는 것을 좋아하지 않을 것이다. 그러므로 별도의 Apple 개발자 ID를 생성하라고 강력하게 권하고 싶다. 이렇게 하면 Apple 고객으로서의 영역과 Apple 개발자로서의 영역을 확실하게 분리할 수 있다. 또 별도의 개발자 ID를 생성하고 Apple 개발자 ID와 독자적인 세금 식별 번호를 가진 법인체를 연결하면 어느 정도 세금 우대를 받을 수도 있다.

새로운 개발자 ID 옵션을 선택하면 개인 정보와 전문가 프로필 페이지로 넘어가게 된다. 여기는 매우 신중한 답변을 요구하는 것처럼 보이지만 특별히 신경 쓸 필요는 없다. 예를 들어 당신의 주요 앱 시장, 디자인하고자 계획한 앱의 범주 그리고 다른 모바일 플랫폼을 위한 앱을 디자인하고 있는지에 대한 질문들이 있다. 나는 승인 요청한 앱이 프로필에서 선택한 범주에 맞지 않다고 Apple이 앱 승인을 하지 않았다는 얘기를 들어본 적이 없다. 마찬가지로 다른 모바일 플랫폼을 위한 앱을 디자인하고 있는 수백 명의 Apple 개발자들이 존재할 것이다. 만약 여러분이 안드로이드 앱 디자이너라고 솔직하게 얘기한다고 해서 불리해질 것이라고는 생각하지 않는다(그런데, Apple은 이런 것을 왜 물어보는 걸까? 그냥 Apple을 둘러싸고 있는 설명되지 않는 수많은 미스터리 중의 하나라고 여기고 넘어가도록 하자!).

Apple 개발자 동의서

개인/전문가 프로필 작성을 마친 후에 다소 위협적인 화면인 개발자 동의서 페이지로 넘어간다. 이것에 대해서도 너무 신경 쓸 필요는 없지만 새로운 소프트웨어를 구입한 후에 바로 내던져버리는 표준 사용자 라이센스 동의서(EULA)처럼 가볍게 넘길 내용도 아니다. 이것은 당신이 Apple 디바이스를 위한 소프트웨어 개발자로서 Apple과 맺을 법적 동의를 나타낸다. 그럼 이것이 포함하고 있는 내용은 무엇인가?

나는 변호사가 아니니 Apple의 개발자 동의서의 장점에 대한 수많은 법적 자문을 기대하지는 말아주시길. 하지만 몇 가지 인지해야 할 사항들이 있다.

- **Apple 개발자 ID와 비밀번호**: 이 정보를 비밀로 간직하고 누구와도 공유하지 말자. 만약 당신의 ID를 가지고 Apple을 위한 소프트웨어를 디자인하려고 하는 13세에서 17세 사이의 자녀와 공유하려는 것이 아니라면 말이다(농담으로 하는 말이 아니다). 하나의 개발자 ID를 가지고 가족 사업을 시작할 수 있다는 것이 흥미롭지 않은가?

- **개발자 혜택:** Apple 개발자로 등록한다고 해서 건강 보험이나 유급 휴가를 받을 수 있는 것은 아니다. 하지만 하나의 특별한 혜택이 있다. Apple이 해마다 샌프란시스코에서 개최하는 세계 개발자 회의(Worldwide Developer Conference, WWDC)에 참석할 자격이 주어진다는 것이다. 이것은 스티브 잡스가 빅 뉴스(2007년에는 첫 번째 iPhone, 2010년 6월에는 iPhone 4)를 공표한 전설적인 행사이다. 첫째 날의 공표를 시작으로 iOS 와 Mac 기술의 모든 분야에 대한 기술 세션이 4일간 이어진다. 여기에는 세계 각지에서 온 Apple 개발자들이 참석하며, 대단히 교육적이면서도 다양한 교류의 기회를 가질 수 있는 자리이다. 하지만 이것이 공짜 혜택이라고 생각하지는 말자. 2010년도 등록비는 1600 달러였다.

- **제약과 비밀 유지:** 일단 당신이 Apple 개발자가 되기로 동의하면 Apple 디바이스와 소프트웨어가 동작하는 방법, WWDC에서 배운 흥미로운 것들 또는 새로운 Apple 상품 소식과 관련된 흥미진진한 세부사항들을 타인과 공유하지 않는 것에도 동의해야 한다. 필수적으로 당신은 비공개 동의서에 사인해야 한다(이것을 가지고 당신은 친구와 재미 있는 연기를 펼칠 수도 있다. "음, 난 Apple이 관련된 루머에 대해서 꽤 정확한 정보가 있지만 불행하게도 NDA에 합의했기 때문에 말해줄 수 없어.").

내가 이 책에서 주의한 점

나 역시 Apple 개발자 동의서에 합의했기 때문에 이 책에 포함하고 있는 정보를 조심스럽게 다루어야 했다. 예를 들어 Apple의 휴먼 인터페이스 가이드라인(human interface guidelines)에 대해서 아주 자세히 다루기보다는(이것은 developer.apple.com에 상세하게 문서화되어 있다) 그것의 취지를 전달했으며 독자가 완전한 문서를 다운로드 받아서 개인적으로 보관하고 읽어볼 것을 권한다. 나는 기본적으로 내용을 상세하게 설명하기보다는 큰 그림을 그리는데 집중할 것이다. 즉 Apple 개발자가 되기 위해 등록하는 방법, 앱을 디자인하는 방법, Apple에서 앱을 승인받는 방법, 그리고 iTunes를 통해 앱을 배포하는 방법에 대해 총괄적으로 설명할 것이다. Apple은 전체 앱 수입의 30%를 가져가므로, 내가 이 과정에 많은 사람들을 인도할수록 그들은 행복해질 것이다! 반면 Apple 개발자는 공식 직원이나 대표자가 아니므로 Apple의 내부 개발자 웹사이트에서 개발자에게만 필요한 정보들을 좀 더 자세하게 요약하거나 다시 언급할 것이다. 그러므로 이 책에 포함된 내부 Apple 웹사이트(개발자 ID로 로그인하는 곳)에 대한 유일한 설명은 다음과 같다.

1. iOS SDK 다운로드 과정의 스크린 샷
2. 나의 iTunes 연결 계정의 스크린 샷

- **Apple 트레이드마크와 로고:** 당신은 Apple 개발자로서 Apple 마크를 제한적으로 사용할 수 있다. 예를 들어, 웹사이트에 "Available on the App Store"라는 배지를 달 수 있으며, Apple이 제공하는 iOS 디바이스의 사진을 포함시킬 수 있다. 또한 Apple

상품명을 언급하는 것도 허용된다. 어떤 경우이든 Apple의 사용 가이드라인을 따르도록 하고(11장에 나와있다) 필수권리 포기각서를 포함시켜야 한다.

동의서는 제약 사항들도 있지만 어느 정도는 호의적이며 혜택도 있다. 따라서 조심스럽게 읽은 후에 동의하기를 바란다. 그러나 다시 말하지만 나는 변호사가 아니다(나는 심지어 TV에서도 변호사가 나오는 것을 보지 않는다).

확인과 축하

개발자 동의서에 합의하면, Apple은 코드를 포함한 이메일을 보낼 것이다. 이메일을 열고 신속하게 확인 절차를 완료하도록 하자. 일단 받은 코드를 올바른 장소에 입력하고 제출하면 Edward Elgar의 〈위풍당당 행진곡〉이 배경음악으로 깔리는 축하 인사 화면을 보게 될 것이다(그림 2.3).

2.3 축하합니다. 당신은 Apple 개발자입니다!

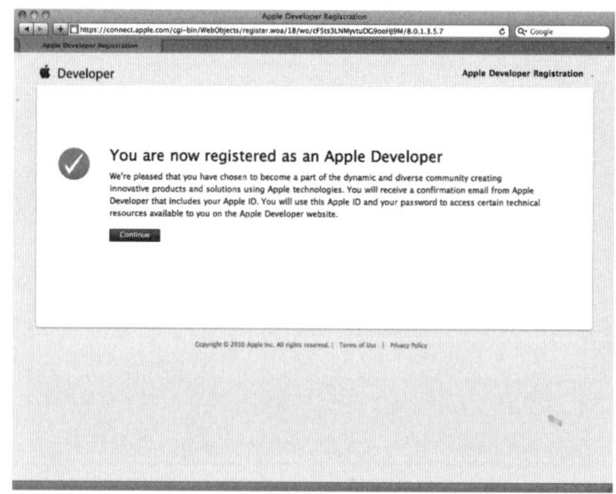

당신은 개발자 ID를 만드는 것에 성공했다. 이제 참을성을 가지고 기다렸던 iOS SDK를 다운로드하러 갈 차례이다.

iOS SDK 다운로드하고 설치하기

휴! 다행히도 나머지 과정은 빠르고 쉽게 진행할 수 있다. 대부분의 과정이 쉽고 빠르게 진행되겠지만 상황에 따라 그렇지 않을지도 모른다.

사실 iOS SDK는 내가 여태껏 내 컴퓨터에 다운로드해본 매우 큰 사이즈의 소프트웨어 중 하나였다. 이것은 2GB가 넘는 굉장히 큰 파일이므로, 나의 앱 디자인 워크샵 참석자들은 미리 다운로드 받기를 바란다. 만약 집에서 다운로드 하는데 인터넷 연결이 느리다면 그 동안에 강아지와 함께 긴 산책을 다녀오는 게 좋을 것이다. 부디 앉아서 다운로드하는 것을 지켜보지 않도록 당부한다. 나의 충고를 듣지 않는다면, 어떤 주의도 들은바 없다고 불평하지 않기를 바란다.

좋은 소식은 이 개발 툴이 정말로 다운로드할 가치가 있다는 것이다. 게다가 아주 놀라운 기능을 지닌 이 멋진 툴들은 모두 공짜이다.

그렇다. 이것은 Apple 개발자가 되기 위해 해야 하는 부분이며, 당신은 Apple 개발자 툴을 공짜로 얻었다. 그리고 이 훌륭한 툴 세트는 두 개의 필수 프로그램을 포함하고 있다. Xcode(앱 코드를 디자인하고 포장하기 위한 프로그램)와 Simulator(앱을 테스트하기 위한 프로그램) 이다.

NOTE　SDK 안에 포함되어 있는 그 외의 것들

그 밖의 유용한 툴은 Dashcode이다. 이것은 (디바이스에 다운로드해서 설치되기 보다는) 서버에 있는 웹 앱을 디자인하기 위해 그래픽적이고 객체 지향적인 접근 방식을 채택하고 있다. 이 책이 웹 앱 디자인을 다루지 않지만 여기서 배울 많은 네이티브 앱 디자인 기술들은 표준 기반의 웹 브라우저를 가지고 있는 어떤 모바일 디바이스에서도 보일 수 있는 웹 앱을 디자인하는 데 적용될 수 있다. SDK 안에는 Interface Builder와 다양한 분석 툴등 여러 가지 툴들 또한 존재한다. 이들은 이 책에서 다루어진 앱과 방법을 위해 꼭 필요하지는 않지만 만약 당신이 Objective-C를 직접 프로그래밍해보기로 결정한다면 관심을 갖게 될 것이다.

그럼 다운로드를 시작(그림 2.4)하기 위해 다음 링크를 방문해 보도록 하자.

http://developer.apple.com/devcenter/ios/

2.4 iOS 개발을 위한 리소스
인 iOS Dev Center

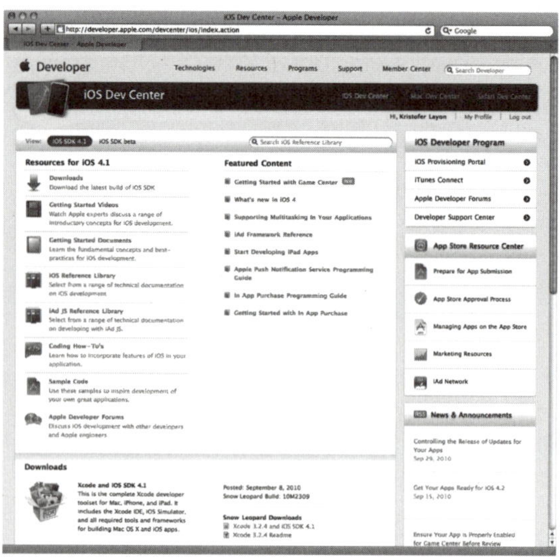

페이지 머리말 밑에는 보통 두 개의 탭이 있는 [View] 메뉴가 있다. 하나는 현재
정식 공개된 SDK 버전이며 다른 하나는 다음에 공개될 베타 버전이다. 현재 정식
공개된 버전을 받도록 하자. 베타 버전은 한 발 앞서가는 애플리케이션 디자이너
들에게만 필요하며, 이것은 그들이 시장에 앱을 선보이기에 앞서 새로운 디바이스
나 소프트웨어 특성을 이용한 앱을 디자인해볼 수 있게 도와준다.

당신이 현재 정식 공개된 버전을 가지고 디자인하기 위해 SDK를 다운로드하는
과정을 진행한다고 가정해보자. 일단 다운로드가 끝나면 아주 큰 .dmg 파일을
디렉토리에서 보게 될 것이다. 집필하는 시점에는 iOS SDK 4.1 다운로드 파일이
2.17GB였다. 이것을 더블 클릭하고 프롬프트와 지시에 따라 끝까지 가면 디자인
스튜디오의 첫 번째 파트를 보게 될 것이다.

이제 Objective-C 프레임워크인 NimbleKit을 다운로드하고 설치할 시간이다.

NimbleKit 다운로드하고 설치하기

마지막 과정이 매우 쉽고 상세한 설명을 필요로 하지 않는다는 것이 기쁘지 않은
가? 나는 당신이 그렇게 생각할 것이라고 확신한다!

1. NimbleKit을 다운로드(그림 2.5) 하기 위해 다음 주소를 방문하도록 하자.
http://www.nimblekit.com/.

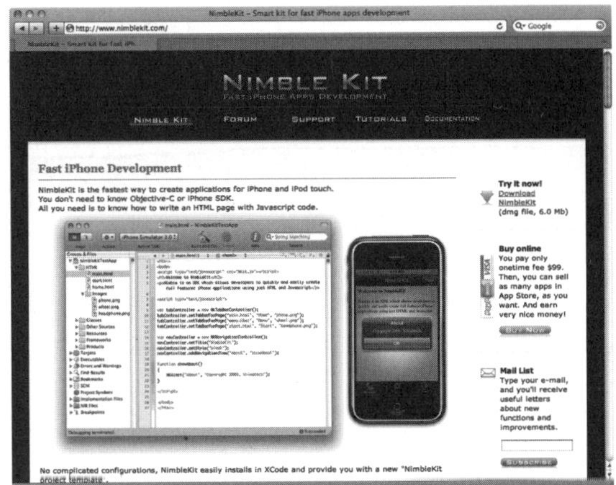

2.5 NimbleKit 웹사이트

2. NimbleKit을 다운로드하기 위한 링크를 클릭하자. 이번엔 아주 작은 파일인
nimblekit.dmg 파일이 다운로드 디렉토리에 저장될 것이다.

NOTE   NimbleKit 라이센스

아마도 NimbleKit 홈페이지의 오른쪽 가장자리에 있는 온라인 판매용 링크를 발견했을
것이다. 현재로서는 이것을 무시해도 좋다. 99달러를 지불하지 않고서도 NimbleKit을 무료로
다운받아서 앱을 디자인하여 시뮬레이터에서 테스트할 수 있기 때문이다. 구입하기 전에 많은
것을 배울 수 있으니 얼마나 훌륭한가! NimbleKit을 구입하고자 할 때에도, Apple 개발자
비용 99달러를 매해 지불해야 하는 것과는 달리 NimbleKit의 비용은 한번만 지불하면 된다.

요약

이 장에서 다룬 내용은 다음과 같다.

- 툴을 다운받고 설정하는 과정을 포함한 디자인 프로젝트의 모든 단계와 과정은 대단
히 중요하다. 따라서 빠짐없이 해보도록 하자.

- Apple 개발자 ID를 만들고 iTunes 구매자 ID와 개발자 ID를 구분하라.

- Apple 개발자 동의서를 주의 깊게 읽어보고 내용을 숙지하였는지를 확인하기를 바
란다. 여타 동의서와 마찬가지로 이것은 구속이기도 하지만 기회를 제공하기도 한다.

- 기본 애플리케이션인 Xcode와 Simulator를 포함하고 있는 iOS SDK를 다운로드하고 설치하라. 이 책의 나머지 부분에서 필요할 것이다.

- 이미 작성된 Objective-C 리소스를 포함하고 있고 Xcode의 기능을 강화시킨 NimbleKit Objective-C 프레임워크를 다운로드하고 설치하라. 이것은 새로운 프로그래밍 언어를 배우기보다는 앱 계획과 인터페이스 디자인, 콘텐츠 형성에 집중하게 해줄 것이다.

축하한다, 이제 디자인 스튜디오를 가지고 뒤에 나올 연습을 시작할 준비가 되었다! 다음 장에서 우리는 Xcode를 살펴보고 앱 프로젝트를 시작하는 방법을 알아볼 것이다.

3 iOS SDK의 기초

요리사는 부엌이 있다.
스타일리스트는 미용실이 있다.
의사는 병원이 있다.
기계공은 창고가 있다.

그리고 Apple 모바일 앱 디자이너들은 iOS 소프트웨어 개발 킷(Software Development Kit, SDK)이 있다.

위에서 제시된 작업 환경들에서와 마찬가지로, 모든 사용 가능한 기능들을 필수적으로 항상 사용하지는 않을 것이다. 사실 어떤 기능들은 거의 사용되지 않을 수도 있다. 그리고 만약 당신이 나와 같다면, Xcode의 일부 기능들을 결코 사용하지 않을 것이다.

하지만 Xcode와 Simulator 없이는 앱을 디자인할 수 없으므로 이 장에서는 이 프로그램들을 가지고 앱 작업을 할 수 있도록 기본 사용 방법에 대해 다룰 것이다. 그리고 당신은 NimbleKit 덕분에 앱 디자인을 간편하게 할 수 있는 것에 감사하게 될 것이다!

나와 같은 앱 디자이너들을 위해 Apple이 만든 통합 개발 환경(IDE, Integrated Development Environment)인 Xcode는 아주 획기적인 컴퓨터 프로그램이다. 나는 이 프로그램을 Adobe Photoshop과 같은 카테고리로 분류한다. 매우 많은 세팅, 메뉴들, 하위 메뉴들 그리고 내가 절대 마스터할 수 없는 기능들로 가득 차 있다. 또한 사이즈도 너무 크기도 하거니와 솔직히 말해서 일일이 시도해야 할 이유도 모르겠다.

Objective-C를 배우는 것과 마찬가지로, Xcode를 사용하는 것은 iOS 앱 디자인을 탐구하는 관점에서 보았을 때 매우 도전적인 일 중 하나이다. 다행히도 NimbleKit과 같은 코드 프레임워크를 덧붙임으로써 Objective-C와 Xcode를 사용하기 쉽게 만들었다. 따라서 몇 가지 기초들을 배운 후에 바로 앱 디자인에 착수할 것이다.

이 장은 앱 디자인 과정의 시작부터 끝까지 Xcode의 개요를 제공한다. 따라서 독자들은 앱 디자인을 진행하는 동안 Xcode의 특정 이슈를 재확인하기 위해 이 장을 반복적으로 읽어야 할 것이다.

새로운 Xcode 프로젝트 시작하기

Xcode에서 [File]–[New Project]를 클릭하여 새로운 프로젝트를 시작하고자 할 때 여러 가지 선택의 기로에 놓이게 될 것이다(그림 3.1). 몇 가지는 사용 가능한 navigation 타입, view와 관련되어 있고 나머지는 앱의 기능 또는 동작 모드와 관련이 있다. 여기에서 우리가 할 선택은 간단하다. NimbleKit 애플리케이션을 만드는 것이다.

3.1 Xcode에서 새로운 NimbleKit 프로젝트 시작하기

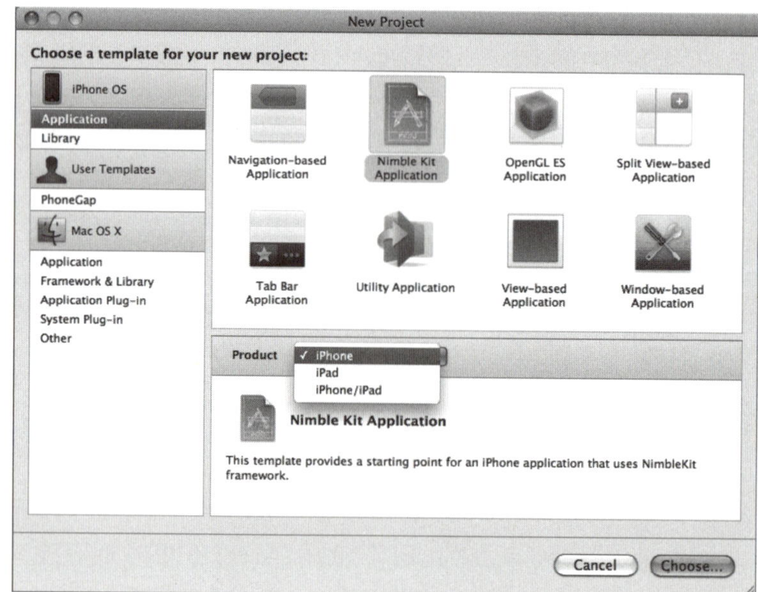

앱 타입 선택에서 옵션으로 'iPhone'과 'iPad', 'iPhone/iPad'가 있는 드롭다운 메뉴를 보게 될 것이다. 이 선택사항들은 처음에는 다소 혼란스럽게 보일 수 있다. 결론적으로 당신이 iPhone 앱을 디자인한다면 그것이 iPad에서 동작하지 않아도 상관없지 않는가? 그렇다. 하지만 고려해야 할 주요한 세 가지 선택사항이 있다.

- **iPhone 프로젝트**: 위에서 설명한 내용을 충분히 이해했고 별도의 iPad 버전으로 앱을 디자인할 것이 아니라면 iPhone 프로젝트를 선택하는 것으로 충분하다. 그러면 iPhone 4와 iPhone 4 이전 모델을 위한 앱을 만들 수 있다.
- **iPad 프로젝트**: 명백하게 iPad만을 위한 앱을 디자인할 거라면 이 항목을 선택해야 한다. 당신은 이미 iPhone 버전의 완성된 앱을 가지고 있고 별도로 iPad 버전을 공개하고자 한다면 이것이 올바른 선택이 될 것이다.
- **iPhone/iPad**: 이는 '보편적인 앱'으로 간주되며 모든 iOS 디바이스에 비례하는 화면 레이아웃과 그래픽을 포함한다. 고객이 하나의 앱 버전을 구입하면 그 버전은 iPhone 뿐만 아니라 iPad에서두 동작한다. 만약 고객이 하나 이상의 Apple iOS 디바이스를 보유하고 있고 구입한 앱이 모든 디바이스에서 동작하기를 원한다면, 이 선택사항은 고객에게 만족감을 줄 수 있을 것이다. 반면 개발자에게는 불만족스러울 수도 있다. 왜냐하면 앱을 하나의 가격에 두 가지 버전으로 만들어 판매하기 때문이다.

나는 특정 앱 타입으로 유도하지는 않을 것이다. 왜냐하면 고객에게 다가가기를 원하는 방법, 전달하고자 하는 가치, 당신이 얻고자 하는 것 그리고 앱이 어떤 플랫폼에서 얼마나 잘 동작하는지에 따라 전적으로 달라지기 때문이다. 단지 한 가지 최상의 정답이 존재한다고 생각하지 않는다. 자기 스스로를 믿을 필요가 있으나 더 중요한 것은 콘텐츠와 목적에 최대한 맞게 하나의 디바이스 또는 다른 디바이스, 또는 두 개 모두를 위해 의도적으로 디자인할 필요가 있다는 점이다.

[Choose]를 클릭하면 프로젝트 이름을 넣는 곳이 나온다. 이것은 프로젝트의 이름과는 아무 상관이 없기 때문에 이 시점에서 앱의 최종 이름을 짓기 위해 너무 안달할 필요는 없다. 당신은 언제든 프로젝트의 이름을 다시 지을 수 있다(이 장 이후에 나오는 「프로젝트 이름 짓고 앱 번들 생성하기」를 참고하자).

Groups & Files, Detail View, 그리고 Editor View 창

새 프로젝트를 생성하면 메인 Xcode 화면(그림 3.2)으로 넘어간다. 이것은 고성능화된 Mac OS X 탐색 윈도우처럼 보인다. 특히 Objective-C 코드 프레임워크를 사용해보면 알 수 있다. 그래서 우리가 Xcode를 더 쉽게 이용할 수 있는 것이다.

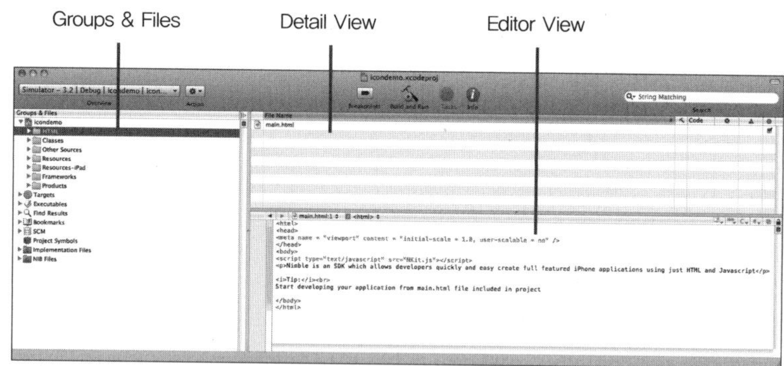

3.2 Xcode 프로젝트 윈도 우의 세 가지 창(pane)

Xcode 툴 바 밑에는 탐색 윈도우 창과 비슷한 기능을 하는 세 가지 주요 영역/창 이 있다. 윈도우의 왼쪽 편은 [Groups & Files] 창으로 상단에 .xcodeproj 파일을 포함하고 있다(그림 3.2의 icondemo). 클릭하지 않아도 이 파일은 디폴트로 하이 라이트 되어 있으며, 오른쪽에 있는 [Detail View]에서는 프로젝트의 다른 파일 컴포넌트들을 볼 수 있다.

Xcode 프로젝트 윈도우의 세 번째 창은 [Editor View]이다. 예상했겠지만, Xcode와 탐색 윈도우 간의 가장 큰 차이는 [Editor View]에 있다. 여러분은 Xcode에서 수행하는 앱 작업의 대부분을 [Editor View]에서 하게 될 것이다. [Groups & Files] 창에서 파일 콘텐츠를 보기 위해 폴더의 왼쪽에 있는 삼각형 을 클릭해 보도록 하자. 그러면 파일이 하이라이트 되어 보일 것이다. 콘텐츠는 [Editor View] 창에서 보인다. 당신이 하이라이트 된 폴더로 돌아간다고 해도 [Editor View]는 마지막으로 선택된 파일의 콘텐츠를 계속해서 보여준다.

[Editor View]는 프로젝트를 저장한 다음에 닫고 다시 열었을 때에도 항상 마지 막으로 작업한 파일을 보여준다.

NimbleKit 파일 구조와 콘텐츠

내용을 계속 진행하기에 앞서 새 NimbleKit 프로젝트의 폴더 안에 무엇이 있는 지 알아보자. 내가 자세히 설명할수록 당신이 웹 디자이너로서 알고 있는 지식을 염두에 두길 바란다. 여기서 얘기하고자 하는 것은 웹 디자이너에게 익숙한 내용 이기 때문이다.

우선 제일 위 폴더는 HTML로 제목이 붙어있고, main.html이라는 이름의 단독 파일 형식의 시작 콘텐츠를 포함하고 있다. 파일을 클릭하면 [Editor View]에서 다음의 내용을 볼 수 있다.

```html
<html>
<head>
<meta name = "viewport" content = "initial-scale = 1.0,
user-scalable = no" />
</head>
<body>
<script type="text/javascript" src="NKit.js"></script>
<p>Nimble is an SDK which allows developers to quickly
and easy create full featured iPhone applications
using just HTML and Javascript</p>
<i>Tip:</i><br />
Start developing your application from main.html file
included in project
</body>
</html>
```

HTML 폴더 안에 추가적인 파일을 숨겨 놓을 수 있으며, 이곳을 웹사이트를 위한 서버의 루트 디렉터리처럼 쓸 수 있다. 따라서 CSS와 그림 파일들을 여기에 함께 넣어둘 수 있다.

우리가 무엇인가 편집하고 파일을 추가하기 전에 알아야 할 것은, 나머지 폴더와 파일들은 기본적으로 건드려서는 안된다는 것이다. 괜히 호기심을 갖고 클래스, 다른 소스, 리소스 또는 프레임워크 폴더 안에 있는 어떤 것이라도 편집하려고 하지 말자. 절대로 하지 마시라!! (그림 3.3)

NOTE

웹 디자이너들은 전형적으로 HTML 파일의 헤드에 JavaScript를 놓음으로써 그들의 마크업(markup)을 구성한다. NimbleKit 다운로드 안에 있는 main.html 파일은 이것을 바디의 시작 부분에 놓는다. 사실 이것이 `</body>` 태그 앞에 있는 한, 어디에 위치하는지는 중요하지 않다.

3.3 여기에 나와 있는 확장자 .h, .m, .xib 와 .framework 파일을 절대 편집하지 말자. 이와 같은 파일들을 편집하면 NimbleKit 프레임워크를 더 이상 사용하지 못한다.

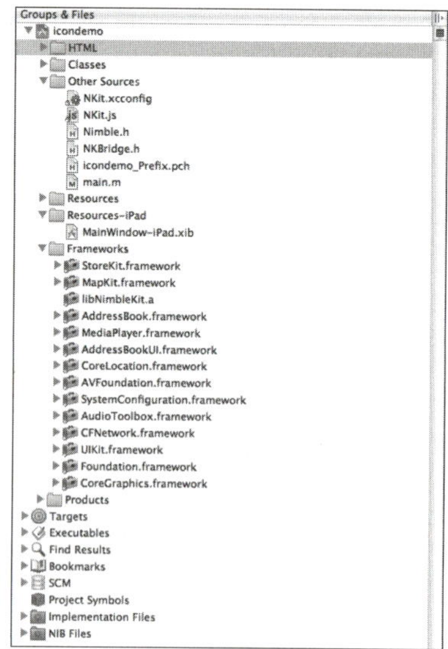

이 파일들을 편집하면 안 되는 이유는 무엇일까? NimbleKit은 웹 사이트를 위한 코드 프레임워크와 마찬가지로 코드로 가득한 보물 상자와 같으며, 이들은 모두 이 폴더들 안에 들어있다. 만약 jQuery 또는 CSS 프레임워크와 같은 JavaScript 프레임워크를 결코 다운로드한 적이 없다면, 명백한 지시를 받을 때까지 HTML 폴더 밖의 파일들에 대해서 어떠한 편집도 해서는 안 된다(하지만 몇몇 파일들을 수정해야 할 필요가 있다. 이장의 끝 부분에서 그 이유를 설명할 것이다).

프로젝트 이름 짓고 앱 번들 생성하기

인정하고 싶지 않지만 나는 어리석게도 최근까지 Xcode 프로젝트 안에 있는 방대한 파일들의 이름을 수작업으로 바꾸느라 많은 시간을 보냈다. 프로젝트 이름은 몇몇의 주요한 리소스 파일들을 포함한 많은 것들의 이름에 영향을 준다. 따라서 수작업으로 이름을 바꾸려면 여러 위치에서 여러 파일을 수정해야 한다. 그러나 나는 아주 쉬운 방법이 있는 것을 알게 되었다.

내가 적당한 때에 맞춰서 이 방법을 알아내서 알려주게 되어 너무나도 다행이다.

자 여기에 비밀이 있다: [Project]–[Rename]

나도 안다. 더 분명히 설명할 필요가 있다. 음...초조해 하지 마시길. 자꾸 그러면 내가 소심해지니까.

[Rename]을 선택하면 창이 나타나고 5가지 아이템까지 이름 변경 과정에 포함하도록 선택할 수 있다(그림 3.4).

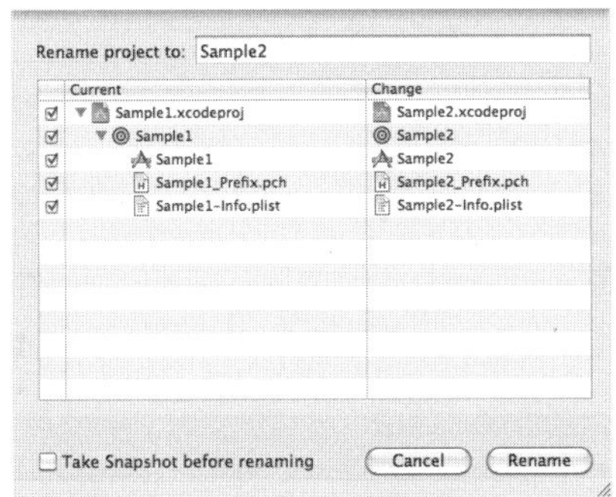

3.4 앱 프로젝트 이름 변경하기

프로젝트의 앱 번들(이 장의 끝부분에 나온다)을 구성하는 5가지 아이템이 있다.

- 프로젝트 파일 (name.xcodeproj)
- 타겟 (name)
- 앱 이름 (name)
- 이미 컴파일된 헤더 (name_Prefix.pch)
- 정보 자산 리스트 파일(Information property list file) (name-Info.plist)

이름 변경이 적용되어야 할 곳에 모두 체크되었는지 확인한다.

프로젝트 또는 앱 이름을 짓는 데에는 특이한 제한사항은 없는 것으로 보인다. 예를 들어, Apple은 앱 이름을 255 문자로 제한한다. 아마도 당신이 앱 이름을 그렇게 길게 만들지는 않을 것이고 Apple 또한 그러할 것이다. 왜냐하면 Apple의 권고사항은 35문자를 초과하지 않는 것이기 때문이다. iOS 디바이스의 App Store에서 이 정도 길이까지만 전체 이름이 나온다. 그림 3.5는 생략 기호가 포함된 아주 긴 파일 이름을 보여준다.

3.5 앱 이름이 너무 긴 경우에는 홈 스크린에서 이름이 일부 삭제된 형태로 생략 부호와 함께 나타난다.

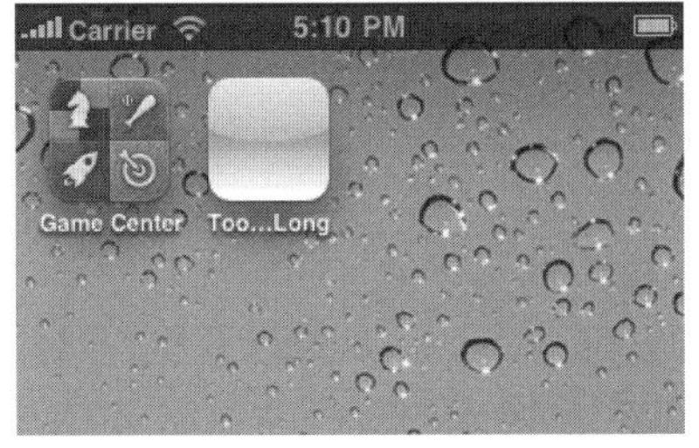

하지만 이름을 지을 때 고려해야 할 더 중요한 제한사항이 있다. 디바이스 아이콘 밑에 나타나는 이름은 35개의 문자보다 더 짧다. 좀 더 복잡하게 말하면, 정해진 최대 문자수는 없다. Helvetica는 단일 띄어쓰기 폰트가 아니기 때문에 좀 더 폭이 좁은 문자(i, l, j)를 앱 이름에 사용하면 앱 이름을 좀 더 길게 만들 수 있고, 폭이 넓은 문자(O, D, Q))를 사용하면 앱 이름이 짧아지게 된다. 실질적으로 스크린 아이콘 아래에 딱 맞는 앱 이름은 10에서 12개의 문자가 적당하다.

NOTE　스크린 이름과 iTunes 이름을 비슷하게 만들자

앱의 스크린 이름은 iTunes에 올라와 있는 이름과 동일할 필요는 없다. 예를 들어 스크린 이름으로 Wonder App 이라고 사용하고 iTunes에서 사용하는 전체 이름으로 Wonder App iPad Edition이라고 할 수 있다. Apple은 두 이름이 동일할 것을 선호한다(또는 매우 비슷하기를 바란다). Apple의 다른 요구사항들도 있다. 예를 들어 다른 사람에 의해 상표 등록된 이름이 아니어야 한다. 세부 사항에 대해서는 iTunes Connect Developer Guide를 확인하길 바란다.

앱 아이콘 만들기

앱의 정체성의 또 다른 주요한 부분은 아이콘에 있다. 새 NimbleKit 기반의 Xcode 프로젝트에는 주어진 디폴트 앱 아이콘이 없다. 따라서 아이콘을 하나 만들어야 할 것이다.

또는 여러 개의 아이콘을 만들어야 할 것이다. Universal app을 위해서 7개까지 만들어야 할 수도 있다.

2010년 봄까지 앱 아이콘을 디자인하는 것은 단순했다. 디바이스 홈페이지를 위한 작은 아이콘, Spotlight 검색 결과를 위한 더 작은 것 그리고 iTunes App Store를 위한 더 큰 것, 이렇게 세 가지 크기로 만들었다.

하지만 iPad와 iPhone 4의 등장으로 인해 앱 아이콘을 만드는 일이 흥미로워졌다. 왜냐하면 이런 디바이스들은 iPod touch나 이전의 iPhone과는 해상도가 다르기 때문이다. 만약 당신이 각각의 고유 해상도에 최적화하기를 원한다면 각각의 스크린 사이즈에 맞추기 위해 홈 스크린, Spotlight 검색 결과 아이콘이 따로 필요할 것이다.

하지만 솔직히 나는 Spotlight 검색 결과 아이콘이 특별히 중요하다고 생각하지 않는다. 만약 아이콘을 57×57 픽셀로 디자인한 것을 29×29로 크기를 재조정해서 얻는 결과가 디바이스가 자동으로 사이즈를 조정하는 것보다 눈에 띄게 낫지 않을 가능성이 높기 때문이다. 그런데도 29×29 픽셀에 최적화된 아이콘을 디자

인할 것인가? 이 사이즈는 어떤 디자인에 최적화 작업을 시도하기에는 너무나도 작은 크기이다. 하지만 당신이 완벽주의자이고 그래픽이 정확하게 비례하는 것에 대해 지극히 까다롭다면, 각각의 사용 시나리오에 따라 앱 아이콘의 크기를 조정 (또는 재디자인)하기를 원할 것이다. 테이블 3.1 은 앱에 포함되는 아이콘 파일들을 위한 규격을 나타낸다.

테이블 3.1 iOS 앱 아이콘을 위한 픽셀 사이즈와 이름 규격

앱 아이콘	iPhone/iPod touch	iPhone 4	iPad
Home screen	57×57(Icon.png)	114×114(Icon@2x.png)	72×72(Icon−72.png)
Spotlight	29×29(Icon−Small.png)	58×58(Icon−Small@2x.png)	50×50(Icon−Small−50.png)

iTunes App Store를 위한 아이콘은 512×512 픽셀 크기이다(하지만 이름은 앱 번들에 있는 다른 것들과 마찬가지로 Apple이 엄격하게 규정하지 않았다). 포맷 규격에 관련해서 모든 아이콘들을 24 비트의 불투명한 PNG 포맷으로 저장하도록 하자. 그렇지만 당신의 아이콘은 아마 이 예제들처럼 다양하지 않을 것이다(「샘플 아이콘 파일들: 웹에서 다운받도록 하자!」를 보면 왜 이렇게 다양한지를 알 수 있다). 이것은 Universal app을 위한 앱 아이콘들의 완전한 집합이다. iPhone 4 아이콘들은 일반 iPhone 앱 아이콘의 크기의 2배이며, 심지어 iPad 아이콘들 보다 더 크다(그림 3.6).

iPhone app icon

iPhone Spotlight app icon

iPad app icon

iPad Spotlight app icon

iPhone 4 app icon

iPhone 4 Spotlight app icon

App Store icon

3.6 iPhone과 iPhone 4, iPad를 위한 전 범위의 홈 스크린 아이콘과 Spotlight 검색 아이콘들. 여섯 개는 앱 번들의 부분이다. App Store에 디스플레이하려면 별도로 512×512 픽셀 아이콘을 iTunes에 제공해야 한다.

NOTE   샘플 아이콘 파일들: 웹에서 다운받도록 하자!

나는 샘플 파일을 좋아한다. 당신도 그러리라 믿는다. 그래서 아이콘 파일의 샘플 집합을 독자들이 다운로드할 수 있도록 만들었다. http://iosapps.tumblr.com을 방문하여 app-icons.zip 파일을 다운로드하도록 하자. 파일을 열어보면 'icondemo'라는 이름의 샘플 앱과 그림 3.5의 파일들이 들어있을 것이다. 다양한 색깔의 아이콘이므로 어떤 디바이스, 즉 iPhone, iPhone 4 또는 iPad에서 테스트하느냐에 따라 Simulator가 어떻게 다른 파일들을 불러오는지를 볼 수 있다. 그리고 세 가지 다른 흑백 버전으로 만들었으므로, 검색에서 어떻게 나타나는지 볼 수 있다.

앱에 앱 그래픽을 성공적으로 불러오기 위해서 해야 할 두 가지 단계가 있다.

1. 앱 그래픽들을 프로젝트에 추가하기

2. 파일 이름을 정보 자산 리스트(information property list) 또는 name-Info.plist 파일에 추가하기

마지막으로, 12장 「iTunes 연결과 App Store 사용하기」를 참조하라. 여기서는 앱 아이콘을 시각적으로 디자인하는 방법에 대한 부가적인 가이드라인과 제안을 제공한다.

프로젝트에 파일 추가하기

프로젝트에 파일을 추가하는 것은 Xcode가 Mac OS 검색기와 많이 닮아있다는 또 다른 예이다. 기존 검색기에서는 새 아이콘을 처음에 저장한 곳으로부터 프로젝트 디렉토리까지 마우스로 끌어올 수 없었으나, 이제는 검색 윈도우로부터 Xcode 안에 있는 [Groups & Files] 창으로 끌어올 수 있다. 또한 프로젝트 메뉴의 [Project]-[Add]에서 추가할 수도 있다.

각각의 경우에 앱 아이콘을 앱의 리소스 디렉토리에 저장하도록 권하고 싶다. [Groups & Files] 창 안에서 볼 수 있는 앱 프로젝트의 폴더는 당신을 위한 것이지 Xcode를 위한 것이 아니라는 것이다. 이것은 평면적인 파일 구조이며 몇 가지 예외가 존재하지만 파일을 보관하는 장소는 그리 중요하지 않다. 리소스 안에 아이콘들을 보관하면 HTML 디렉토리를 어지르지 않게 될 것이다. 추가적으로 HTML 디렉토리는 앱 콘텐츠를 위한 것이므로 앱 아이콘이 포함되는 위치가 아니다.

앞서 설명한 방법 중의 하나를 이용하여 아이콘들을 리소스 폴더로 이동하고자 할 때, [Add]를 클릭하기 전에 필요한 경우 'Copy Items Into Destination

Group's Folder' 박스에 체크하도록 한다. 이러한 방법으로 파일을 추가한 후 프로젝트의 정보 자산 리스트(.plist) 파일을 업데이트해야 한다. [Groups & Files] 창(리소스 폴더 안에서 찾을 수 있다)에 있는 .plist 파일을 하이라이트하면, 여러 개의 행으로 구성된 데이터가 [Editor View]에 표시되는 것을 볼 수 있다. [Icon Files] 행을 선택하면 작은 업다운 화살표가 나타난다. 이것을 클릭하면 앱 내부에 있는 .plist 파일 안에 명시된 모든 데이터 타입을 나타내는 드롭다운 메뉴를 볼 수 있다. 이들 대부분은 NimbleKit 기반의 애플리케이션에서 사용되거나 바뀌지 않으나, 여기서는 단순히 Icon File을 Icon Files로 바꾸도록 하자. 이렇게 하면 애플리케이션 번들에 하나 이상의 아이콘을 추가할 수 있게 된다.

위 작업을 진행하면 왼쪽에 큰 회색 화살표가 나타난다. 그것을 클릭하면 첫 번째 아이콘 행인 Item 0(그림 3.7)을 볼 수 있다. 첫 번째 아이콘 파일이름으로 Icon. png를 입력하도록 하자. 앱 번들에 아이콘 파일을 추가하기 위해 행의 오른쪽에 있는 [+] 버튼을 누르면 아이템 숫자가 하나씩 커지면서 새로운 행이 생성될 것이다. 아이콘을 추가할 때마다 이 과정을 반복하도록 한다(그러나 프로젝트 파일 번들에 들어가지 않는 512×512 iTunes 아이콘은 포함하지 않도록 한다).

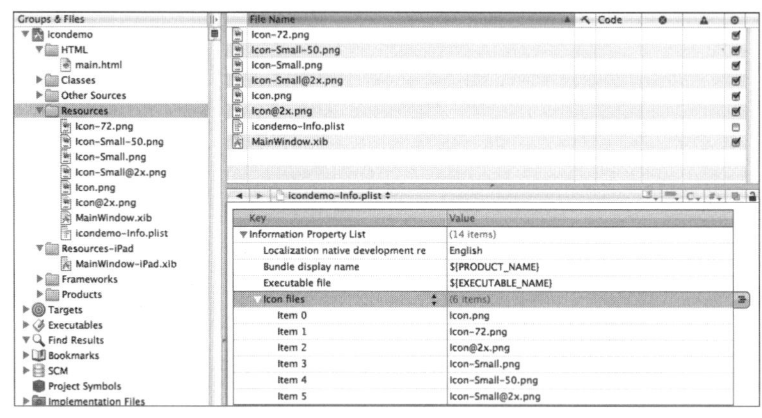

3.7 프로젝트 리소스 폴더에 있는 앱 아이콘들 (Groups & Files와 Detail View)과 .plist 파일에 있는 목록(Editor View)

시작(launch) 그래픽 디자인하기

앱의 시작 그래픽은 당신이 생각하는 것과 다를 수 있다. 이것은 앱을 위한 타이틀 화면을 의미하는 것이 아니다(만약 당신이 이런 방법으로 디자인한다고 해도 Apple은 받아줄지도 모른다). 하지만 Apple이 시작 그래픽을 포함하도록 권하는 것은 마케팅 측면에서가 아니라 사용자 경험을 고려해서이다. 그 이유는 다음과 같다.

앱이 시작하고 동작하게 되기까지 보통 몇 초의 시간이 걸리기 때문에, Apple은 앱이 시작하는 중에 시작 그래픽이 화면에 표시되도록 했다. 하지만 짚고 넘어갈 것이 있다. 시작 그래픽이 화면에 뜨는 시간을 제어할 수 없으므로 어느 정도의 시간 동안(예를 들어 사용자가 한 두줄의 글을 표시한다면) 화면에 보일지를 한정하면 안된다. 앱을 띄우는 시간이 짧고 빠를수록 시작 그래픽은 화면에서 전광석화와 같이 지나갈 것이다.

그래픽은 특별한 목적을 위해 고안되었으며 홈 스크린에서 앱으로의 전환을 부드럽게 만든다. 시작 그래픽 덕분에 앱을 실행했을 때 홈 스크린이 완전히 빈 화면으로 전환됐다가, 잠시 후에 앱으로 전환하는 것을 막을 수 있다. 사용자가 앱을 실행하였을 때 갑자기 빈 화면이 나오면 놀랄 것이기 때문이다. Apple의 iPhone과 iPad를 위한 휴먼 인터페이스 가이드라인에 더 자세한 설명이 나와 있지만 여기서 짚고 넘어갈 것은 다음과 같다. 시작 그래픽을 가급적 앱의 초기 뷰처럼 보이게 디자인하고 그 안에 콘텐츠를 최대한 줄인다면, Apple이 선호하는 iOS 사용자 경험을 향상시킬 수 있을 것이다.

이것을 잘 이해하기 위해 Apple이 만든 앱 중의 하나를 살펴보도록 하자. 우리는 이 앱들의 일부를 항상 사용하면서도 그 세부 디자인의 유용성을 자주 간과한다. 그래서 액션을 멈추고 더욱 더 자세히 들여다 볼 필요가 있다. 이것은 마치 과학 교실에서 개구리를 해부하는 것과 같다. 물론 우리는 개구리가 멀리 뛸 수 있다는 것을 알지만 개구리 다리를 자세히 들여다보기 전까지 모든 이유들을 알 수는 없다! 그러면 개구리가 뛰기 위해 사용하는 내부의 뼈와 근육을 들여다보기 위해 개구리를 잠시 멈추게 해보자.

하지만 앱을 해부하기 위해서 개구리처럼 죽일 필요는 없다. 나의 요점을 나타내기 위한 iPhone 시계 앱의 스크린 샷이 그림 3.8에 나와 있다.

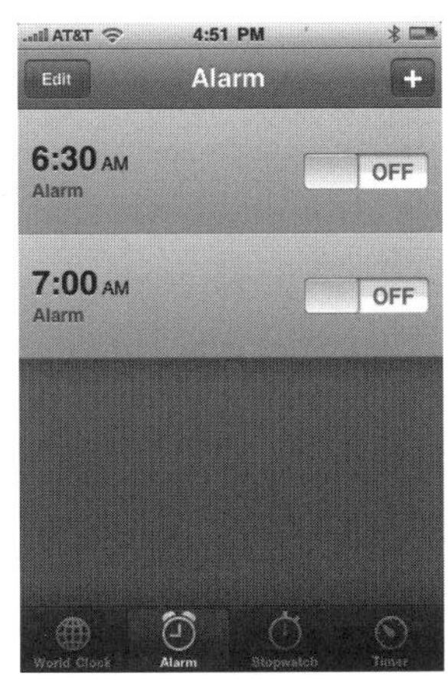

3.8 시계 앱의 시작 그래픽 (왼쪽)과 알람 화면(오른쪽)

이제 시작 그래픽이 화면의 밑 부분에 있는 탭 바 내비게이션과 마찬가지로 앱의 줄무늬 배경화면과 어떻게 조화를 이루는지 보도록 하자. 시계가 내 iPhone에 뜬 후 알람 뷰로 가면, 그림 3.8의 오른쪽에 있는 이미지를 볼 수 있다. 내가 설정한 두 개의 알람이 보이며 알람 탭이 하이라이트 되어 있고 몇 개의 아이템들([Edit] 버튼과 'Alarm' 제목, 새 알람을 추가하기 위한 [+] 버튼)이 내비게이션 바에 나타난다. 시작 그래픽은 이와 같은 뷰로 자연스럽게 이동하도록 한다. 이것은 마치 세 페이지로 구성된 플립 북처럼 보이며, Apple의 규격에 따라 디자인하면 잘 그려진 만화 애니메이션처럼 그럴싸하게 보인다.

예상했겠지만 시작 그래픽을 디바이스 사이즈에 맞추어야 한다. 테이블 3.2에 규격이 나와 있다.

테이블 3.2 iOS 시작 그래픽을 위한 사이즈(픽셀 단위)와 이름 규격

방향	IPHONE/IPOD TOUCH	IPHONE 4	IPAD
세로 방향	320×480 (Default.png)	640×940 (Default@2x.png)	768×1004 (Default–Portrait–ipad.png)
가로 방향	n/a	n/a	1024×748 (Default–Landscape–ipad.png)

이미지 파일들을 [Resources] 폴더로 추가한 후에 앱 아이콘을 추가했을 때와 마찬가지로 자산 목록 파일을 수정해야 한다. Xcode는 iPhone과 iPad 플랫폼 모두를 위한 시작 이미지를 명시하도록 하고 있다. Default.png와

Default-Portrait-ipad.png 이미지 파일들을 목록에 추가하도록 하자. 테이블 3.2에 나와 있듯이 이름 짓는 관습(naming convention)을 따르면 앱이 iPhone 에서 실행할 때 자동으로 iPhone 4 이미지를 화면에 띄우며, iPad가 가로 방향 모드일 때 자동으로 iPad 가로 방향 이미지를 띄운다. 이 과정을 완료하면, 그림 3.9의 화면을 볼 수 있다.

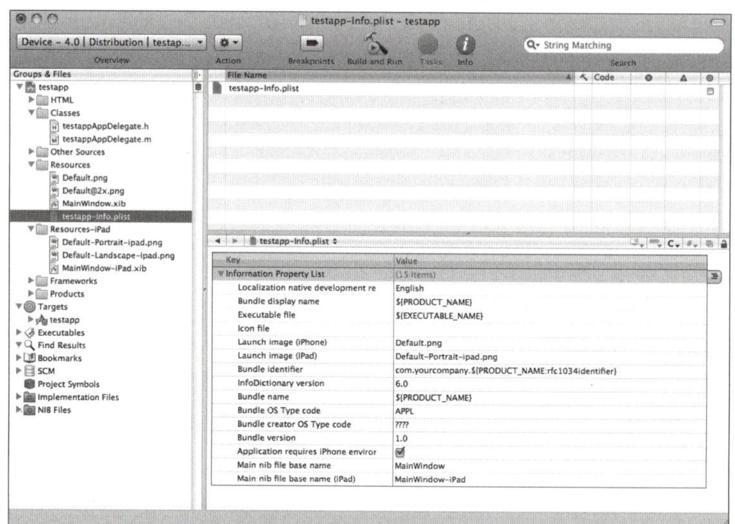

3.9 Groups & Files 창이 시작 이미지 파일들과 info 를 보여준다. plist 파일은 iPhone과 iPad를 위해 지정된 시작 이미지들을 보여준다.

앱 버전 세팅하기

정보 자산 목록(-Info.plist) 파일 안에 있는 아래쪽 행에는 번들 버전(그림 3.8에서 본 것처럼 1.0이다)이 있다. 앱을 디자인할 때 앱의 생명 주기와 콘텐츠에 아주 잘 맞는 버전 명명법을 결정하도록 하자. 앱의 콘텐츠가 규칙적으로 업데이트되는가? 그렇다면 얼마나 자주 이루어지는가? 만약 고객을 위한 앱이라면 고객들이 디자인 업데이트가 빈번하게 일어나기를 기대하는 특정한 이유가 있는가? 알다시피 대부분의 소매 상품 패키징은 규칙적으로 재디자인된다. 그래서 만약 당신의 앱이 빈번한 브랜드 업데이트를 해야 하는 상품이거나 서비스라면 앱은 1.0, 2.0, 3.0, 4.0 과 같은 버전명보다는 1.2, 1.3, 1.4 의 이름으로 업데이트하는 것이 나을 것이다.

번들 버전은 앱 번들 자체에 내재하는 앱의 버전 넘버의 내부 기록이지만, iTunes Connect에 패키지 앱 바이너리와 함께 버전 넘버 또한 제출해야 한다(12장에서 좀 더 자세히 다루고 있다). 문제가 일어날 수 있는 혼돈을 피하기 위해 항상 이 숫자들을 일치시키도록 하자.

앱 바이너리를 테스트하고 빌드하기

iTunes를 통해 배포하려면 Apple에 제출하는 것과 마찬가지로 디바이스에 자신의 앱을 공급(provisioning)하고 테스트하는 앱 빌딩 프로세스를 하기 위해서는 Apple 개발자 프로그램에 등록한 유료 회원이어야 한다. 또한 NimbleKit 라이센스 구입이 필요하다. 이 과정들은 12장에 매우 자세하게 설명되어 있다.

하지만 앱을 디바이스에서 테스트하기 전에 iOS SDK Simulator를 공짜로 사용할 수 있다. 그러므로 우리는 Simulator 과정에서 세팅하는 것을 배울 것이며, 디바이스에 올리기 위해 세팅을 바꾸고 나서 최종적으로 Apple에 제출할 것이다.

Simulator에서 테스트하기

Simulator 상에서 테스트하는 것은 매우 수월한 과정으로 다행히도 iOS 앱 디자인 과정 중에서 비교적 쉬운 단계 중의 하나이다. 하지만 iOS 디바이스 타입이 세 개로 증가함에 따른 복잡성 때문에 Simulator에서의 테스트 앱은 이전에 비해 세련되어 보이지 않게 되었다.

Simulator상에서 새 NimbleKit 앱을 시작하고 설치하기 위해, Xcode 프로젝트 윈도우의 왼쪽 구석에 있는 Overview 드롭다운 메뉴를 보도록 하자. 이것은 Simulator-4.0|Debug 다음에 이 장의 시작부에서 생성한 앱 이름이 따라오는 매우 넓은 드롭다운 메뉴이다. 그리고 만약 앱을 종료했거나 삭제했다면 새 NimbleKit 앱 프로젝트를 다시 생성하도록 하자.

Overview 메뉴(그림 3.10)를 클릭했을 때, 상단 부분의 옵션에 있는 [Simulator]를 반드시 체크하도록 하자. 다음 그룹인 [Active Configuration]에 속한 [Debug]도 선택해야 한다. 다음 그룹인 [Active Target]에는 유일한 아이템인 앱 프로젝트의 파일 이름이 있다.

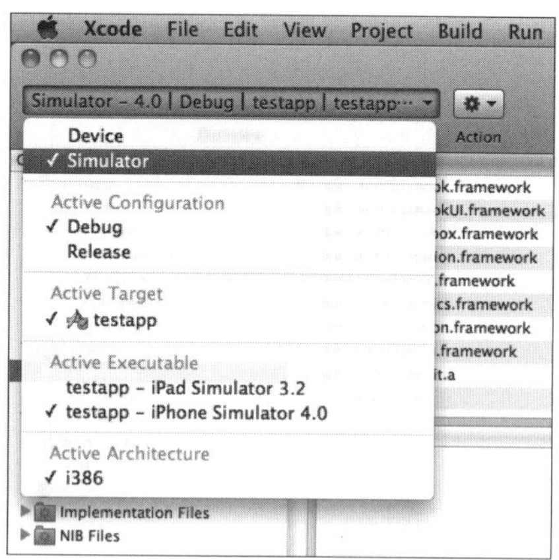

3.10 디바이스와 active configuration을
보여주는 Xcode의 Overview 메뉴

다음 그룹인 [Active Executable]은 앱을 테스트하기 시작할 때 Simulator
가 에뮬레이트하기 원하는 특정 디바이스를 선택하는 곳이다. 우리는 iPhone
Simulator 4.0을 선택하도록 한다. [Active Architecture]는 자동으로 세팅되
므로 무시해도 좋다.

여기에 다소 흥미로운 것이 있다. 당신은 아직 어떤 것도 디자인하지 않았는데도
Simulator 상에 첫 번째 앱을 설치하게 될 것이다. 단지 연습을 위해서이다!

이 과정은 매우 쉽다. 단지 Xcode 프로젝트 툴 바의 중간에 있는 [Build and
Run] 버튼을 클릭하면 된다. [Build and Run] 버튼을 찾아보자(망치와 초록색
재생 버튼). 아이콘을 누른 결과는 그림 3.11과 같다.

3.11 iPhone Simulator상에
설치된 새 NimbleKit 앱

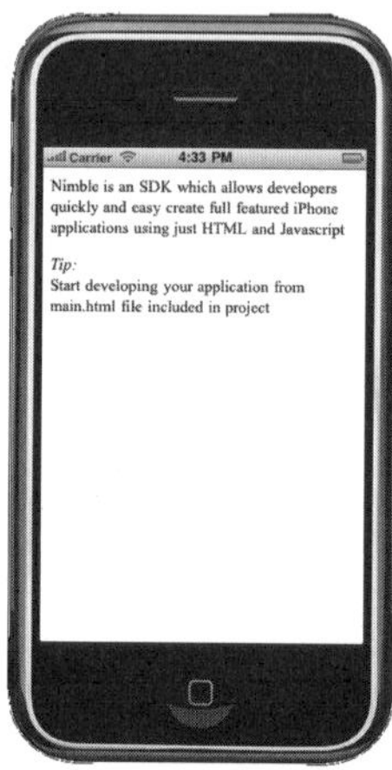

Simulator를 만지작거려보고 싶다면 그렇게 하라. 이것은 몇 가지 일반적인 기능(카메라, 지도, 달력 등)이 들어있지 않다는 점과 예외사항을 제외하고는 진짜 iPhone과 똑같이 동작한다. 또한 Simulator 안에는 App Store 앱이 없기 때문에 이 안에서 다른 앱을 구입하거나 설치할 수도 없다(Simulator는 컴퓨터에서 동작하는 가상의 폰 프로그램이다. 따라서 앱을 구입하는 용도가 아닌 테스트 용도로만 사용 가능하다). 오직 Xcode로만 인스톨할 수 있다.

iPhone Simulator를 다루어 본 후에 iPad Simulator에 있는 공용 앱을 테스트해보도록 하자. Simulator를 종료하고 Xcode로 돌아가서 Overview 메뉴의 [Active Executable] 밑에 있는 [iPad Simulator 3.2]를 지정한다. [Build and Run] 버튼을 다시 클릭하면 이번에는 약간 다른 화면의 새 NimbleKit 앱을 iPad Simulator상에서 보게 될 것이다(그림 3.12).

3.12 iPad Simulator상에 설치된 새 NimbleKit 앱

iPad Simulator의 디폴트 뷰는 50퍼센트이다. [Windows]–[Scale]을 선택해서 뷰를 바꿀 수 있으며, 100퍼센트로 선택할 수도 있다.

시뮬레이션할 수 있는 마지막 디바이스는 iPhone 4이며, 가장 쉬운 것이기 때문에 마지막으로 아껴두었다. 사실 당신은 이미 iPhone 4 Simulator 상에 앱을 설치했다. 축하한다(이 작업은 iPhone Simulator상에 설치했을 때 이미 진행되었다)!

확인하기 위해 Simulator에서 [Hardware]−[Device]−[iPhone 4]를 선택한다. Simulator의 iPhone 스크린이 iPhone 4 스크린으로 바뀐다. 내가 이것을 마지막으로 남겨둔 또 다른 이유는, 이상하게도 iPhone 4 스크린이 iPhone보다는 iPad와 더 비슷하게 보인다는 것이다. 실제 디바이스와 비교해 표면의 크롬 도금이 다소 부족해 보인다. Apple이 그런 것이니까 이것을 보고 초조해 할 필요는 없다.

만약 하얀 앱 아이콘이 홈 스크린에 보이지 않는다면, 두 번째 홈 스크린으로 손가락을 쓸어 넘겨보자. 아마도 그곳에 설치되어 있을 것이다.

다시 한 번 축하한다! 이제 당신은 Simulator에 있는 세 개의 디바이스상에서 앱을 테스트할 수 있게 되었다! 하지만 Simulator에서만 테스트하는 것은 결코 충분하지 않다. 일단 배포나 판매를 위해 앱을 디자인했다면 실제 iPhone, iPod touch 또는 iPad(아마도 하나 이상에서)에서 테스트해야 한다. 이는 최고의 품질 보증과 제어를 위해서 뿐만이 아니라 테스트하고자 하는 것이 Simulator에서 완전히 동작하지 않는 경우를 위해서다. 예를 들어 지도 애플리케이션을 실행시키는 지도 링크를 포함한 애플리케이션이 있다고 하자. Simulator에는 지도 앱이 없으므로 iPhone 상에서 동작을 테스트하는 것이 유일한 방법이다.

디바이스상에서 공급하고 테스트하기

디바이스상에서 테스트할 앱 바이너리를 생성하기 위한 첫 번째 단계는 iOS 공급 포털인 developer.apple.com에서 개발자 및 공급 증명서(developer and provisioning certificates)를 얻는 것이다. 이를 위해 iOS 개발자 프로그램의 유료 회원이 되어야 한다(매해 지불해야 할 비용이 99달러라는 것을 기억하자). 그래서 나는 이 내용을 이 책의 마지막 장에 놓았다. 왜냐하면 나는 여러분이 앱 디자인 기술을 갈고 닦을 때까지 이 단계에 진입할 것이라고는 생각하지 않기 때문이다. 이 단계를 거치기로 결정했다면 12장에 있는 지시사항을 따르고 디바이스상에서 앱 테스트를 진행하기 위해 여기로 돌아오기 바란다.

개발자 및 공급 증명서를 얻고 설치한 후에 Xcode가 앱의 빌드 세팅에 올바른 값을 할당했는지 확인할 필요가 있다. developer.apple.com의 공급 포털에 있는 온라인 툴인 Development Provisioning Assistant가 모든 것을 적합하게 세팅하지 않았을 경우를 대비하기 위해서다. 만약 이런 일이 발생했을 때 다음의 지시사항을 참고하면 문제를 해결하고 공급과 디바이스 테스팅을 할 때 도움이 될 것이다.

프로젝트에는 빌드 세팅들이 정의되는 세 개의 영역이 있으며, 반드시 다시 한 번 체크해야 한다. 왜냐하면 한 군데에서 세팅해서 세 개의 영역들이 모두 수정되리라고 보장할 수 없기 때문이다.

지어내는 얘기가 아니다! 이것은 나 역시 당황하게 만든 순간 중 하나이다. 맹세컨대 나는 전부 제대로 세팅하고 나서 디바이스상에서 테스트하려고 했다. 그런데 세팅이 다르게 바뀌어 있는 것이다! 나는 믿을 수가 없어 눈을 비비고 세팅을 다시 변경했다. 그러고 나면 정상적으로 작동한다.

이것은 Xcode가 때때로 어떻게 동작하는지 보여준다. 그러니 참을성을 가지고 심호흡을 해보자. 그리고 당신이 막다른 곳에 다다를 때마다 세팅을 다시 체크해 보길 바란다.

세팅을 확인할 첫 번째 장소는 메인 Xcode 프로젝트 윈도우의 왼쪽 위 구석에 있는 Overview 메뉴이다. 이 장의 앞부분에서 다루었듯이 다음 사항들이 세팅되었는지 확인해 보자.

- Device
- Active Configuration: Debug(Simulator에 설치된 것과 동일)
- Active Target: 앱 이름(단 하나의 옵션만 있다)
- Active Executable: 디바이스 이름(단 하나의 옵션만 있다)

빌드 세팅은 아래 두 개의 다른 파일들의 정보 윈도우(information window)를 통해 접근할 수 있다.

- The Project file
- The Target file

이 세팅들을 한 번에 하나씩 선택하거나 Xcode 세팅에 있는 파란색 [Info] 버튼을 클릭하면 보이게 할 수 있다(또는 파일을 오른쪽 클릭하고 [Get Info]를 선택해도 된다)(그림 3.13).

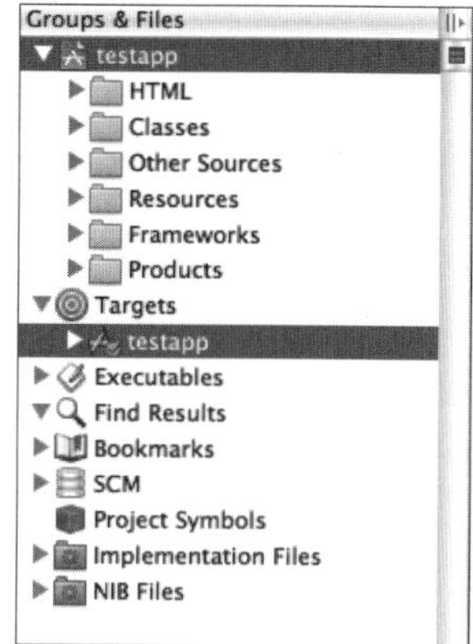

3.13 Project 와 Target 파일들 (화면상에서 파란색으로 선택된 상태로 보일 것이다)

이렇게 하면 네 개의 탭(General, Build, Configurations, Comments)이 있는 커다란 [Project Info] 윈도우를 보게 될 것이다. 이 탭들에는 많은 세팅이 존재하지만 다행히도 따로 이해하거나 수정해야 할 것은 거의 없다. 지금 필요한 세팅들은 [Build] 탭 밑에 있다(그림 3.14).

- **Configuration:** 'Debug'로 세팅
- **Base SDK:** 가장 최근 SDK로 세팅(여기에서는 iPhone Simulator 4)
- **Code Signing Identity:** 왼쪽은 'Any iPhone Device'로 설정하고 오른쪽은 Automatic Profile Selector|iPhone Developer로 설정한다.
- **Based On:** NKit으로 세팅

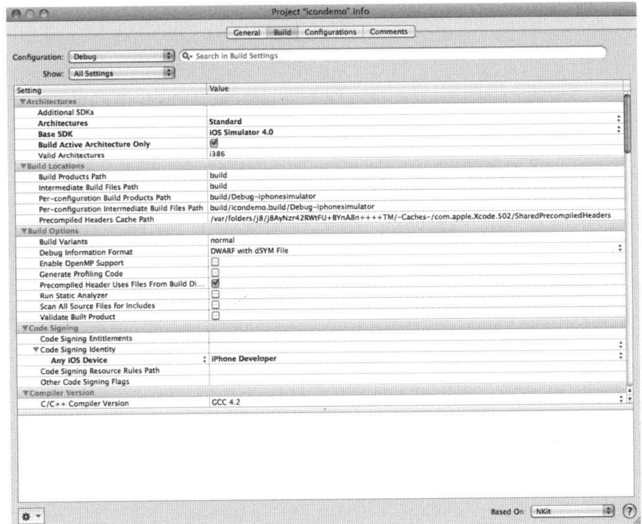

3.14 Project Info 윈도우의 Build 탭

농담이 아니라, 여기에서 당황스러운 것은 당신이 프로젝트 파일들을 위해 이 값들을 세팅한다고 해도 이 값들이 항상 앱 파일에 나타나리라고 기대할 수 없다는 것이다(이 문제는 가끔 발생할 수도 있고 자주 발생할 수도 있다). 걱정스러운 것은 Xcode가 어떻게 동작하는지를 배우는 것은 힘든 일이고 앱마다 세부사항이 약간 바뀔 수 있다는 것이다. 하지만 공급 포털에 있는 개발 공급 어시스턴트가 이것을 좀 더 일관되게 만들었으리라고 믿는다.

그러므로 [Build and Run]을 클릭한 후에 앱이 디바이스에 설치되지 않는다면 [Target info] 윈도우에 있는 세팅을 다시 체크해보자. 모든 것이 위에서 설명한 대로 세팅되었는지 확인하도록 하자.

빌드하고 제출하기(배포)

Apple의 평가를 받기 위해 앱을 제출하고 iTunes App Store에 올리는 과정은 디바이스에 앱을 설치하기 위해 Xcode를 사용하는 것과 다르지 않다. 그리고 앱을 빌드하고 제출하는 것을 자세하게 다루는 것은 이 책의 마지막에서 설명하는 것이 과정의 전개상 적합하므로 12장에서 다룰 것이다.

NimbleKit 라이센스를 구입하고 활성화시키기

여러분의 앱을 위해 유효한 Distribution Provisioning Profile이 필요한 것과 마찬가지로 NimbleKit 라이센스 버전도 필요할 것이다. 이 책을 쓰고 있는 시점에 NimbleKit 라이센스는 99달러의 요금을 한 차례 지불하면 됐다. 라이센스를 구매하면 16자리 시리얼 넘버를 받게 될 것이다.

시리얼 넘버를 받은 후에 앱 프로젝트 안에 있는 [Classes] 폴더로 간다. 앞에서 언급했듯이 이곳은 일반적으로 출입제한 영역 중 하나이다. 하지만 이번만 접근하도록 하자. 폴더를 열고 AppDelegate.m 파일을 더블 클릭해보자. 일반적으로 건드리지 않는 많은 Objective-C 코드를 보게 될 것이다.

이 코드 라인을 찾아보도록 하자:

```
Nimble *nimble = [[Nimble alloc] initWithRootPage:@"main.html"
window:window serial:@""];
```

큰 따옴표 사이에 NimbleKit 시리얼 넘버를 복사해서 붙여 넣으면 다음을 보게 될 것이다(X에 자신의 시리얼 넘버를 입력하도록 한다).

```
Nimble *nimble = [[Nimble alloc] initWithRootPage:@"main.html"
window:window serial:@"XXXX-XXXX-XXXX-XXXX"];
```

파일을 저장하고 닫은 다음, 다시는 Objective-C 파일을 함부로 변경하지 않도록 하자. 당신은 이제 NimbleKit을 사용하고, NK에 기반한 앱을 iTunes에 배포할 수 있도록 허가받았다.

iOS 공급 포털에서 Distribution Provisioning Profile을 생성하고 컴퓨터에 다운로드한 다음 컴퓨터에 설치하기 위해 Xcode 앱 아이콘 위로 드래그한다.

앱 프로젝트를 열고 [Groups&Files] 창의 맨 위에 있는 프로젝트 파일을 선택한다. 이것의 정보를 살펴보고 [Configuration(환경설정)] 탭을 클릭한다. Release configuration을 복제한 후에 copy Distribution으로 이름을 변경한다. 당신은 이제 앱을 배포하는 과정에서 가장 이상한 단계 중의 하나를 마쳤다. 이상하지 않은가?

다행히도 여기서부터는 테스팅을 위해 앱을 올리는 것처럼 느껴진다.

Overview 드롭다운 메뉴 세팅을 다음과 같이 설정하자:

- **Destination**: ‘Device’로 설정
- **Active Configuration**: ‘Distribution’으로 설정

[Build] 탭 아래쪽의 [info] 윈도우 안에 있는 Project와 Target 파일 세팅들을
설정하자.

- **Configuration:** 'Distribution'으로 설정(그림 3.15)
- **Base SDK:** 가장 최근의 SDK로 설정(여기서는 iPhone Device 4)
- **Code Signing Identity:** 왼쪽은 'Any iPhone Device'로 설정하고, 오른쪽은 Automatic
  Profile Selector|iPhone Distribution으로 설정
- **iPhone OS Deployment Target:** iPhone OS 3.0
- **Based On:** NKit으로 설정

3.15 Distribution 세팅을
보여주는 Overview 메뉴

Project 파일과 Target 파일 모두가 세팅되었는지 확인했는가? 만약 빌드 에러가
발생하면 다시 이 과정을 다시 한 번 체크해보자. 때때로 Xcode는 지나치게 까다
롭고 겉보기에 다소 산만해 보이기도 한다.

이제 앱 세팅이 제대로 되었으니 앱 바이너리를 빌드할 차례이다.

계속 진행하기 전에 [Build] 메뉴로 가서 [Clean All Targets]를 선택한다. 이렇게
해야 새로운 앱 바이너리를 생성할 때 Simulator와 디바이스 테스팅 과정의 생성
물로부터 방해받지 않을 수 있으므로 이전에 생성된 것들을 모두 지운다.

자 이제 [Build] 메뉴로 돌아가서 [Build]를 클릭한다.

Xcode는 바이너리를 생성하며 이 과정에서 경고나 에러가 발생하지 않는다면
Apple의 승인을 받기 위해 여기에서 생성한 파일을 iTunes Connect에 제출할

것이다. 이 파일의 이름은 .app 이며 [Distribution-iPhoneos] 하위 디렉토리에 위치한다. 이 파일을 찾았으면 압축한다(오른쪽 클릭 또는 Ctrl+클릭한 후에 압축을 선택한다). 이 과정이 그림 3.16에 나와 있다.

3.16 배포를 위해 준비한 앱 바이너리 파일. 압축하는 것을 잊지 말자.

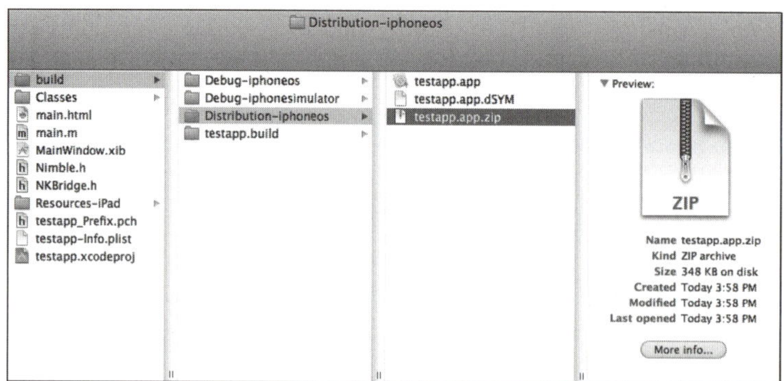

이제 당신은 iOS SDK에 있는 두 개의 메인 툴인 Xcode와 Simulator의 기초에 대해서 배웠다. 이 책에 나와 있는 예제들을 완성하고 자신의 앱을 디자인하기 위해 HTML 디렉토리에 파일을 추가하고 [Editor] 창에서 파일을 편집하고, Simulator에서 작업한 것을 테스트해야 할 것이다.

요약

Xcode와 Simulator 개요에서 우리는 다음 사항들을 배웠다.

- iPhone, iPod touch, iPad 또는 모든 iOS 디바이스(Universal App)들을 위해 Xcode 안에 있는 새 NimbleKit 앱 프로젝트를 시작한다.
- 파일, 앱 세팅을 관리하고 코드를 편집하기 위해 [Groups&Files], [Detail], [Editor] 창을 사용한다.
- NimbleKit 프레임워크 파일들을 건드리지 않으면, Objective-C 코드(당신의 프로젝트가 동작하도록 하여 결국 Apple의 승인을 받게 하는)를 부주의로 사용하지 못하게 되는 일은 없을 것이다.
- 앱 이름 짓기(그리고 이후에 이름 변경하기)
- Apple의 규격과 사용자 경험 가이드라인에 맞는 앱을 만들기 위해 아이콘을 디자인하고 추가하며 시작 그래픽 만들기.
- 앱 버전 설정하기.

- Simulator와 디바이스 테스팅을 위한 앱 바이너리 빌드하기.
- 앱 바이너리를 빌드하고 압축한 후 Apple의 승인을 받기 위해 iTunes Connect에 제출하기.

지금까지 당신은 Xcode를 사용하는 것과 프로젝트를 생성하는 것에 대해 자세히 배웠으며, 이제 iOS 앱 자체에 대해서 배울 시간이다! 표준 iOS 인터페이스 요소에 대해서 배우는 것으로 시작할 것이다.

4 iOS 인터페이스와 사용자 경험 (user experience)

*iPod touch와 iPhone의 스크린은 매우 작다!
320×480 픽셀의 아주 작은 디바이스에서
질 높은 사용자 경험을 얻기 위해 디자인하는 것이
과연 가능한 것인가?*

우리가 통상적으로 디자인했던 960, 1024픽셀 또는 그보다 더 넓은 스크린 환경에 비해 모바일 디바이스의 화면은 처음에는 디자인이 불가능해 보일 정도로 작아 보였다. 하지만 수백만 명의 사람들이 이 디바이스들을 구입하고 사용한다. 게다가 자신을 고문하기 위한 것이 아니라 이 포켓 컴퓨터들을 이용해 굉장한 사용자 경험을 하곤 한다. 디바이스를 사용하는 것이 즐겁고 쉬우며 심지어 매우 기쁘기까지 하다.

그렇다면 이것을 가능하게 하는 것이 무엇일까? 어떻게 하면 Apple의 독자적인 앱과 그 밖의 예에서 배울 수 있을까? 이것이 이번 장에서 초점을 맞추게 될 내용이며 작은 스크린 상에서 성공적으로 디자인하기 위한 Apple의 제안도 다루게 될 것이다.

작은 스크린을 사용하는 방법을 배우는 동시에 Apple이 우리에게 제공하는 모든 것을 살펴보는 것이 중요하다. 이것은 직접 행동으로 보여주는 것과 말만 그럴듯하게 하는 것을 포함하므로 당신은 새로운 어휘를 배우게 될 것이다.

스크린 자체를 가지고 시작하도록 하자. 그림 4.1은 320×480 픽셀 스크린이다(여기서는 일반적으로 iPod touch 와 iPhone 3GS 스크린 사이즈를 기본으로 한다. 그리고 필요하다면 iPhone 4와 iPad 사이즈로 보충 설명을 할 것이다).

4.1 iPod touch와 iPhone(pre-4)을 위한 표준 사이즈 iOS 스크린

스크린은 전체 뷰를 위한 가장 일반적인 용어이다. 이것은 데스크톱이나 노트북 컴퓨터와 같은 윈도우가 아니다. 데스크탑 윈도우는 종료, 최소화 그리고 확대 버튼이 있다. 하지만 기억할 것은 iOS 앱 스크린은 좀 더 에워싸는 것 같은 경험(영화 극장에서의 스크린을 생각해보라)을 준다는 것이다. 그래서 여기에서의 스크린이라는 말은 에워싸는 느낌이 덜한, 윈도우에 기반을 둔 웹 사이트를 디자인하는 것과 비교하면 다소 철학적이며 현실적인 변화다.

그림 4.2는 뉴욕 타임즈 앱과 이 장에서 구현 방법을 배울 iOS 인터페이스 요소들의 예를 보여준다.

4.2 세로와 가로 방향 레이아웃의 뉴욕 타임즈 iOS 애플리케이션

상태 바(status bar)

스크린의 맨 위에 위치하고 있는 iOS 상태 바(그림 4.3)는 우리가 보아왔던 몇 개의 주요 정보를 포함하고 있다. 만약 이것이 iPhone의 상태 바라면 핸드폰 신호 세기를 보게 될 것이다. 그리고 디바이스에 상관없이 무선 인터넷 연결이 되었는지, 그리고 그것의 신호 세기는 어떤지 또한 볼 수 있다.

4.3 iOS 상태 바

현지 시간은 상태 바의 중간에 위치한다. 이 영역의 훌륭한 특징은 상태 바의 중간을 두드리면 웹사이트에서 페이지의 맨 위로 돌아간다는 점이다. 이렇게 하면 페이지의 맨 위로 스크린을 빠르게 스크롤한다. 이것은 어떤 앱에서도 동작하는 사용자 인터페이스 특징이며, 비디오 게임을 제외한 모든 앱들이 디자인에 상태 바를 포함하고자 하는 이유이다.

마지막으로 상태 바의 오른쪽 끝에 있는 요소는 물론 배터리 충전 표시기이다.

상태 바의 디폴트 색은 은색이지만 검은색과 반투명 검은색으로도 설정이 가능하다. 이와 같은 네이티브 Objective-C 설정을 바꾸기 위해 NimbleKit을 사용할 때 JavaScript를 이용해 상태 바를 검은색으로 바꾸는 방법은 다음과 같다.

```
var application = new NKApplication();
application.setStatusBarStyle("black");
```

반투명 검은색을 원한다면 다음과 같이 바꾸도록 하자:

```
var application = new NKApplication();
application.setStatusBarStyle("blacktranslucent");
```

디폴트 설정은 당연히 "default"이다. 만약 컬러를 검은색으로 바꾸지 않는다면 앱에 이 작은 정보를 포함시키는 것에 대해 걱정할 필요도 없다. 이것은 당신이 디폴트 은색 외양을 원하지 않을 때에만 필요하다.

NOTE   NimbleKit에 기반한 앱에서 이 예들을 사용하기

만약 당신이 이 코드를 사용하고자 한다면 Xcode에서 새 앱을 열고 지난 장에서 설명한 것처럼 NimbleKit 옵션을 선택한다. HTML 서브 디렉토리에서 제공되는 main.html에 있는 `<script type="text/javascript" src="NKit.js"></script>` 다음에 코드를 입력한다. 반복을 피하기 위해 이 샘플들에서 오프닝, 클로징 태그들을 생략할 것이다. 따라서 이 예들을 반드시 `<script type="text/javascript">`와 `</script>`로 아래와 같이 두르도록 하자.

```
<html>
<head>
<meta name = "viewport" content = "initial-scale = 1.0, user-scalable = no" />
<script type="text/javascript" src="NKit.js"></script>
<script type="text/javascript">
<!--your NimbleKit JavaScript calls here -->
</script>


</head>


<body>
<!--your content here -->
</body>


</html>
```

그리고 만약 이것을 입력하고 싶지 않다면 코코드 샘플을 iosapps.tumblr.com이나 정보문화사 홈페이지(http://www.infopub.co.kr)의 자료실에서 다운로드하도록 하자.

디바이스가 회전하고 앱이 가로 방향을 지원하면 상태 바는 새 너비에 맞게 확장된다. 그래서 앱 스크린 디자인을 계획할 때 이것을 염두에 두는 것이 중요하다. 여러분의 계획을 돕기 위해 여기에 세 개의 디바이스들을 위해 iOS 요소들의 세로와 가로 방향 치수를 제공한다. 상태 바로 시작해보도록 하자. 테이블 4.1에서 디자인 용어 portrait은 표준인 세로방향의 디바이스 방향을 의미하고 용어 landscape는 회전된 가로 방향을 의미한다.

테이블 4.1 iOS 상태 바의 치수 (픽셀 단위)

방향	iPhone/iPod touch	iPhone 4	iPad
portrait(세로)	320×20	640×40	768×20
landscape(가로)	480×20	960×40	1024×20

타이틀 바(title bar) 구현하기

iOS 사용자 인터페이스에서 그 다음으로 중요한 요소는 타이틀 바(그림 4.4)로 앱 스크린에서 상태 바의 바로 밑에 위치한다. 타이틀 바는 절대적으로 중요한 요소이다. 이름이 내포하듯이 시작할 때마다 앱 제목을 보여 준다. 그리고 타이틀 바는 웹 페이지의 제목과 매우 비슷한 기능을 한다. 이것은 앱을 통해서 스크린에서 스크린으로 이동할 때마다 방향을 잡도록 도와주는 주요 지형지물과 같은 역할을 한다.

4.4 iOS 타이틀 바

타이틀 바의 디폴트 Apple 컬러는 파란색–회색이다. 디폴트 컬러를 유지하는 디자인은 앱의 '고유성'을 최대화하기 위한 훌륭한 방법이다.

반면 당신이나 고용주 또는 의뢰인이 앱의 브랜드화를 원하는 경우에 타이틀 바에 맞춤 배경색(custom background color)을 설정할 수 있다. 이 옵션도 고려해

보기 바란다. 눈에 익은 치수와 그라디언트를 유지하는 동시에 맞춤 컬러를 설정하는 것은 앱의 브랜드 독자성을 높이기 위한 훌륭한 방법이 될 수 있다.

이제부터 구체적인 방법을 알아보도록 하자. 기본 JavaScript는 다음과 같다(그리고 수정 가능한 변수들이 하이라이트되어 있다).

```
var navController = new NKNavigationController();
navController.setTitle("Title Here");
navController.setTintColor(127, 62, 152);
```

NimbleKit 라이브러리 아이템은 **NKNavigationController**(NKTitleBar가 아닌)라고 부르는 것에 유의하자. 사용자가 table view나 tab bar navigation을 통해서 앱을 탐색하면, **NKNavigationController**가 자동으로 백 버튼을 추가해서 사용자가 탐색을 시작한 곳으로 돌아갈 수 있기 때문이다.

물론 바에 제목을 표시하는 데는 제한이 있으며 사용하고 있는 디바이스에 따라 다르다. iPod touch 또는 iPhone에서의 스크린 제목은 iPad에서보다 짧아야 한다. 어쨌든 간에 제목을 짧게 만드는 버릇을 들이는 것이 좋다. 만약 제목을 너무 길게 선택하면 자동으로 잘려져 끝에 생략 부호가 붙게 된다.

컬러 설정은 CSS **rgb** 컬러 속성처럼 RGB 설정을 이용한다. 그래서 이전 코드 예에서 의뢰인의 브랜드와 일치시키기 위해 보라색 색조를 선택했다. 나는 Adobe Photoshop을 이용해서 파일을 컬러 팔레트와 함께 열고 RGB 값이 무엇인지 알려주는 Color Picker(그림 4.5)를 사용했다.

4.5 Photoshop에서 색조의 RGB 값을 알려주는 Color Picker

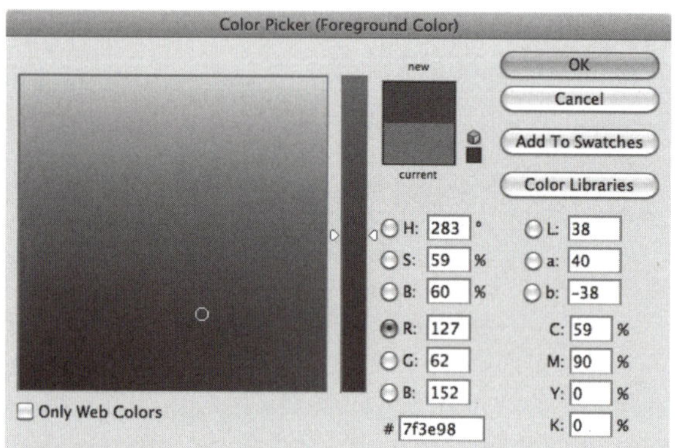

NimbleKit 제목 바에서 색이 서서히 변화하는 효과(gradient effect)가 표준이라는 것에 유의하자.

테이블 4.2는 여러 가지 iOS 디바이스에 맞는 가로/세로 타이틀 바의 사이즈이다.

테이블 4.2 iOS 타이틀 바의 치수(픽셀 단위)

방향	iPhone/iPod touch	iPhone 4	iPad
세로	320×44	640×88	768×44
가로	480×44	960×88	1024×44

탭 바(tab bars) 디자인하기

탭 바(그림 4.6)는 우리에게 좀 더 흥미로운 iOS 사용자 경험을 선사한다. 이것은 하나의 애플리케이션 내에서 다른 스크린 간에 탐색을 할 수 있도록 하는 중요한 방법 중의 하나이다.

4.6 iOS 탭 바

표준 카테고리를 가지고 있는 탭 바

이제부터 그림 4.6에 표시된 샘플을 코딩하는 방법에 대해 배울 것이다. 이 예제에는 세 개의 다른 페이지들을 탐색하기 위한 세 개의 탭들이 있다. 각각의 탭은 두 개의 컴포넌트를 가지고 있는데, 이들은 제목들(Favorites, Featured 와 Top Rated)과 각각을 위한 아이콘이다.

첫 번째 예는 당신의 일을 간편하게 할 수 있도록 도와준다. NimbleKit은 운영 체제에 심어진 일부 네이티브 아이템들을 호출할 수 있기 때문이다. 달리 말하면, 제목과 아이콘 모두 무료이다.

이를 위한 기본 JavaScript는 다음과 같다(변경 가능한 변수들을 하이라이트 표시했다).

```
var tabController = new NKTabBarController();
tabController.setTabBarForPage("main.html", "", "1");
tabController.setTabBarForPage("two.html", "", "2");
tabController.setTabBarForPage("three.html", "", "3");
```

이것이 동작하게 하기 위해 각각의 탭을 위한 페이지 이름은 HTML 파일 이름으로 한다. 두 번째 설정은 탭 레이블(다음 예제에서 다룰 것이다)을 위한 것이며 세 번째 설정은 빌트인 카테고리와 아이콘을 참조한다. 코드 목록에서 탭 레이블 설정들은 공백으로 남겨져 있다. 왜냐하면 빌트인 탭 카테고리들(자동으로 레이블이 붙여짐)을 호출할 때는 사용되지 않기 때문이다.

현재 11개의 빌트인 카테고리들과 아이콘들이 있다(그림 4.7).

4.7 빌트인 탭 탐색 카테고리들

NOTE 제목과 아이콘은 모두 공짜이다. 하지만 기능은 그렇지 않다.

여기에서 "공짜"라고 말하는 것은 탭 버튼 제목과 아이콘뿐이다. 이들에게 연결된 기능은 공짜가 아니다. 다시 말해서 Contacts라는 탭을 만든다고 해서 연락처 스크린이 자동으로 생성되지는 않는다는 것이다.

맞춤 카테고리를 가지고 있는 탭 바

반면 이러한 카테고리들을 필요로 하지 않을 수도 있다. 이 경우 탭에 스스로 만든 레이블을 붙이기를 원할 것이다. 스스로 아이콘을 디자인할 수 있고 그것을 탭 바에 합칠 수도 있다. 내가 디자인한 샘플 바를 예로 들어 보여주겠다(그림 4.8).

4.8 자신의 맞춤 탭 탐색기 디자인하기

다음을 보면 JavaScript가 맞춤 버전에서는 어떻게 다른지 알 수 있다.

```
var tabController = new NKTabBarController();
tabController.setTabBarForPage("main.html", "Location", "icon_globe.png");
tabController.setTabBarForPage("two.html", "Menu", "icon_fork.png");
tabController.setTabBarForPage("three.html", "Tweets", "icon_bird.png");
```

코드에서 반드시 세팅해야만 하는 아이템들을 메모하자:

- 첫 번째 아이템은 탭이 탐색할 페이지이다.
- 두 번째 아이템은 탭을 위한 문자 레이블이다.
- 세 번째 아이템은 아이콘이다.

나는 PNG 이미지 파일을 투명 배경에 30×30 픽셀 크기로 디자인하면 탭 아이콘과 잘 어울린다는 것을 알아냈다. 물론 그와 같은 기본 규격을 떠나서 그 크기에서 이미지의 비례와 세부사항이 인식 가능한지 아닌지가 결정 요인이 될 것이다. PNG 파일이 투명 배경에 놓인 불투명 이미지라면 나머지 네이티브 효과들(그라디언트, 반짝임 그리고 흰색/파란색)은 NimbleKit과 운영 체제에 의해 무료로 적용된다.

그러면 탭 바 탐색기에 표시할 수 있는 탭의 최대 수는 무엇일까? iPod touch와 iPhone에서는 5개, iPad에서는 8개이다. 만약 탭의 최대 수를 넘기면 탐색기는 자동으로 마지막 위치에 [More] 탭을 추가하고 나머지 것들을 테이블 뷰 탐색기(다음에 자세히 배울 것이다)에 위치시킨다(그림 4.9).

4.9 6개의 카테고리를 가지고 있는 iPod touch/iPhone 탭 바 탐색기. NimbleKit 이 자동으로 More 탭을 추가하는 것을 보여준다. 훌륭하다!

테이블 4.3은 탭 바 탐색기를 위한 사이즈 규격을 나타낸다. 이것은 여러분의 스크린 디자인을 레이아웃하기 위한 목적이다.

테이블 4.3 iOS 탭 바의 치수(픽셀)

방향	iPhone/iPod touch	iPhone 4	iPad
세로 방향	320 × 49	640 × 98	768 × 49
가로 방향	480 × 49	960 × 98	1024 × 49

테이블 뷰(table view)로 탐색하기

테이블 뷰(그림 4.10)는 iOS 애플리케이션의 핵심이다. 이것은 iOS 디바이스에 설치되는 Apple 앱부터 사람들에게 콘텐츠를 전달하는 여타 앱까지 도처에 존재한다.

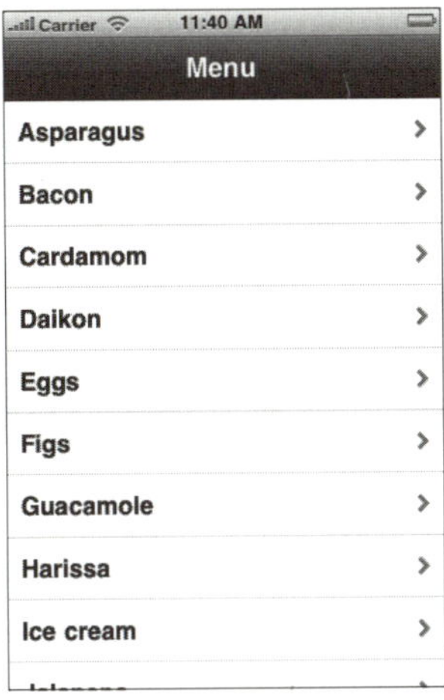

4.10 플레인 테이블 뷰 탐색기

이번에는 몇 가지 테이블 뷰의 타입을 살펴보고 이것을 앱에 어떻게 구현하는지에 대해 다룰 것이다.

플레인 테이블 뷰

그림 4.10과 같이 플레인 테이블 뷰 탐색기는 고유의 외형을 가지고 있다. 이것은 장식이 없으며 앱 안에서 부가적인 스크린으로 탐색한다. 사실 이것은 Apple의 iPod 애플리케이션에 있는 테이블 뷰와 완전히 똑같다(그림 4.11).

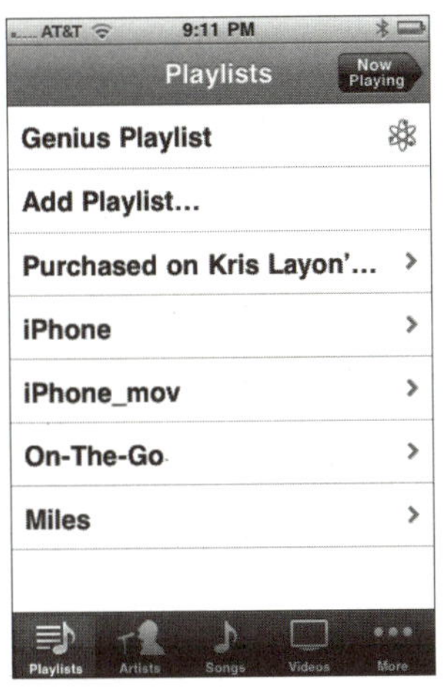

4.11 iPhone의 iPod 애플리케이션에서 재생 목록을 보여주기 위해 사용된 플레인 테이블

테이블을 코딩하기 위해 NimbleKit의 NKTableView 함수를 이용하자. 다음은 그림 4.10의 **NKTableView** 라이브러리 아이템을 호출하는 JavaScript이다:

```javascript
var tableView = new NKTableView();
tableView.init(0, 0, 320, 440, 'plain');
tableView.insertRecord("Asparagus", "", "", "0", "",
"navController.gotoPage('1.html')");
tableView.insertRecord("Bacon", "", "", "0", "",
"navController.gotoPage('2.html')");
tableView.insertRecord("Cardamom", "", "", "0", "",
"navController.gotoPage('3.html')");
tableView.insertRecord("Daikon", "", "", "0", "",
"navController.gotoPage('4.html')");
tableView.insertRecord("Eggs", "", "", "0", "",
"navController.gotoPage('5.html')");
tableView.insertRecord("Figs", "", "", "0", "",
"navController.gotoPage('6.html')");
tableView.insertRecord("Guacamole", "", "", "0", "",
"navController.gotoPage('7.html')");
tableView.insertRecord("Harissa", "", "", "0", "",
"navController.gotoPage('8.html')");
tableView.insertRecord("Ice cream", "", "", "0", "",
"navController.gotoPage('9.html')");
tableView.insertRecord("Jalapeno", "", "", "0", "",
"navController.gotoPage('10.html')");
tableView.show();
```

이것을 만들 때 tableview라고 부르는 **NKTableView**의 인스턴스를 생성하고 **tableview**가 스크린을 어느 정도 차지할 것인지를 정의한다. 이 경우에는 상태 바와 타이틀 바를 제외한 전체 스크린이며 플레인 테이블 뷰(다른 방법으로는 그룹화가 있으며 다음에 살펴볼 것이다)라고 지정한다.

이후에 원하는 행의 수를 추가하기 위해 **insertRecord**를 사용한다(스크롤 기능이 있으므로 알아두어야 할 제한 사항은 없다). 사용 가능한 6개의 파라미터들은 다음과 같다:

- 제목 (title)

- 하위제목 (subtitle)

- 왼쪽 이미지 (left image)

- 섹션 넘버 (section number)

- 오른쪽 이미지 (right image)

- 콜백 (callback)

NOTE　테이블 뷰 유용성과 정보 계층: 행이 몇 개쯤 되면 많다고 느낄까?

테이블 뷰에서 행 수의 제한에 대해 거의 생각해보지 않지만 이것이 실질적인 제한이 없다는 것을 의미하지는 않는다. 만약 지나치게 많은 행을 테이블 뷰에 넣고자 한다면 그룹화 된 테이블 뷰나 여러 개의 테이블 뷰(추가적인 테이블 뷰가 있는 스크린에 링크되어 있는 하나의 테이블 뷰)를 사용하는 것이 나을 수도 있다. 인터페이스 요소들을 어떻게 디자인할지에 관해서 유용성과 정보 계층을 고려해 보도록 보자.

기본 테이블 뷰에서 하위제목과 이미지 파라미터들을 비워두자(이미지들은 다음 예에서 다룰 것이다). 섹션 파라미터는 그룹화된 테이블 뷰에서 섹션들을 지정하기 위해 사용된다. 이것을 0으로 설정하자(이렇게 하지 않으면 행은 표시되지 않을 것이다!). 마지막으로 여기서 콜백은 **navController** 함수를 호출하고 여러 가지 음식을 보여주는 스크린으로 이동하도록 한다.

이미지를 포함한 테이블 뷰

테이블 뷰 내부에 이미지를 포함하도록 디자인할 수 있다. iPod 앱에 있는 앨범 뷰와 같은 스크린에서 확인할 수 있다(그림 4.12).

4.12 iPhone의 Apple iPod 앱에 있는 앨범 뷰

이 결과를 얻기 위해, NimbleKit의 **NKImage** 컨트롤을 사용하고 인스턴스에 이름을 할당하도록 하자. 이 경우에 이름을 **image**라고 하자. 이것을 나타내는 JavaScript 라인은 다음과 같다.

```
var image = new NKImage();
```

이제 테이블 뷰 행에 끌어올 몇 개의 이미지가 필요하다. 한 행의 일반적인 높이는 43픽셀이다. 이미지 크기를 여기에 맞추어도 되고 테이블 뷰가 크기를 다시 조정하도록 놔두어도 된다. 72dpi PNG 이미지를 준비하고 원하는 대로 사각형으로 자르도록 한다. 이 샘플을 위해 나는 아스파라거스와 베이컨 이미지(그림 4.13)를 찾아서 일부러 다른 크기로 만들었다. asparagus.png는 100픽셀이고 bacon.png는 183픽셀 크기이다.

4.13 아스파라거스! 베이컨!

이제 Xcode 프로젝트에 그 파일들을 추가([Project]-[Add to Project] 선택)하면 HTML 그룹 안으로 들어갈 것이다(그림 4.14).

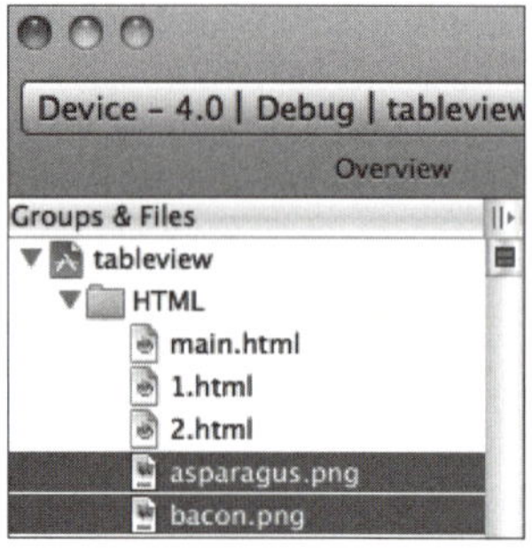

4.14 asparagus.png와 bacon.png가 Xcode 프로젝트 안에 들어갔다

만약 플레인 테이블 뷰 절에서 사용한 동일한 코드로 시작했다면 테이블 뷰 행 내부의 NKImage 컨트롤을 활성화시키기 위해 표시 부분과 같이 수정해야 한다.

NOTE

샘플 콘텐츠가 여러 개의 아이템이나 다소 긴 단락을 포함하고 있는 곳에서, 짧게 유지하기 위해 코드가 샘플 안에서 생략될 수도 있다. 생략 부호(...)는 생략된 곳을 나타낸다.

```
var tableView = new NKTableView();
tableView.init(0, 0, 320, 440, 'plain');
image.loadFromBundle("asparagus.png");
tableView.insertRecord("Asparagus", "", image, "0", "",
"navController.gotoPage('1.html')");
```

```
image.loadFromBundle("bacon.png");
tableView.insertRecord("Bacon", "", image, "0", "",
"navController.gotoPage('2.html')");
...
tableView.show();
```

이미지 수정사항을 추가한 main.html은 다음과 같다.

```
<!DOCTYPE html>
<html>
<head>
<meta name = "viewport" content = "initial-scale = 1.0, user-scalable = no" />

<script type="text/javascript" src="NKit.js"></script>

<script type="text/javascript">

var navController = new NKNavigationController();
navController.setTitle("Menu");
navController.setTintColor(0, 63, 78);

var image = new NKImage;

var tableView = new NKTableView();
tableView.init(0, 0, 320, 440, 'plain');
image.loadFromBundle("asparagus.png");
tableView.insertRecord("Asparagus", "", image, "0", "",
  "navController.gotoPage('1.html')");
image.loadFromBundle("bacon.png");
tableView.insertRecord("Bacon", "", image, "0", "",
  "navController.gotoPage('2.html')");

...
```

```
tableView.show();

</script>
</head>
<body>
</body>
</html>
```

이렇게 하면 그림 4.15와 같이 위의 두 개 행의 모양이 바뀐다.

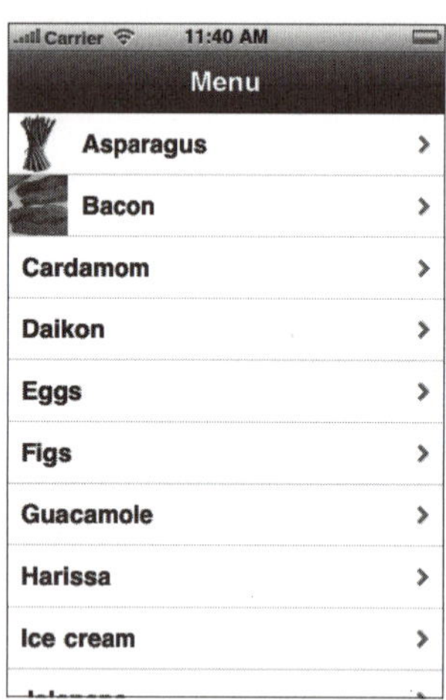

4.15 테이블 뷰 행에 디스플레이된 아스파라거스와 베이컨 이미지들

나는 솔직히 테이블 뷰에 있는 몇 개의 행에만 사진을 넣는 것을 지지하지 않는다. 이 예에서와 같이 일부 행에 포함된 음식의 이미지들에 현혹되지 않기를 바랄 뿐이다!

그룹화된 테이블 뷰

테이블 뷰의 다른 주요 카테고리는 그룹화 된 뷰이다(그림 4.16). 이것은 iPhone에 있는 세팅 앱처럼 꽤 일반적인 것이다.

4.16 iPhone의 세팅 앱에서 사용된
그룹화된 테이블 뷰

그룹화된 테이블 뷰는 서로 관계된 아이템들이 있으면 잘 동작한다. 그룹화된 뷰를 시각적으로 연결시킬 수도 있다. 어떻게 동작하는지를 보기 위해 하나 만들어 보자.

이번에 만들 것이 그림 4.17에 나와 있다.

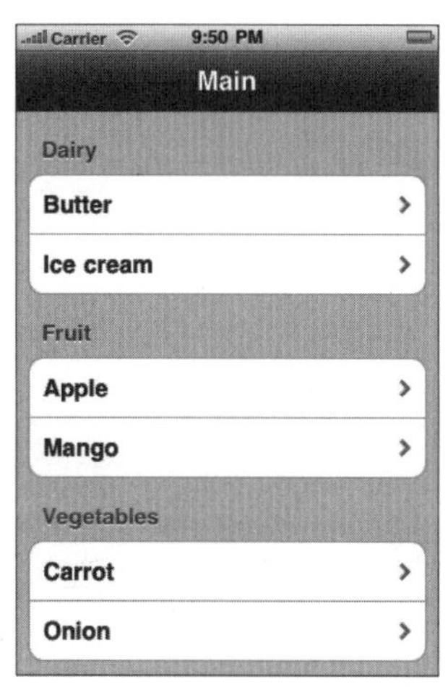

4.17 음식 그룹으로 음식들을 보여주는
그룹화된 테이블 뷰

그리고 다음 코드는 그룹화된 테이블 뷰를 만들기 위한 JavaScript이다. 그룹화된 테이블 뷰와 플레인 테이블 뷰 간의 코드에서의 차이점을 하이라이트로 표시했다.

```
var tableView = new NKTableView();
tableView.init(0, 0, 320, 440, 'grouped');


tableView.insertCategoryNamed('Dairy');
tableView.insertRecord("Butter", "", "", "0", "",
"navController.gotoPage('1.html')");
tableView.insertRecord("Ice cream", "", "", "0", "",
"navController.gotoPage('2.html')");


tableView.insertCategoryNamed('Fruit');
tableView.insertRecord("Apple", "", "", "1", "",
"navController.gotoPage('3.html')");
tableView.insertRecord("Mango", "", "", "1", "",
"navController.gotoPage('4.html')");


tableView.insertCategoryNamed('Vegetables');
tableView.insertRecord("Carrot", "", "", "2", "",
"navController.gotoPage('5.html')");
tableView.insertRecord("Onion", "", "", "2", "",
"navController.gotoPage('6.html')");


tableView.show();
```

코드에 나와 있듯이 tableView.init안에 grouped라고 설정하고 각각의 그룹을 위해 .insertCategoryNamed 행을 추가한다. 이상한 것은 그 라인들 자체는 아이템들을 그룹화시키지 못한다는 것이다. 실제로 그룹화시키는 역할을 하는 것은 .insertRecord라는 네 번째 파라미터이다. 이 예에서 세 개의 그룹들은 0, 1, 2로 숫자를 지정했다.

이전 요소들과는 다르게, 테이블 뷰는 높이에서 정해진 치수가 없다. 왜냐하면 높이는 사용하는 행의 수에 따라 다르기 때문이다. 테이블 4.4에 나와 있듯이 테이블 뷰들은 너비 세팅만 가지고 있다.

테이블 4.4 iOS 테이블 뷰의 너비(픽셀)

방향	iPhone/iPod touch	iPhone 4	iPad
세로 방향	320	640	768
가로 방향	480	960	1024

요약

이 장에서는 앱의 외형과 동작을 iOS 디바이스 사용자들에게 익숙하게 만들 수 있는 몇 가지 기본적인 요소들의 디자인 방법을 배웠다. 이제 당신은 다음과 같은 것을 할 수 있다.

- 스크린 레이아웃을 잘 계획하기 위해 핵심 인터페이스 요소들이 무엇이고 그 크기가 얼마인지 이해한다.
- 상태 바를 "페이지의 상단으로 돌아가기" 버튼으로 사용할 수 있다.
- 타이틀 바의 컬러를 원하는 컬러로 구현할 수 있다.
- 더 작은 스크린에서 동작할 앱을 위해 탭 바 내비게이션을 사용한다.
- 콘텐츠 카테고리의 목록이 길 때, 부차적인 스크린들이 많이 있을 때, 또는 앱 안에 내비게이션 아이템들을 그룹지어야 할 필요가 있을 경우에 테이블 뷰 내비게이션을 사용한다.
- 테이블 뷰 내비게이션에 이미지를 추가할 수 있다.

다음 장에서는 텍스트와 이미지 콘텐츠를 포함하고 스타일링하는 방법에 대해 배울 것이다.

5 앱 콘텐츠 : 텍스트와 이미지

단어들과 이미지들:
시각적인 커뮤니케이션을 위한
주요한 형태이며,
iOS 애플리케이션에서
가장 중요한 콘텐츠이다.

콘텐츠에 기반을 둔 모바일 애플리케이션의 기본은 당연히 콘텐츠이다. 우리가 주로 커뮤니케이션하는 형태는 단어나 그림 그리고 대개 둘 다를 포함한다. 다행스럽게도 웹 디자이너들이 웹 작업에서 텍스트와 이미지 콘텐츠를 설계하고 구성하면서 축적한 모든 이해와 경험은 NimbleKit으로 디자인한 iOS 앱에 아주 잘 적용할 수 있다.

하지만 텍스트와 이미지를 가지고 작업하는 것이 단순히 <p> 태그 안에 단락을 넣고 사진 크기를 적합하게 바꾸고 형태를 갖추는 것이라고 생각하기 전에 체계적인 계층과 로직을 가지고 HTML로 콘텐츠를 어떻게 의미있게 디자인할 것인지 생각해보자. 이것을 위해 우리에게 이미 익숙한 몇 개의 원칙들을 고려하고 표준 기반의 웹사이트를 디자인하면서 연마한 재능을 iOS 디바이스들의 독특한 렌즈와 iOS 앱 예제들을 통하여 갈고 닦기 위해 그것에 초점을 맞출 것이다.

텍스트를 구조화하기

iOS 앱 텍스트의 구조화를 연습하려면 일정한 구조가 있는 적합한 텍스트 샘플이 필요하다. 공공 영역에서의 좋은 예로 미국 권리장전(United States Bill of Rights)이 있겠다.

이 콘텐츠를 HTML로 구조화하기 위한 몇 가지 방법들이 있다. 이 방법들이 텍스트가 디스플레이 되는 방법에 어떻게 영향을 미치는지 보도록 하자.

순서 리스트

권리장전 중 열 개가 특정한 순서로 보여야 한다는 필요성에 입각해 보았을 때 그것을 구조화하기 위한 방법 중 하나는 순서 리스트(Ordered list)를 만드는 것이다. 이렇게 하면 의미론적 취지가 분명히 전달될 것이며, 어떤 사람은 이 방법이 또한 가장 편리한 방법이라고 주장할 수도 있다. 이 경우에 NimbleKit의 웹 뷰는 다른 브라우저 엔진처럼 숫자를 매긴다. 이와 같은 리스트는 다음과 같이 시작될 것이다.

```
<h1>The United States Bill of Rights</h1>
<ol>
<li>Congress shall make no law respecting an establishment of religion, or
prohibiting the free exercise thereof; or abridging the freedom of speech, or of
the press, or the
right of the people peaceably to assemble, and to petition the Government for a
redress of grievances.</li>

<li>A well regulated Militia, being necessary to the security of a free State, the
right of the people to keep and bear Arms, shall not be infringed.</li>...

{amendments 3-10}

</ol>
```

미국 권리장전(UNITED STATES BILL OF RIGHTS)

제 1조: 의회는 국교를 정하거나 종교 행위를 금지하는 법을 제정하여서는 아니된다. 또 의회는 언론, 출판의 자유 또는 국민들이 평화적으로 집회를 할 수 있는 권리와 고충 처리를 정부에 청원할 수 있는 권리를 제한하는 법을 제정하여서는 아니된다.

제 2조: 잘 규율된 민병대는 자유주의 안보에 필수적이므로 무기를 소장하고 휴대하는 국민의 권리는 침해되어서는 아니된다.

제 3조: 군은 평시 주인의 허가 없이 어떠한 민간인 집에서도 거처할 수 없으며, 전쟁 시에도 법에 의해 한정된 곳을 제외하고는 거처할 수 없다.

제 4조: 불합리한 압수와 수색에 대하여 신체, 주거, 서류, 물건의 안전을 확보할 국민의 권리는 침해되어서는 아니된다. 선서나 확약에 의하여 상당하다고 인정되는 이유가 있어 특별히 수색할 장소와 압수할 물건, 체포, 구속할 사람을 특정한 경우를 제외하고는 영장은 발부되어서는 아니된다.

제 5조: 누구라도 대배심의 고발이나 공소 제기에 의하지 아니하고는 사형에 해당하는 죄나 중죄에 대하여 심문당해서는 아니된다. 다만 전쟁 시나 공공의 위험이 발생했을 때에 육해군이나 민병대에 현실적으로 군복무중인 경우는 예외로 한다. 또한 어느 누구도 동일한 범죄에 대하여 생명이나 신체의 위험에 두 번 처해져서는 아니되고, 어느 형사 사건에서도 자신의 증인이 될 것을 강요받아서는 아니되며 적법절차에 의하지 아니하고 생명이나 자유 또는 재산이 박탈당해서는 아니된다. 또 사유재산권은 정당한 보상 없이는 공익 목적을 위하여 수용되어서는 아니된다.

제 6조: 모든 형사절차에서 피고인은 죄를 범한 주와 특별구의 공평한 배심원단에 의한 신속하고 공개적인 재판을 받을 권리를 향유한다. 이 경우 특별구는 법에 의하여 미리 인정받아야 한다. 또한 피고인은 공소의 성질과 이유를 통보받을 권리, 자신에게 불리한 증인을 대면할 권리, 자신에게 유리한 증인을 확보할 강제절차를 보장받을 권리, 방어를 위하여 변호인의 조력을 받을 권리를 향유한다.

제 7조: 분쟁의 가치가 20달러를 초과하는 보통법상의 소송에서, 배심원에 의한 공판을 받을 권리가 주어진다. 배심에 의하여 심리된 사실은 보통법의 규정에 의하는 것 외에 미국의 어느 법원에서도 재심받지 아니한다.

제 8조: 과도한 보석금을 요구하거나 과도한 벌금이 부과되어서는 안 되며, 잔혹하고 이례적인 형벌이 부과되어서도 안된다.

제 9조: 본 헌법에 특정 권리를 열거한 사실이, 국민이 보유하는 그 밖의 여러 권리를 부인하거나 경시하는 것으로 해석되어서는 아니된다.

제 10조: 본 헌법에 의하여 미국 연방에 위임되지 아니하였거나 각 주에서 금지되지 아니한 권한은 각 주나 국민이 보유한다.

원본 소스: http://en.wikipedia.org/wiki/United_States_Bill_of_Rights

번역 소스: http://ko.wikipedia.org/wiki/%EC%95%84%EB%A9%94%EB%A6%AC%EC%B9%B4_%ED%95%A9%EC%A4%91%EA%B5%AD_%ED%97%8C%EB%B2%95_%EA%B6%8C%EB%A6%AC%EC%9E%A5%EC%A0%84

그림 5.1에 그 결과가 나와 있다.

5.1 순서 리스트로 디스플레이한 권리장전

심지어 스타일이 적용되지 않고(즉, 어떤 CSS로도 추가적인 스타일을 가하지 않음) 제목이 붙은 불규칙한 리스트(unordered list) 역시 많은 구조와 의미를 전달한다. 그리고 이것은 자동 넘버링(auto-numbering)이 되는 "free styling"이 딸려 있어서 아주 멋지다. 그리고 <li> 태그로 스타일링함으로써 이 구조에 꽤 예술적인 멋을 줄 수도 있다.

이 콘텐츠 구조의 단점은 한 스크린에 전체 목록이 나타난다는 점이다. 단순히 권리장전 앱만을 위해서라면 과도하게 단순한 것 같다. 전체 헌법(Constitution)과 헌법 수정 조항(Amendment)을 포함한 앱을 위해서라면 아주 적합하다고 할 수 있다.

정의 리스트

이 콘텐츠를 구조화하기 위한 또 다른 방법은 정의 리스트(Definition list)를 사용하는 것이다. 나는 정의 목록을 사용하는 것을 아주 좋아한다. 왜냐하면 추가로 빌트인된 의미론적 뜻을 좋아하기 때문이다. 내가 보기에 태그들이 리스트를 <dl>로, 용어를 <dt>로, 정의 또는 세부사항을 <dd>로 정의하는 것은 매우 현명한 방법인 것 같다. 이것은 시적인 명확성이 있다. 따라서 이 경우에 수정 조항의 리스트는 다음과 같이 시작한다.

```
<h1>United States Bill of Rights</h1>
```

```
<dl>
<dt>1<sup>st</sup> Amendment</dt>
<dd>Congress shall make no law respecting an establishment of religion, or
prohibiting the free exercise thereof; or abridging the freedom of speech, or of
the press, or the
right of the people peaceably to assemble, and to petition the Government for a
redress of grievances.</dd>

<dt>2<sup>nd</sup> Amendment</dt>
<dd>A well regulated Militia, being necessary to the security of a free State, the
right of the people to keep and bear Arms, shall not be infringed.</dd>...

{amendments 3-10}

</dl>
```

그림 5.2는 이 결과를 보여준다.

.ıll Carrier   3:52 PM

United States Bill of Rights
1st Amendment
Congress shall make no law respecting
an establishment of religion, or
prohibiting the free exercise thereof; or
abridging the freedom of speech, or of
the press; or the right of the people
peaceably to assemble, and to petition
the Government for a redress of
grievances.
2nd Amendment
A well regulated Militia, being
necessary to the security of a free State,
the right of the people to keep and bear
Arms, shall not be infringed.
3rd Amendment
No Soldier shall, in time of peace be
quartered in any house, without the

5.2 정의 리스트로 디스플레이한 권리장전

그림 5.2와 같이 스타일이 적용되지 않은 정의 리스트조차도 내가 정말로 좋아하는 스타일을 약간 가지고 있다. 브라우저 엔진은 자동으로 멋진 들여쓰기 정의를 하기 때문에 리스트를 매우 읽기 쉽게 만들었다. 그리고 CSS로 배경을 넣을 수

도 있고 들여쓰기를 하지 않을 수도 있다. 이 리스트에 스타일을 가하기 위한 방법은 셀 수 없을 정도로 많이 있다. 하지만 그 자체로도 훌륭하며 쓸 만한 시작 포인트가 될 수 있다. 그리고 더욱 중요한 사항은, 만약 이 앱에 연결된 웹사이트가 있다면 같은 의미상 마크업을 포함하고 있는 수정 조항 콘텐츠의 각각의 버전에 모두 스타일을 적용해야 한다. 훌륭한 웹 마크업을 가지고 시작하면 나의 앱 마크업은 이것을 흉내낼 수 있고 NimbleKit과 병행하여 훌륭한 상품을 산출해 낸다.

만약 권리장전보다 훨씬 복잡한 콘텐츠의 앱을 디자인하고 있다면, 이 콘텐츠를 전달하기 위한 방법으로 정의 리스트를 선호하지 않을 수도 있다. 한 개의 스크린으로 구성된 앱이 특별히 주목을 끌지는 않으며 네이티브 iPhone 사용자 경험을 얻게 할 기회를 많이 주지 않는다.

테이블 뷰

이 콘텐츠를 구조화하기 위한 세 번째 방법은 각각의 수정 조항을 위해 별도로 테이블 뷰를 디자인하는 것이다. 유일하게 권리장전에만 초점을 맞춘 앱을 위해서 이것은 틀림없이 콘텐츠를 구조화하는 최상의 고유 방식일 것이다. 이 방법을 이용하면 좀 더 상호적인, 진짜 iOS 사용자 경험을 전달하게 될 것이다.

테이블을 코딩하기 위해 이전 장에서 배웠던 NimbleKit의 **NKTableView** 함수를 사용하자. **NKTableView**를 호출하는 JavaScript는 다음과 같다.

```
var billView = new NKTableView();
billView.init(0, 0, 320, 440, 'plain');
billView.insertRecord("1st Amendment", "", "", "0", "", "navController
    .gotoPage('1.html')");
billView.insertRecord("2nd Amendment ", "", "", "0", "", "navController
    .gotoPage('2.html')");
billView.insertRecord("3rd Amendment ", "", "", "0", "", "navController
    .gotoPage('3.html')");
billView.insertRecord("4th Amendment ", "", "", "0", "", "navController
    .gotoPage('4.html')");
billView.insertRecord("5th Amendment ", "", "", "0", "", "navController
    .gotoPage('5.html')");
billView.insertRecord("6th Amendment ", "", "", "0", "", "navController
    .gotoPage('6.html')");
```

```
billView.insertRecord("7th Amendment ", "", "", "0", "", "navController
    .gotoPage('7.html')");
billView.insertRecord("8th Amendment ", "", "", "0", "", "navController
    .gotoPage('8.html')");
billView.insertRecord("9th Amendment ", "", "", "0", "", "navController
    .gotoPage('9.html')");
billView.insertRecord("10th Amendment ", "", "", "0", "", "navController
    .gotoPage('10.html')");
billView.show();
```

결과는 그림 5.3과 같을 것이다.

5.3 테이블 뷰로 만든 권리장전

다음은 첫 번째 수정 조항 스크린을 위한 HTML 파일이다(1.html). 이것은 꽤 간결하다.

```
<html>
<head>
<meta name = "viewport" content = "initial-scale = 1.0, user-scalable = no" />

<script type="text/javascript" src="NKit.js"></script>
<script type="text/javascript">
var navController = new NKNavigationController();
```

```
navController.setTitle("1st Amendment");
</script>

</head>

<body>

<p>Congress shall make no law respecting an establishment
of religion, or prohibiting the free exercise thereof; or
abridging the freedom of speech, or of the press, or the
right of the people peaceably to assemble, and to petition
the Government for a redress of grievances.</p>

</body>
</html>
```

이것은 그림 5.4과 같이 나타난다.

5.4 테이블 뷰로 호출된 별도의 앱 스크린에서의 첫 번째 수정 조항

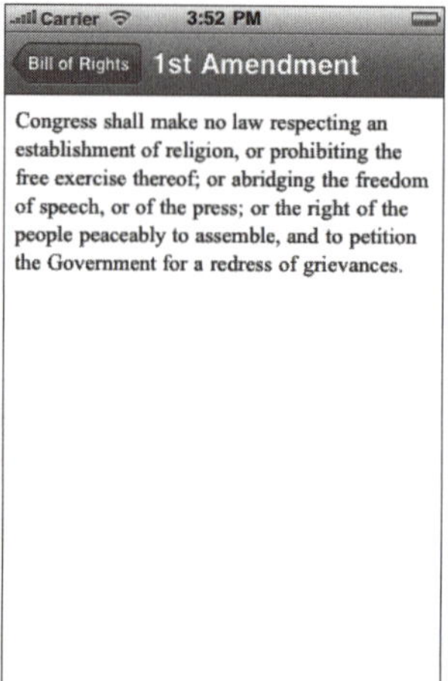

여기에는 아직 스타일을 적용하지 않았고 다소 지루하게 보인다. 그래서 CSS를 사용할 수도 있다. 하지만 먼저 아이디어를 생각하도록 하자.

권리장전 콘텐츠를 구조화하기 위한 또 다른 방법이 있다. NimbleKit을 이용하여 훌륭한 스타일이 적용된 테이블 뷰를 만들 수 있다.

소셜 콘텐츠 통합하기

웹 앱 또는 모바일에서 접속 가능한 웹사이트를 통해서 무료 콘텐츠를 제공하는 것을 비교해 보면, iTunes App Store에 배포하기 위한 네이티브 iOS 앱을 디자인하고 패키징하는 데에는 잘 알려진 장애물이 있다. 당신 또는 고객이 전체 애플리케이션을 업데이트하지 않고 앱 사용자를 위한 콘텐츠를 쉽게 업데이트할 수 있는 방법이 있는 걸까? 다행히도 이 장애물을 해결하기 위한 몇 가지 요령이 있다. 따라서 새로운 콘텐츠가 생길 때마다 업데이트 된 앱을 필수적으로 제출해야 할 필요가 없다(그리고 승인을 기다릴 필요가 없다).

여기서는 앱 스크린에 트위터(Twitter) 상태 업데이트가 나오게 하는 것이다. 많은 사람들이 블로그나 웹사이트에서 하는 것과 마찬가지로, 사이트의 콘텐츠에 인접한 세로 열에 트윗(tweets)이 디스플레이 되게 만드는 것이다. 우리는 기본적으로 트위터를 콘텐츠 관리 시스템으로 사용하고 있다. JavaScript를 사용하여 이 목적을 달성할 수 있으며 가장 일반적인 솔루션 중의 하나는 트위터에서 제공하는 스크립트를 사용하는 것이다. 이것은 http://twitter.com/javascripts/blogger.js 에서 찾을 수 있다.

인터넷 연결 상태를 확인하기 위해 NimbleKit 사용하기

Apple은 인터넷 상의 콘텐츠에 접근할 때 앱이 인터넷 연결 상태를 확인할 수 있기를 원하며, 무선 인터넷이나 이동통신망에 연결이 되지 않았을 때 사용자에게 경고하기를 원한다. 이를 위해 경고창(그림 5.5)을 메시지(NKAlert) 전달에 사용한다.

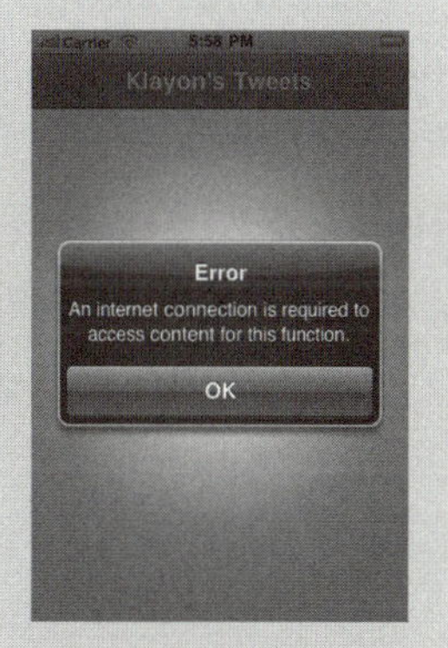

5.5 인터넷 연결이 되어 있지 않음을 사용자에게 알려주는 경고창

그리고 연결 상태를 확인하기 위해 두 개의 다른 라이브러리 아이템들을 사용한다:

- NKIsInternetAvailableViaWifi
- NKIsInternetAvailableViaCellularNetwork

아래의 스크립트를 모든 NimbleKit 앱 HTML 페이지들의 헤드에서 사용하기를 권한다. 이것은 웹에서 콘텐츠를 끌어오는데 필요한 것이다.

```javascript
//인터넷 연결 상태를 확인
function checkForInternet()
{
        var isInternetAvailable = false;
        if (NKIsInternetAvailableViaWifi()==1)
        {
                isInternetAvailable = true;
        }
        else
        {
                if (NKIsInternetAvailableViaCellularNetwork()==1)
                {
                        NKAlert("Info", "Internet is available only via cellular network,
                        carrier fees may apply.");
                        isInternetAvailable = true;
                }
                else
                {
                        NKAlert("Error", "An internet connection is required to access
                                content for this function.");
                        isInternetAvailable = false;
                }
        }
        return isInternetAvailable;
}
if (checkForInternet())
{
        //웹으로부터 콘텐츠를 불러옴
}
```

이 스크립트는 우리 일을 도와줄 것이다. 확실히 해야 할 것은 앱이 링크를 Mobile Safari로 연결해서 열어야 한다는 점이다. 만약 이렇게 하지 않으면 링크는 앱에서 열릴 것이다. 화면은 다소 초라해 보일 것이며 링크된 페이지가 앱에서 열리면 예상치 못한 방식으로 화면이 뜨게 되므로 우리에게 큰 도전이 될 것이다. 여기에는 브라우저에 있는 뒤로 가기 버튼도 없다. 그러므로 링크가 앱 자체에서 열리게 하지 말고 Mobile Safari에서 열리도록 NKOpenURLInSafari를 호출하도록 하자.

수정된 blogger.js JavaScript 파일은 다음과 같으며, 추가된 NKOpenURLInSafari를 눈에 띄게 하이라이트하였다.

```javascript
function twitterCallback2(twitters) {
  var statusHTML = [ ];
  for (var i=0; i<twitters.length; i++){
    var username = twitters[i].user.screen_name;
    var status = twitters[i].text.replace(/(((https?|s?ftp|ssh)\:
\/\/[^"\s\<\>]*[^.,;'">\:\s\<\>\)\]\!])/g, function(url)
    {
      return '<a href="'+url+'">'+url+'</a>'
      }).replace(/\B@([_a-z0-9]+)/ig, function(reply) {
      return reply.charAt(0)+'<a href=
          "http://twitter.com/'+reply.substring(1)+'">'+reply.substring(1)+'</
a>'});
    statusHTML.push('<li><span>'+status+'</span>
    <a style="font-size:85%" href="#"  onclick=
    NKOpenURLInSafari("http://twitter.com/'+username+'/statuses/'+
twitters[i].id+'")'>'+relative_time(twitters[i].created_at)+'</a></li>');
  }
  document.getElementById('twitter_update_list').innerHTML=
  statusHTML.join('');
}
function relative_time(time_value) {
  var values = time_value.split(" ");
  time_value = values[1] + " " + values[2] + ", " +values[5] + " " +
  values[3];
```

```
var parsed_date = Date.parse(time_value);
var relative_to = (arguments.length > 1) ? arguments[1] :
new Date();
var delta = parseInt((relative_to.getTime() - parsed_date) / 1000);
delta = delta + (relative_to.getTimezoneOffset() * 60);
if (delta < 60) {
   return 'less than a minute ago'
} else if(delta < 120) {
return 'about a minute ago'
} else if(delta < (60*60)) {
   return (parseInt(delta / 60)).toString() + ' minutes ago'
} else if(delta < (120*60)) {
   return 'about an hour ago'
} else if(delta < (24*60*60)) {
   return 'about ' + (parseInt(delta / 3600)).toString() + ' hours ago'
} else if(delta < (48*60*60)) {
   return '1 day ago'
} else {
   return (parseInt(delta / 86400)).toString() + ' days ago'
}
}
```

NOTE .js 파일이 앱 번들 안에 있는지 확인하기

당신이 .js 파일을 Xcode 프로젝트 안에 추가할 때, 때때로 파일이 자동으로 앱 번들 안에 포함되지 않을 수도 있다. Xcode의 실수를 고치기 위해, 간단하게 .js 파일을 [Groups & Files]의 [Targets]–[MyApp]–[Copy Bundle Resources]로 드래그한다. 이렇게 하면 파일은 앱 번들로 복사되고 모든 것이 문제없이 동작할 것이다.

파일 이름으로 내용을 참고할 수 있도록 파일 이름을 blogger.js 로 하고 프로젝트 안에 포함시키자.

툴박스 안에 있는 이 스크립트를 가지고 특정 계정에서 tweets를 끌어오는 간략한 HTML을 작성할 수 있다. Twitter 마법을 수행하는 부분을 하이라이트로 표시했다.

```
<html>
<head>
<meta name = "viewport" content = "initial-scale = 1.0,
user-scalable = no" />
<link href="style.css" rel="stylesheet" type="text/css">
```

```javascript
<script type="text/javascript" src="NKit.js"></script>
<script type="text/javascript">

var navController = new NKNavigationController();
navController.setTitle("Klayon's Tweets");
navController.setTintColor(255, 0, 0);


// 인터넷 연결상태 확인
function checkForInternet()
{
var isInternetAvailable = false;
  if (NKIsInternetAvailableViaWifi()==1)
  {
    isInternetAvailable = true;
  }
  else
  {
    if (NKIsInternetAvailableViaCellularNetwork()==1)
    {
    NKAlert("Info", "Internet is available only via
    cellular network, carrier fees may apply.");
    isInternetAvailable = true;
    }
    else
    {
    NKAlert("Error", "An internet connection is required to
    access content for this function.");
    isInternetAvailable = false;
    }
  }
  return isInternetAvailable;
}
if (checkForInternet())
```

```
{
  // 웹에서 콘텐츠를 불러옴
}

</script>
</head>

<body>

<!—-
This unordered list displays the tweets,
and pulls in as many as you specify in count=n
in the JavaScript below.
-->

<ul id="twitter_update_list">
</ul>
<script type="text/javascript" src="blogger.js"></script>
<script type="text/javascript" src="http://twitter.com/statuses/
user_timeline/klayon.json?callback=twitterCallback2
&amp;count=10"></script>

</body>
</html>
```

마지막으로, 불규칙적인 리스트에 가독성을 높일 수 있는 최소한의 스타일을 지정하기 위해 style.css 파일 안에 몇 개의 CSS 규칙들을 선언하도록 하자.

```
body {
  margin: 0px;
  padding: 0px;
  font-family: 'Times New Roman'
}
```

```css
ul {
   list-style-type: none;
}

#twitter_update_list {
   font-size: 14pt;
   list-style-type: none;
   margin: 0px;
   padding: .5em;
}

#twitter_update_list li {
   margin: 0px;
   padding: .5em;
   border-bottom-width: 1px;
   border-bottom-style: solid;
   border-bottom-color: #666;
}
```

그림 5.6은 blogger.js, main.html, 그리고 style.css 파일들을 결합하여 나온 결과이다. 저자의 트위터 계정을 예로 사용하였다.

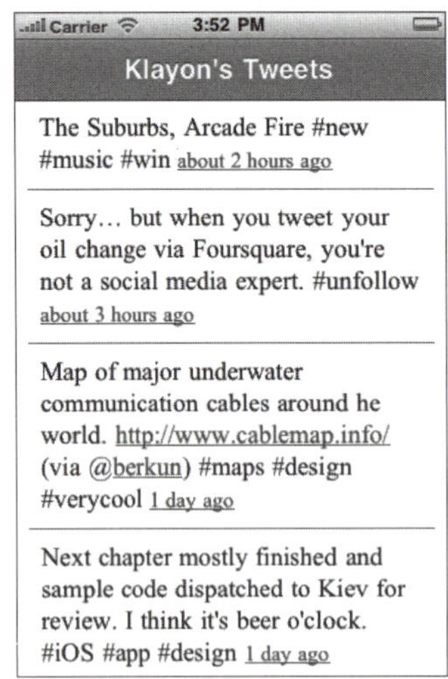

이런 방식으로 트위터를 가벼운 앱 콘텐츠 관리 시스템으로 사용하는 것은 꽤 멋진 방법이다. 이것은 정신없이 바쁜 사람들에게 뉴스나 호외를 업데이트하기 위한 편리한 방법이다. 마치 조직이나 사업체에서 사람들의 데스크탑 컴퓨터에 업데이트하기 위해 트위터를 사용하는 것과 같다. 그리고 이것을 이미 가능하게 하는 Twitter iOS 앱이 존재하지만, 어떤 것도 의뢰인들 또는 고객들을 우선으로 생각하는 것이 없는 듯하다. 하지만 이 방식은 원하는 대로 스타일을 만들 수 있고 또한 하나의 앱에 포함된 여러 가지 콘텐츠 스크린 중의 하나로 만들 수 있다.

이미지를 가지고 작업하기

우리는 텍스트 콘텐츠를 가지고 작업하는 몇 가지 방법에 대해서 이야기하였다. NimbleKit에서 이미지를 가지고 작업하는 것 역시 꽤 간단하다. 이미지들을 디스플레이하기 위한 두 가지 방법이 있다. 하나는 앱의 콘텐츠 안에 일렬로 디스플레이하는 방법(inline)이며, 다른 하나는 덮어씌우는 오버레이(overlay)이다.

콘텐츠 안의 이미지들

이미지들을 일렬로 놓는 것은 웹 페이지에서 하는 것만큼 간단하다.

```
<img src="filename.jpg" width="x" height="y" class="classname">
```

그리고 이미지에 CSS 클래스를 할당함으로써 원하는 대로 스타일을 지정할 수 있다.

정의 리스트로 구조화된 권리장전의 예를 다시 사용해 보도록 하자. 그 위에 대머리 독수리 사진을 올려보는 것은 어떨까? 당연히 더 좋아 보일 것이다!

그래서 iPhone에 맞춰 크기를 조정한 멋진 독수리 사진 JPG파일을 준비했다(그림 5.7).

5.7 권리장전 텍스트 콘텐츠에 일렬로 놓기 위한 대머리 독수리 사진

이것을 텍스트 바로 위에 위치하도록 HTML에 추가하도록 하자.

```
<img src="eagle.jpg" width="280" height="206">
<h1>United States Bill of Rights</h1>
<dl>
<dt>1<sup>st</sup> Amendment</dt>
<dd>Congress shall make no law respecting an establishment of religion, or
prohibiting the free exercise thereof; or abridging the freedom of speech, or of
the press; or the
right of the people peaceably to assemble, and to petition the Government for a
redress of grievances.</dd>
<dt>2<sup>nd</sup> Amendment</dt>
<dd>A well regulated Militia, being necessary to the security of a free State, the
right of the people to keep and bear Arms, shall not be infringed.</dd>...
</dl>
```

그림 5.8은 그 결과 화면이다.

5.8 독수리 이미지가 추가된
권리장전 정의 리스트

이것은 예상대로 잘 동작하지만 확실히 스타일링을 더 가할 필요가 있다. 사실 이미지는 오른쪽, 가운데, 왼쪽 모서리에 맞닿게 꽉 차서 보기에 좋다. 하지만 텍스트 콘텐츠는 여백을 사용할 필요가 있다. 그렇다면 사진에도 여백을 주도록 해볼까? 그리고 이렇게 하는 데에 CSS3를 사용해볼까? 그리고 모서리를 둥글게 처리하면 좀 더 스타일리시하게 보이지 않을까?

위 설명과 같이 하기 위해 이미지를 크기가 비례하도록 약간 작게 조정하면 사진 주위에 20픽셀의 여백이 남는다.

```
<img src="eagle.jpg" width="280" height="206">
```

그리고 body에 20픽셀의 여백을 추가한다. 이 작업은 CSS로 할 수 있다.

```
body {margin: 20px;}
```

마지막으로 NimbleKit으로 경계 반경에 CSS3 곡선 모양을 추가하도록 하자. 이것을 위해 WebKit 버전을 사용할 필요는 없다. NimbleKit에서는 CSS3 스타일을 수정 없이 사용할 수 있다.

```
img {border-radius: 15px;}
```

이미지에 여백과 둥글게 처리된 모서리를 추가함으로써 좀 더 완성된 상품을 만들 수 있다(그림 5.9).

5.9 여백과 모서리를 둥글게
처리한 이미지가 추가된
권리장전 정의 리스트

나는 이것이 CSS3와 NimbleKit을 함께 사용하는 웹 디자이너인 독자에게 흥미로운 디자인 가능성들을 보여주었기를 바란다(9장에서 CSS3에 대해서 좀 더 살펴볼 것이다).

이미지 오버레이(Image overlays)

이미지들은 iOS 앱에서 단순히 일렬로 배열된 콘텐츠 이상의 것이 될 수 있다. NimbleKit은 NKImageView라고 불리는, 콘텐츠 스크린의 맨 위에 이미지를 놓는 방법 또한 지원한다. 이것이 어떻게 동작하는지 알아보자.

NKTableView를 사용하는 것과 비슷하게 NKImaveView는 HTML 파일의 헤드에 있는 JavaScript에 명시되어 있다. 첫째로 우리는 새로운 변수를 생성해야 하며 NKImageView 콘트롤상에서 호출한다.

이제 이것이 가상 iOS 앱에서 어떻게 작동하며 야외 황무지 지역에 대해 어떻게 설명하는지 보도록 하자. 그림 5.10은 내가 가장 좋아하는 휴가지 중 한 곳인 Minnesota 북동쪽에 있는 Boundary Waters Canoe Area Wilderness에 관한 텍스트 스크린이다.

5.10 Boundary Waters에 관한 텍스트(위키피디아에 가져와 다시 씀)

Boundary Waters
The Boundary Waters is a region of wilderness straddling the Canada-United States border between Ontario and Minnesota, in the region just west of Lake Superior. The name "Boundary Waters" is often used in the U.S. to refer specifically to the Boundary Waters Canoe Area Wilderness.
The region is characterized by a vast network of waterways and bogs within a glacially-carved landscape. It is a popular destination for recreationalists pursuing camping, canoeing, fishing, as well as for those simply looking for natural scenery and relaxation.
Source — http://en.wikipedia.org

새 NimbleKit 기반의 Xcode에 추가된 HTML 파일이 그림 5.10과 같이 스크린을 생성한다.

```html
<html>
<head>
<meta name = "viewport" content = "initial-scale = 1.0,
user-scalable = no" />
<script type="text/javascript" src="NKit.js"></script>
</head>
<body>
<h1>Boundary Waters</h1>
<p>The Boundary Waters is a region of wilderness straddling the Canada-United States border between Ontario and Minnesota, in the region just west of Lake Superior. The name "Boundary Waters" is often used in the U.S. to refer specifically to the Boundary Waters Canoe Area Wilderness.</p>
<p>The region is characterized by a vast network of waterways and bogs within a glacially carved landscape. It is a popular destination for recreationalists pursuing camping, canoeing, and fishing, as well as for those simply looking for natural scenery and relaxation.</p>
<p>Source &mdash; http://.en.wikipedia.org</p>
</body>
```

```
</html>
```

시작은 좋으나 꽤 지루하다. 여기에 NKImageView 콘트롤과 마찬가지로 스타일을 추가해서 앱 유저들이 Boundary Waters의 이미지를 볼 수 있도록 해볼 것이다. 첫 번째로 NKImageView라는 인스턴스를 photo라는 변수에 할당한다.

```
var photo = new NKImageView;
```

다음으로 스크린의 아래쪽에 툴 바를 생성한다. 이것은 사진을 보이게 하기 위한 버튼을 포함할 것이다.

```
var toolBar = new NKToolBar();
toolBar.init(416);
toolBar.addButton("Show photo", "", "");
toolBar.setStyle("blacktranslucent");
toolBar.show();
```

위의 코드 라인을 설명하면 다음과 같다:

1. 코드의 첫 번째 줄은 NKToolbar 콘트롤을 초기화하며 그것을 위한 변수 이름을 선언한다. 이것이 툴 바이다.

2. 그 다음 줄은 툴 바를 스크린의 y축에 위치하게 한다. 만약 스크린(480 픽셀)의 전체 높이로 시작한다면 상태 바를 위해 20 픽셀을 빼고, 툴 바를 위해 44 픽셀을 뺀다. 툴 바의 위 모서리는 416 픽셀에 위치한다.

3. 그 다음 줄에 "Show photo" 레이블 버튼을 추가한다.

4. 마지막 두 줄은 툴 바를 반투명 검은색으로 만들고 스크린에 디스플레이한다.

이제 NKImageView에 추가할 이미지가 필요하다. 그림 5.11은 내가 Boundary Waters Canoe Area Wilderness에 여행 갔을 때 찍었던 사진 중의 하나이다. 나는 사진이 스크린에서 조금 돌출되어 보이도록 하기 위해 테두리를 추가하고, 구석에 [CLOSE X] 표기를 넣어서 사용자들이 클릭하여 이미지를 없앨 수 있게 하였다.

5.11 Boundary Waters에서 카누를 타고 있는 사람들의 사진

이제 위치, 크기 그리고 이미지의 이름 등과 같은 컨트롤을 초기화할 것이다. JPG 의 모퉁이 좌표를 44, 20로 지정한다. 그러면 스크린의 중심에 위치할 것이다.

```
photo.init (44, 24, 233, 367, 'bwca.jpg');
```

거의 끝나간다. 다음에 콜백을 작성하면 툴 바에 추가한 버튼이 이미지를 디스플 레이할 것이다. 다음에 어떻게 코딩했는지 나와 있다.

```
toolBar.addButton("Show photo", "", "photo.show()");
```

마지막으로 NKImageView를 위한 좀 더 유용한 세부사항 하나는 이미지를 두드 리면 그것이 없어진다는 것이다(이것을 위해 포토샵에서 따로 이미지를 준비해 두 었다). 다음 라인을 photo 변수 끝에 있는 코드에 추가하도록 하자.

```
photo.setOnClickCallback("photo.hide()");
```

완성된 코드는 다음과 같을 것이다.

```
<script type="text/javascript">

var photo = new NKImageView;
```

```
photo.init (44, 24, 233, 367, 'bwca.jpg');
photo.setOnClickCallback("photo.hide()");

var toolBar = new NKToolBar();
toolBar.init(416);
toolBar.addButton("Show photo", "", "photo.show()");
toolBar.setStyle("blacktranslucent");
toolBar.show();

</script>
```

이제 main.html 파일은 다음과 같을 것이다.

```
<html>
<head>
<meta name = "viewport" content = "initial-scale = 1.0,
user-scalable = no" />
<script type="text/javascript" src="NKit.js"></script>
<script type="text/javascript">

var photo = new NKImageView;
photo.init (44, 24, 233, 367, 'bwca.jpg');
photo.setOnClickCallback("photo.hide()");

var toolBar = new NKToolBar();
toolBar.init(416);
toolBar.addButton("Show photo", "", "photo.show()");
toolBar.setStyle("blacktranslucent");
toolBar.show();

</script>
</head>
<body>
```

```
<h1>Boundary Waters</h1>
<p>The Boundary Waters is a region of wilderness straddling the Canada-
United States border between Ontario and Minnesota, in the region just west
of Lake Superior. The name "Boundary Waters" is often used in the U.S. to refer
specifically to the Boundary Waters Canoe Area Wilderness.</p>
<p>The region is characterized by a vast network of waterways and bogs within
a glacially carved landscape. It is a popular destination for recreationalists
pursuing camping, canoeing, fishing, as well as for those simply looking for
natural scenery and relaxation.</p>
<p>Source &mdash; http://.en.wikipedia.org</p>
</body>
</html>
```

텍스트에 전혀 스타일이 가해지지 않았다는 것만 제외하면 이제 모든 것이 꽤 잘 작동할 것이다. style.css 파일을 앱 번들에 추가하고 콘텐츠에 약간의 스타일을 추가하자. 다른 글꼴을 지정하고 약간의 대비를 주기 위해 배경색을 추가하도록 하자.

```css
body {
    background-color: #f1f1e6;
    font-family: "Trebuchet MS"
    font-size: .95em;
    margin: 20px;
    padding: 0px;
}
```

HTML 파일의 헤드에 `<link href="style.css" rel="stylesheet" type="text/css" />`를 추가한 후의 결과는 그림 5.12와 같을 것이다. 이것은 이미지를 디스플레이하기 위해 버튼을 누르기 전의 스크린이다.

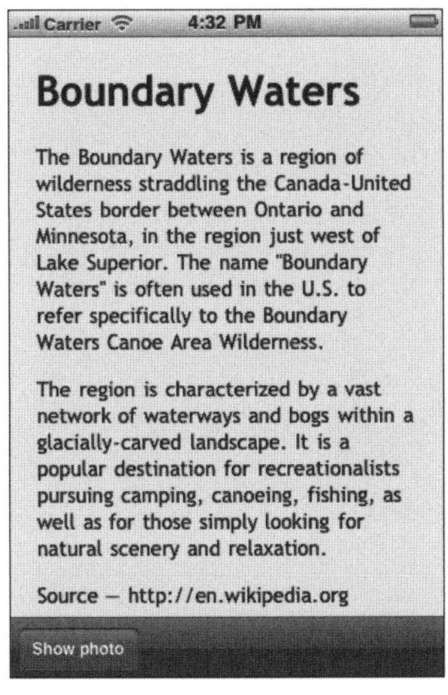

5.12 스타일이 가해진
Boundary Waters 텍스트
콘텐츠

그리고 버튼을 누른 후의 스크린은 그림 5.13과 같다.

5.13 텍스트 콘텐츠를
오버레이하고 있는
Boundary Waters 사진

NKImageView는 툴 바와 이미지를 보여주기 위한 버튼을 결합해서 컨트롤 기능
을 수행할 수 있는 잠재력을 지니고 있다. 하지만 내가 확신하건대 당신은 이 책
에서 설명된 예제와는 별개로 자신만의 창조적인 방법을 생각할 수 있을 것이다!

요약

텍스트와 이미지 콘텐츠를 가지고 작업하는 것은 iOS 앱 제작에 필수이며 이 장에서는 콘텐츠를 결합하고 스타일링하기 위한 많은 가능성들을 간단하게 다루어 보았다. 당신은 이번 장에서 아래와 같은 방법을 배웠다.

- 정의 리스트를 이용하여 HTML 콘텐츠를 여러 가지 다른 방법으로 구조화하기.
- 웹으로부터 실시간으로 소셜 콘텐츠를 앱에 추가하기. 여기서는 Twitter feed를 예로 사용하였다.
- 앱 콘텐츠에 일렬로 이미지를 추가하기.
- 앱 콘텐츠의 꼭대기에 오버레이로 이미지를 추가하기.

이번 장에서는 맞춤형 콘텐츠 기반의 앱(오프라인 또는 온라인으로 사용)을 디자인하는 방법을 탐색하기 위한 몇 가지 기술들을 소개했다. 다음 장에는 특히 이동 중인 사람들을 위한 디자인을 살펴볼 것이다. 6장은 iOS 디바이스의 지리학적 위치와 관련해 NimbleKit 기반 앱으로 Google Maps를 디자인하는 몇 가지 방법들을 살펴볼 것이다.

6 앱 콘텐츠
: 지도(Maps)

*iOS 앱은 Apple 모바일 디바이스에서
고유하게 동작하도록 디자인되었다.
지도는 사용자들 스스로 어디에 있는지
알 수 있게 돕는 역할을 한다.*

매핑(Mapping)은 내가 iPhone에서 가장 즐겨 사용하는 기능 중 하나로 모바일 애플리케이션 디자인 철학의 좋은 예이기도 하다. 이것은 고객 맞춤 또는 네이티브 앱을 디자인할 때 유용한 솔루션을 제시함으로써 사람들에게 진정한 가치를 제공할 수 있다는 나의 접근 방식에 정확히 맞아 떨어진다.

■ 매핑은 우리가 어디에 있든지 우리가 무엇을 하고 있는지에 상관없이 나타나는, 시간을 초월한 필요성이다. 이것은 "현실"이며 특정 기술에 구애받지 않는다. 이 경우에 모바일 기술이 매핑 솔루션으로써의 역할을 할 수 있지만 말이다.

■ 매핑은 오프라인상의 지리적 위치를 가지고 있는 사업체나 조직에 적용되는 일반적인 행동이다. 그래서 이것은 거의 모든 사람들을 위한 모바일 앱의 주요한 특징이 될 수 있다.

■ 매핑은 사업체, 조직 또는 다른 현장의 위치를 찾는 이상의 것이다. 셀룰러 iOS 디바이스에서 이것은 또한 현재 위치에서 목적지까지의 자세한 주행 경로나 대중 교통망, 또는 도보 방향을 제시해주는 길 찾기 툴이 될 수 있다.

일단 매핑을 거의 모든 의뢰인이나 고용주에게 적용할 수 있는, 널리 인식된 기능으로 보기 시작했다면 모든 종류의 애플리케이션들을 보기 시작한 것이다. 매핑은 실제로 다음의 위치를 나타낼 수 있다.

- 레스토랑
- 가게
- 이벤트 센터
- 축제
- 농산물 직판장
- 병원
- 야영지
- 사람
- 서비스

이 목록은 끝도 없이 써내려갈 수 있다. 하지만 이 책은 독자가 디자이너의 입장에서 생각하고 고객에게 의미 있는 앱을 디자인하기 위한 기회를 찾을 수 있게 영감을 불러일으키는 것이 목적이다. 매핑은 iOS 네이티브 앱 프로젝트를 토론할 때 누구나 고려해야 할 툴이 되었다.

NimbleKit 프레임워크는 Google Map 뷰(iPhone과 iPad의 실제 지도 애플리케이션)와 동일한, 유용한 map API를 제공한다. 이 환경을 설정하는 것은 꽤 쉬운 편이고 현재 하나의 작은 단점이 있지만 비교적 쉽게 해결할 수 있다.

단점을 먼저 얘기해보자. 현재 Apple은 전체 Google Maps API를 앱 디자이너들에게 공개하지 않았다. 우리는 실황 지도 뷰를 우리의 맞춤형 앱으로 가져올 수 있고 핀을 설정하고 지도에 주석을 달기 위해 레이블을 붙일 수도 있지만, 현재 상황으로는 방향 특성을 앱에 넣을 수가 없다. 나의 소견으로는 Google 앱을 iOS 플랫폼 상에서의 디폴트 매핑 툴로 만들기 위해 Google과 Apple 간에 협약한 부분인 듯하다(우리가 좋아하지 않는다고 해도 어쩔 수가 없다).

다행히도 이 단점을 해결할 훌륭한 방법이 있다. 지도 뷰 안에 Maps 앱의 링크를 넣는 것이다. 다시 말해서 자신이 만든 앱 안에 방향을 완전히 포함하지는 못하더라도 Google Maps의 지도 핀에 링크를 연결해서 Google 애플리케이션을 직접 열도록 할 수 있다. 이렇게 하기 위해 부가적인 단계를 밟아야 하지만 일단 끊

임없이 작동하는 것을 보고나면 별도의 단계를 수행하는 것이 사소한 일로 느껴질 것이다.

그러면 우리의 맞춤형 Google map 뷰를 네이티브 앱으로 끌어오기 위한 몇 가지 방법을 살펴보고 우리를 현재 위치로부터 올바른 방향으로 제대로 인도하는지 살펴보자. 이 모든 것은 HTML 대시 기호, 몇 줄의 CSS, 약간의 JavaScript 그리고 NimbleKit의 Objective-C 프레임워크를 이용해 디자인할 수 있다.

방법 하나: NKButton 이용하기

이 방법은 꽤 짧고 보기에 좋다. 특정 위치에 핀을 지정하고 레이블을 붙이고 나서, "View in Google Maps" 라고 써있는 **NKButton**을 추가하면, Google Maps 뷰를 불러올 수 있다. NKButton은 네이티브 외형을 가지고 있고 Maps에서 사용자가 원하는 동일한 위치에 링크되어 동작하므로 주행 방향을 얻을 수 있다. 여기에는 어떤 스타일링, 심지어 코딩도 할 필요가 없다. 사실 HTML은 거의 사용하지 않는다. 모든 작업은 NimbleKit이 하며 파일 시작에 들어갈 약간의 JavaScript도 필요하다.

나는 이 기술에 맞춤형 버튼을 포함시킬 것이다. NimbleKit Objective-C 프레임워크가 네이티브 특성과 맞춤형 특성 둘 다 지원하는 방법을 부각시키기 위해서이다. 두 방법을 모두 알아두면 굉장히 유용하다. 앱의 규격이 네이티브 외형을 필요로 할 때도 있고, 고용주나 의뢰인의 브랜딩 가이드라인이 CSS를 사용한 버튼처럼 네이티브의 느낌보다는 맞춤형 스타일링을 요구할 수도 있다.

스크린 레이아웃 계획하기

이 기술을 이용하면 버튼을 스크린 콘텐츠 위에 겹치게 놓을 수 있으므로 하나의 스크린에서 진행할 것이다. 그리고 이번 예에서는 콘텐츠 기반의 모든 앱 스크린에 디스플레이되는 상태 바와 타이틀 바를 제외한 추가적인 요소들은 생략할 것이다.

320×480픽셀의 iPhone 스크린을 보도록 하자. 다음 두 가지 요소들을 가지고 시작할 것이다.

- 상태 바: 320×20픽셀
- 제목 바: 320×44픽셀

이렇게 하면 우리가 작업할 수 있는 높이가 416픽셀이 남는다. 이제 이 기술을 구현하기 위해 JavaScript을 작성하도록 하자.

HTML 작성하기

이 방법을 위한 HTML은 아마도 지금까지 써온 것 중 가장 짧을 것이다. 사실 코드의 독립 페이지만으로는 다음의 JavaScript가 추가될 때까지 아무 작업도 하지 않는다.

```html
<html>
<head>
<meta name = "viewport" content = "initial-scale = 1.0,
  user-scalable = no" />
</head>
<body>
</body>
</html>
```

진짜 이게 끝이다. 우리는 약간의 JavaScript을 넣기 위한 껍데기를 생성한 것이며, 스크린이 터치로 비율 조정되지 않도록 meta 태그를 설정했다(지도는 비율 조정이 될 것이다). 그러므로 이 방법에서는 CSS가 필요하지 않다. NKButton을 사용할 때 필요하지 않은 것처럼 말이다.

JavaScript 작성하기

여기서부터가 재미있는 부분이다. 내장된 지도 뷰가 동작하도록 NimbleKit 프레임워크를 호출하는 것이다. 약간의 JavaScript 작성 스킬을 밖으로 끄집어 낼 때다(하지만 꽤 쉽다).

우리가 이 단계에서 행동으로 옮길 4개의 기본 스타일과 동작이다.

1. 네이티브 iPhone UI 타이틀 바에 있는 페이지에 이름 붙이기.

2. 타이틀 바의 컬러 설정하기.

3. Google 지도 뷰를 내장하기.

4. NimbleKit 버튼이 Maps의 원하는 위치에 링크되게 하기.

첫 번째 두 단계는 이미 4장에서 자세히 설명하였으며 여기에서 내가 한 일은 스크린에 이름을 지정하고 컬러를 빨간색으로 설정한 것이다.

```
var navController = new NKNavigationController();
navController.setTitle("Our Map Page");
navController.setTintColor(255, 0, 0);
```

이제 지도 내장 코드 안에서 사용 가능한 파라미터들을 보도록 하자. 첫 번째 할 일은 "map"이라는 이름의 변수인 새 **NKMapView**를 생성하는 것이다.

```
var map = new NKMapView();
```

이후에 중심점(스크린의 왼쪽 꼭대기 좌표는 0,0)의 X, Y 좌표를 지정함으로써 뷰 크기를 정의하고, 그것의 너비와 높이를 결정하도록 한다. 따라서 전체 iPhone 스크린을 차지하고 있는 지도는 다음 값을 가지게 될 것이다.

```
map.init(0, 0, 320, 480);
```

하지만 스크린에 두 개의 다른 요소들(상태 바와 타이틀 바)이 있다는 것을 기억하자. 그러므로 나머지를 계산하기 위해 전체 높이에서 이들의 높이를 빼야 한다.

```
map.init(0, 0, 320, 416);
```

그 다음에는 지도 타입을 설정한다. Apple의 Maps 앱 지도 타입에는 세 개의 설정값이 있다. 이들은 **standard**, **satellite** 그리고 **hybrid** 이다. 이 예에서는 "standard"로 설정한다.

```
map.setMapType("standard")
```

다음 파트는 다소 복잡하며 실습이 약간 필요하다. 지도 뷰의 지리학적인 중심부를 설정하고 뷰가 다루고 있는 범위를 설정한다. 포맷은 다음과 같다.

```
map.setDisplayRegion(latitude, longtitude, latitudeDelta, longtitudeDelta);
```

위도와 경도는 본초 자오선과 적도의 교차점을 기준으로 측정한다. 그래서 적도의 북쪽 위도값은 양이며(그리고 남쪽은 음의 값) 본초 자오선의 동쪽 경도값은 양이다(역시 서쪽은 음의 값이다). 가장 애매한 부분은 델타값들을 설정하는 것

NOTE

Google Maps에서 경도와 위도를 알아내기

올바른 툴을 사용한다면, Google Maps에서 경도와 위도를 찾는 것은 쉽다. 나는 (Marcelo C에서 만든) LatLng Tooltip을 사용한다. Google Maps Labs으로 가서 툴을 찾아서 LatLng Tooltip을 사용할 수 있도록 [Enable] 버튼을 클릭하도록 한다. [Help]와 [Sign in] 옆에 있는 Google Maps 스크린의 오른쪽 위 구석에 있는 New!(초록색 연구실 비커 아이콘) 링크를 클릭하면, 이것을 포함한 다른 Google Maps Labs 옵션들을 찾을 수 있을 것이다.

이다. 내가 한 실험이 도움이 되기를 바란다. .01의 값이 약 5,500 피트 또는 근사치로 1 마일과 같다.

다음의 예시 코드에서는 Sven and Ole 's 라는 레스토랑과 Minnesota Grand Mararis 타운에 있는 실제 위치를 사용할 것이다(만약 북부 Minnesota에 갈 일이 있다면 방문해 봐도 좋을 것이다. 피자가 엄청 맛있는 곳이다!)

```
map.setDisplayRegion(47.7494, -90.3336, .01, .01);
```

다음 줄은 지도 뷰에서 사용자의 현재 위치를 보이지 않게 한다. 이 경우에는 사용자가 지도 뷰의 범위 밖에 있다고 해도 가능하기 때문에 사용자의 위치 표시가 중요하지 않다.

```
map.showUserLocation("no");
```

다음에 나는 Sven and Ole's 레스토랑의 위치에 핀을 설정할 것이다. 처음에 지도 뷰에서 레스토랑을 중심부에 두는 것이 당연하므로 위도와 경도가 setDisplayRegion 파라미터들과 일치하는 것을 보게 될 것이다. 다음에 오는 것은 두 개의 레이블 또는 제목이다. 첫 번째는 핀을 위한 메인 레이블이고, 두 번째는 임의의 서브 타이틀이다.

```
map.addAnnotation(47.7494, -90.3336, "Sven and Ole's", "Restaurant");
```

NOTE   NimbleKit의 MapView에 관한 단어

NKMapView는 제목과 부제에 맞는 몇 개의 부가적인 파라미터들(이미지, 컬러, 그리고 임의의 콜백 함수를 포함)을 지원한다. 하지만 나는 실제 iOS Maps 애플리케이션에 있는 핀을 사용하고자 한다. 독자도 지도 핀을 예시와 마찬가지로 단순하게 유지할 것을 권한다. 만약 이런 옵션들을 보기를 원한다면 NKMapView를 위한 NimbleKit 문서를 참고하도록 하자. 여기에 매우 자세하게 설명되어 있다.[1]

이 지점에서, 핀이 나타나기 전에 약간의 딜레이를 주기 위해서 코드 한 줄을 추가할 것이다(이것은 Maps에서의 사용자 경험을 위해서이다).

```
setTimeout(selectAnnotation, 500);
```

지도 함수가 실제로 지도를 디스플레이하게 하고 핀을 선택 가능하게 하기 위해 몇 개의 짧은 줄도 추가할 것이다.

```
function selectAnnotation()
{
  map.selectAnnotation('Here');
}
```

다음으로 함수를 정의하여 지도상의 같은 위치로 갈 수 있도록 할 것이다. 그것을
openInMaps 라고 부르고, 그 함수 안에 Google Maps 안에서 Sven & Ole's 위
치를 위한 URL을 넣을 것이다.

```
function openInMaps()
{
NKOpenURLInSafari('http://maps.google.com/?q=Sven+%26+Ole%
27s&cid=11769511904778742301');
}
```

모든 Google Maps 링크가 동일한 것은 아니다!

Google Maps 링크의 시작점에 관해 중요한 것이 하나 있다. 이것을 iOS 디바이스에서 생성한 후 자신에게 이메일을 보내도록
하자. 내가 디버깅 연습을 하면서 NKMapView를 처음 구현했을 때 이 링크에서 약간 당황스러운 일이 생겼다.

- Maps 대신에 Safari에서 링크가 열림
- 심한 경우 때때로 제대로 된 위치가 열리지 않음

어느 정도는 간혹 발생하는 Google Maps 버그 때문일 수 있다. Maps에서 지도 링크를 내 이메일로 보내고 확인해보면 때때
로 Maps 안에서 보았던 실제 위치로 가지 않았다. 앱 디자이너가 되기 전에 이와 같은 경험을 했었기 때문에 앱에 지도를 내장
시키려고 할 때 이런 일이 발생해도 그다지 놀라지는 않았다.

하지만 나는 이 과정에서 귀중한 것을 배웠다. Google Maps 링크에는 한 가지 이상의 포맷이 있다는 것 말이다! 버그가 실
제로 발생할 때까지 너무 신경쓸 필요는 없다. 최소한 내가 먼저 알아차렸으니 말이다. 나는 몇 가지 추가적인 실험을 통해
iPhone이 필수적으로 Maps 앱 안에 있는 Google Maps 링크를 여는 것은 아니라는 것을 알았다. 이는 링크가 Maps 자체에
의해 생성되지 않았을 경우에 해당한다. 이것은 항상 iOS 디바이스에서 지도 링크를 생성해야만 하는 이유이다. 그러면 링크는
Safari가 아닌 Maps에서 정상적으로 열릴 것이다.

마지막 단계는 NKButton을 구현하는 것이다. 그래서 이 앱 스크린을 사용하
는 누군가가 Maps 애플리케이션에서 같은 위치를 탐색할 수 있다. 다음에 나오
는 코드는 변수 mapsButton을 정의하며 버튼의 크기를 설정하고 클릭했을 때

openInMaps 함수를 호출한다. 여기서는 alpha(투명도)를 80 퍼센트로 설정할 것이다. 그러면 반투명의 멋진 모습으로 보일 것이다.

```
var mapsButton = new NKButton();
mapsButton.init(70, 10, 180, 40, "openInMaps");
mapsButton.setTitle("View in Google Maps");
mapsButton.show();
NKNativeControlSetAlpha(mapsButton, 0.8);
```

진짜 마지막 단계는 인터넷 연결을 확인하고 5장에서 다룬 **NKAlert**를 사용하는 것이다. 여기에서는 5장에서와 같은 코드가 사용되었다.

이 모든 조각들을 합치면, JavaScript를 포함한 HTML은 다음과 같을 것이다. 편의를 위해 NimbleKit 부분을 하이라이트로 표시했다.

```
<html>

<head>
<meta name = "viewport" content = "initial-scale = 1.0, user-scalable = no" />

<script type="text/javascript" src="NKit.js"></script>
<script type="text/javascript">

var navController = new NKNavigationController();
navController.setTitle("Our Map Page");
navController.setTintColor(255, 0, 0);

var map = new NKMapView();
map.init(0, 0, 320, 416);
map.setMapType("standard");
map.setDisplayRegion(47.7494, -90.3336, .01, .01);
map.showUserLocation("no");
map.addAnnotation(47.7494, -90.3336, "Sven and Ole's",
"Restaurant");
map.show();
```

```javascript
setTimeout(selectAnnotation, 500); //0.5초 동안 대기

function selectAnnotation()
{
  map.selectAnnotation('Here');
}

function openInMaps()
{
NKOpenURLInSafari('http://maps.google.com/?q=Sven+%26+Ole%
27s&cid=11769511904778742301');
}


var mapsButton = new NKButton();
mapsButton.init(70, 10, 180, 40, "openInMaps");
mapsButton.setTitle("View in Google Maps");
mapsButton.show();
NKNativeControlSetAlpha(mapsButton, 0.8);


// 인터넷 연결상태 확인
function checkForInternet()
{
  var isInternetAvailable = false;
  if (NKIsInternetAvailableViaWifi()==1)
  {
    isInternetAvailable = true;
  }
  else
  {
    if (NKIsInternetAvailableViaCellularNetwork()==1)
    {
     NKAlert("Info", "Internet is available only via
     cellular network,
```

```
      carrier fees may apply.");
      isInternetAvailable = true;
    }
    else
    {
    NKAlert("Error", "An internet connection is required to
    access content for this function.");
      isInternetAvailable = false;
    }
  }
  return isInternetAvailable;
}


if (checkForInternet())
{
  // 웹에서 콘텐츠를 불러옴
}


</script>
</head>


<body>
</body>


</html>
```

이 작업을 iPhone에서 테스트한 결과는 그림 6.1과 같다.

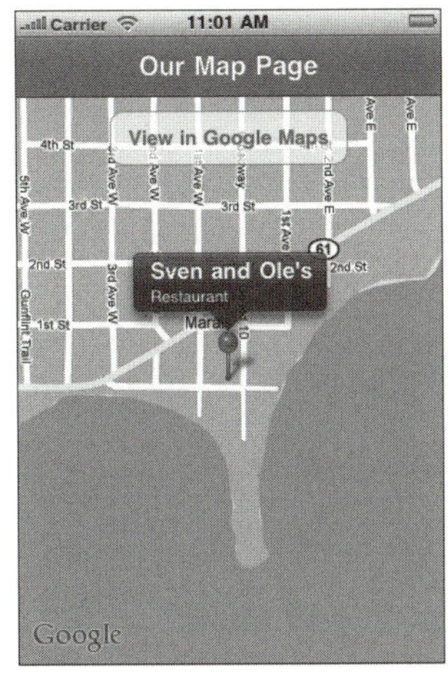

6.1 NKButton을 포함하고
NKMapView를 사용한
앱 스크린

직접 연습해보고 Simulator에서 부분적으로 테스트할 수 있지만 Simulator는
Maps 앱이 없기 때문에 버튼을 누르면 Google Maps가 Safari안에서 대신 열
리게 된다. 완벽한 테스팅을 위해서 iPhone과 iPod touch, iPad에서 테스트해
야 한다.

방법 둘: HTML 버튼 스타일링하기

이 방법은 NKButton 대신에 CSS 스타일의 HTML 버튼을 사용한다. 이것은
CSS로 버튼을 만드는 방법 중 하나에 불과하다. 여기서의 아이디어에 스타일(특
히 그래픽 파일과 같은 부가적인 요소들)을 추가해서 좀 더 유명 브랜드의 외형같
이 디자인할 수 있을 것이다.

스크린 레이아웃 계획하기

여기서도 이전 예들에서 나왔던 상태 바. 타이틀 바 그리고 탭 바 페이지 레이아
웃을 계속 사용할 것이다. 이렇게 하는 이유는 실용성을 위해서이다. 한 앱에서
지도 스크린은 아마도 여러 화면 중 하나일 것이다. 나의 예들이 실제 애플리케이
션을 위해 실용적이고 재사용되기를 바라기 때문에 이런 가정 하에 지도 앱 만드
는 연습을 계속할 것이다.

320×480픽셀의 iPhone 스크린을 보면서 앞에서와 같은 두 가지 요소들로 시작
하도록 하자:

- 상태 바: 320×20픽셀
- 타이틀 바: 320×44픽셀

이렇게 하면 작업할 높이 공간으로 416 픽셀이 남는다. 하지만 이번에는 HTML 과 CSS 버튼을 위해서 그 공간들의 일부를 사용할 것이다. 이것은 **NKButton** 처럼 지도를 겹치지 않기 때문이다. 여기서는 버튼 하나를 추가하려고 한다. 이것은 지도 밑에 위치하고 32픽셀 높이에 왼쪽으로 50픽셀의 여백이, 위로는 5픽셀의 여백이 있으므로 직접적으로 지도에 인접하지 않는다. 또한 버튼 주변에 공간을 스타일해서 네이티브 탭 바(어두운 회색)와 비슷하게 보이도록 할 것이다.

이렇게 계획을 세우고 만드는 과정을 진행해 보자!

HTML 작성하기

대부분의 코드 예가 NimbleKit의 맵 아키텍처를 사용하기 때문에 여기에서 쓰이는 HTML은 놀랄 만큼 간결하다. 우리가 HTML에서 유일하게 할 일은 필요한 것들끼리 연결할 스테이지를 설정하고 Maps에 링크할 버튼을 생성하는 것이다.

이 첫 번째 단계를 마치기 위해 새로운 HTML파일을 생성한다. 이전 방법과 마찬가지로 초기 코드는 viewport를 iPhone의 비율에 맞추고 사용자 확장성을 no로 설정한다. 내장된 맵은 이미 확장이 가능하지만 우리는 버튼이 확장되기를 원하지 않는다. 이것은 네이티브 사용자 경험과는 정반대의 결과를 초래하기 때문이다. 또한 우리는 "button"이라는 class를 정의할 코드 몇 줄을 넣고 그것을 순서 리스트 아이템으로 빌드할 것이다(웹사이트에서 내비게이션적인 요소들을 디자인할 때 늘 그렇듯이). 첫 번째 단계를 위한 코드는 다음과 같다.

```html
<html>

<head>
<meta name = "viewport" content = "initial-scale = 1.0,
user-scalable = no" />
</head>
<body>
<ul class="button">
<li><a href = "http://maps.google.com/?q=Sven+%26+Ole%27s&
cid=11769511904778742301">View in Google Maps</a></li>
```

```
</ul>
</body>


</html>
```

CSS 작성하기

다음에는 버튼을 네이티브 방식으로 스타일해보자. 돋을새김 텍스트(embossed text), 둥글린 모서리(rounded corner), 그림자 효과(drop shadow) 등으로 네이티브 iOS UI를 처리한다. 다음은 이것을 위한 CSS로 우리가 스크린 레이아웃 섹션에서 결정했던 규격을 사용하였다. 이것을 style.css 파일에 넣도록 하자. 나는 버튼의 상단 여백 값을 얻기 위해 한 가지 단계를 앞서 작업했다. 상단 여백 값(366+5=371픽셀)에 도달하기 위해 지도 뷰(366픽셀)의 높이를 계산할 필요가 있었다.

```css
body {
    margin: 0px;
    padding: 0px;
    font-family: 'Helvetica'
    background-color: #333;
}
.button {
    font-size: 14pt;
    display: inline;
}
ul.button {
    list-style-type: none;
}
ul.button li a {
    color: #fff;
    background-color: #1a5c00;
    width: 220px;
    text-align: center;
    padding: 8px 0px 0px 0px;
    margin: 371px 50px 0px 50px;
```

```
    height: 32px;
    border: 1px solid #666;
    display: block;
    border-radius: 10px;
    text-shadow: 0px 1px 0px #ccc;
    text-decoration: none;
}
```

일부 세부사항들이 여전히 이 버튼을 네이티브 앱처럼 보이게 한다는 것에 주목하도록 하자. 즉, 14-포인트 텍스트, CSS3 가장자리 둥글림 효과(border-radius effect) 그리고 텍스트 음영(text shadow)과 같은 이 모든 것들이 버튼을 iOS 사용자 인터페이스와 어색함 없이 융화되도록 해준다. 이 경우에는 나는 단지 초록색 버튼을 만들고 싶었다.

물론 CSS로 버튼을 디자인하는 것의 요지는 네이티브 외형의 버튼을 초록색으로 만드는 것보다는 좀 더 흥미진진한 무언가를 하는 것에 있을지도 모른다. (주변에 여백을 넣어서) 지도 뷰를 좁게 만들고, 버튼을 시각적으로 크롬에 통합시킴으로써 버튼을 자신이 원하는 모양으로 디자인할 수 있을 것이다. 예를 들어 지도를 원목 틀에 넣고 Photoshop 필터를 사용하여 텍스트를 원목 배경 속에 새겨 넣을 수 있다.

잠시 샛길로 빠졌지만, 어쨌거나 여러분은 버튼에 스타일을 입히는 것을 원하는 만큼 연습해 볼 수 있다. 한계가 없기 때문이다. 이 연습을 위한 스타일링을 마무리하려면 파일을 저장하고 HTML에 스타일을 호출하는 라인을 추가한다. 이 파일을 style.css라고 부르도록 하자.

```
<link href="style.css" rel="stylesheet" type="text/css">
```

만약 지금 실행한다면 버튼을 볼 수 있을 것이다. 하지만 아직까지는 Maps에 올바르게 링크되지 않았을 것이다. 이것을 지원하는 NimbleKit 코드를 아직 추가하지 않았기 때문이다.

JavaScript 작성하기

이 방법을 위한 JavaScript는 이전 방법과 매우 유사하므로 차이점만을 하이라이트 표시할 것이다. 우선 CSS 스타일링을 하기 위해 앞서 계산했던 NKMapView

의 높이 값을 떠올려 보자. 함수에 y높이로 366픽셀 값을 다음과 같이 넣을 것이다.

```
map.init(0, 0, 320, 366);
```

그리고 NKButton JavaScript의 위치에 다음과 같이 링크의 포맷을 바꾸는 작업을 대신하는 작은 onClick 이벤트가 있다.

```
<a href="#" onclick="NKOpenURLInSafari('http://maps.
google.com/?q=Sven+%26+Ole%27s&cid=11769511904778742301')"
>View in Google Maps</a>
```

JavaScript를 HTML파일에 삽입하면 다음과 같을 것이다:

```
<html>
<head>
<meta name = "viewport" content = "initial-scale = 1.0,
user-scalable = no" />
<link href="style.css" rel="stylesheet" type="text/css">

<script type="text/javascript" src="NKit.js"></script>
<script type="text/javascript">

var navController = new NKNavigationController();
navController.setTitle("Where are Sven and Ole?");
navController.setTintColor(255, 0, 0);

var map = new NKMapView();
map.init(0, 0, 320, 366);
map.setMapType("standard");
map.setDisplayRegion(47.7494, -90.3336, .01, .01);
map.showUserLocation("NO");
map.addAnnotation(47.7494, -90.3336, "Sven and Ole's",
"Restaurant");
map.show();
```

```
setTimeout(selectAnnotation, 500); //0.5초 동안 대기
function selectAnnotation()
{
    map.selectAnnotation('Here');
}


// 인터넷 연결상태 확인
function checkForInternet()
{
  var isInternetAvailable = false;
  if (NKIsInternetAvailableViaWifi()==1)
  {
    isInternetAvailable = true;
  }
  else
  {
    if (NKIsInternetAvailableViaCellularNetwork()==1)
    {
    NKAlert("Info", "Internet is available only via
    cellular network, carrier fees may apply.");
    isInternetAvailable = true;
    }
    else
    {
    NKAlert("Error", "An internet connection is required to
    access content for this function.");
    isInternetAvailable = false;
    }
  }
  return isInternetAvailable;
}


if (checkForInternet())
```

```
{
    // 웹에서 콘텐츠를 불러옴
}

</script>

</head>
<body>

<ul class="button">
<li><a href="#" onclick="NKOpenURLInSafari('http://maps.
google.com/?q=Sven+%26+Ole%27s&cid=11769511904778742301')"
>View in Google Maps</a></li>
</ul>

</body>
</html>
```

결과는 그림 6.2와 같다.

6.2 Maps에 링크를 가지고 있는 내장된 Google 지도 뷰. 맞춤형 버튼으로 스타일링했다.

iPad 고려 사항

마지막 예는 iPad용이므로 스크린의 면적을 계획하는 것에 관련된 숫자가 주로 바뀌게 된다. 하지만 나는 이 기회에 디자인도 바꿀 것이다. 이 예를 시도하기 위해서 새로운 NimbleKit 프로젝트를 열고 디바이스로 iPad를 선택하도록 하자.

스크린 레이아웃 계획하기

768×1024픽셀 iPad 스크린에 맞추기 위해 앞에서 나온 두 개 예에서 사용한 것과 동일한 UI 요소들로 시작하도록 하자. 단지 크기가 넓어진 것 뿐이다.

- 상태 바: 768×20픽셀
- 타이틀 바: 768×44픽셀

iPad에서 작업 가능한 높이는 960픽셀이 남는다. 그것은 아주 넓은 공간이고, iPad 디자인에서 일반적으로 더 많은 "앱 크롬"(콘텐츠 또는 내비게이션을 꾸미는 스타일이 적용된 영역)을 볼 수 있을 것이다. 그러므로 지도 뷰 주위에 30픽셀의 가장자리 영역을 설정하고, 버튼 주위에 더 많은 공간을 둔다. 이제 계산해보면 지도 뷰에 850픽셀의 높이가 남아있다.

HTML 자체에는 아무것도 새로운 것이 없으므로 내가 몇 가지를 수정한 CSS로 넘어가 보도록 하자.

CSS 작성하기

iPad 지도 뷰 주변에 크롬을 약간 두르려고 하는데 이 예에서는 style.css 파일이 바디와 버튼을 위한 금속 질감 배경 이미지를 호출하게 한다. 이것은 살짝 튀어나온 금속 외형으로 보이게 한다(이 GIF파일은 iosapps.tumblr.com에서 [Contents]-[Chapter 6]으로 들어가면 다운로드할 수 있다). 이 버튼을 위한 상단 여백 값을 얻기 위해 다시 한 번 미리 작업해야 할 것이 있었다. 상단 여백 값을 알아내기 위해 지도 뷰의 높이(850픽셀)를 계산해놓는 것이다. 따라서 상단 여백 값은 850픽셀 + 지도 위 여백 30픽셀 + 지도와 버튼 사이 20픽셀 = 900픽셀이다. 여기에 이 버전을 위한 CSS가 있다. 넓은 iPad 스크린 때문에 버튼 여백을 어떻게 바꿔야 하는지 유의해서 보도록 하자:

```
body {
  margin: 0px;
```

```
  padding: 0px;
  font-family: 'Helvetica'
  background-color: #999;
  background-image: url(metalTexture.gif);
  background-position: 100% 100%;
}

.button {
  font-size: 14pt;
  display: inline;
}

ul.button {
  list-style-type: none;
}

ul.button li a {
  color: #666;
  background-color: #999;
  width: 220px;
  text-align: center;
  padding: 8px 0px 0px 0px;
  margin: 900px 274px 0px 274px;
  height: 32px;
  border: 2px ridge #ccc;
  display: block;
  border-radius: 10px;
  text-shadow: 0px 2px 0px #ccc;
  text-decoration: none;
  background-image: url(metalTexture.gif);
}
```

JavaScript 작성하기

이 방법을 위한 JavaScript는 이전 방법에서 사용된 것과 거의 동일하므로 차이가 있는 부분(지도 뷰를 위한 더 넓은 규격)만 하이라이트로 표시했다. 두개의 값 30은 iPad가 지도 뷰를 그리기 시작하고 왼쪽 윗부분에 코너와 가장자리를 만들기 위한 X, Y좌표이다. 708과 850은 각각 너비와 높이를 나타낸다. 따라서 오른쪽으로는 30픽셀의 여백이 있으며, 아래쪽으로는 버튼과 여분의 크롬 영역이 위치하는 지도 뷰 밑에 많은 공간들이 남는다.

```
map.init(30, 30, 708, 850);
```

다음은 iPad용으로 작성된 JavaScript를 포함한 HTML 파일이다.

```html
<html>
<head>
<meta name = "viewport" content = "initial-scale = 1.0, user-scalable = no" />
<link href="style.css" rel="stylesheet" type="text/css" />

<script type="text/javascript" src="NKit.js"></script>
<script type="text/javascript">


var navController = new NKNavigationController();
navController.setTitle("Where are Sven and Ole?");
navController.setTintColor(255, 0, 0);
var map = new NKMapView();
map.init(30, 30, 708, 850);
map.setMapType("standard");
map.setDisplayRegion(47.7494, -90.3336, .01, .01);
map.showUserLocation("NO");
map.addAnnotation(47.7494, -90.3336, "Sven and Ole's", "Restaurant");
map.show();
setTimeout(selectAnnotation, 500); //0.5초 동안 대기
function selectAnnotation()
{
    map.selectAnnotation('Here');
```

```
}

// 인터넷 연결상태 확인
function checkForInternet()
{
  var isInternetAvailable = false;
  if (NKIsInternetAvailableViaWifi()==1)
  {
    isInternetAvailable = true;
  }
  else
  {
    if (NKIsInternetAvailableViaCellularNetwork()==1)
    {
    NKAlert("Info", "Internet is available only via
    cellular network, carrier fees may apply.");
      isInternetAvailable = true;
    }
    else
    {
    NKAlert("Error", "An internet connection is required to
    access content for this function.");
      isInternetAvailable = false;
    }
  }
  return isInternetAvailable;
}
if (checkForInternet())
{
  // 웹에서 콘텐츠를 불러옴
}
</script>
```

```
</head>
<body>
<ul class="button">
<li><a href="#" onclick="NKOpenURLInSafari('http://maps.
google.com/?q=Sven+%26+Ole%27s&cid=11769511904778742301')"
>View in Google Maps</a></li>
</ul>
</body>
</html>
```

그림 6.3은 결과를 보여준다.

6.3 iPad에서 NKMapView 를 사용하는 앱 스크린

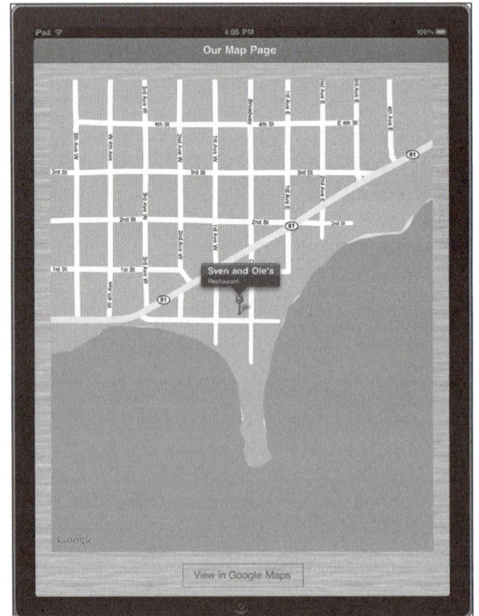

요약

이번 장에서는 다음과 같은 방법을 배웠다.

- Google 지도 뷰를 디스플레이하고 제목과 하위제목을 포함한 위치 핀을 지원하는 NKMapView를 끌어오기.

- 앱 안의 지도 뷰를 Maps 안에 같은 위치로 링크하기 위해 **NKButton**을 추가하기. 따라서 사용자들은 현재 위치로부터 목적지까지의 주행 경로를 얻을 수 있다.
- HTML과 CSS를 이용하여 맞춤형 Maps 버튼을 디자인하기.
- iPad 에 맞춰 NKMapView를 디자인하고 지도 뷰 주변에 맞춤 크롬을 허용하기.

iOS 앱 콘텐츠에 대한 관심은 텍스트와 이미지에서 시작해 지도와 위치 콘텐츠까지 확장되었다. 다음 장에서는 웹 표준 기술이 어떻게 NimbleKit과 결합되어 네이티브 iOS 앱 안에 오디오와 비디오 콘텐츠를 포함시키는지 보게 될 것이다.

references

1. http://www.nimblekit.com/

7 앱 콘텐츠
:오디오

텍스트와 이미지, 피드를 통한 소셜 콘텐츠
그리고 매핑과 더불어
NimbleKit Objective-C 프레임워크는
오디오, 비디오와 같은
풍부한 미디어 콘텐츠를 지원한다.

모든 웹 디자이너가 오디오 엔지니어는 아니기 때문에 Mac은 기본적인 오디오 생성물을 상당히 쉽게 사용할 수 있게 만들었다. 예를 들어, 노래 하나를 GarageBand로 가져와서 상당히 빠른 속도로 음악을 트리밍하고 페이드 효과도 넣을 수 있다. 이렇게 하면 iTunes에서 음악을 구매하려고 할 때 듣는 것과 비슷한, 간단한 노래 샘플을 얻을 수 있다.

이 과정은 iOS 앱에 오디오 소개, 노래 샘플, 구두 지시를 포함해서 디자인할 수 있게 해준다. 교육, 음악 그룹을 위한 맞춤 iOS 앱이나 상품에 오디오 콘텐츠를 포함함으로써 상당히 질을 높일 수 있다.

NimbleKit은 iOS 앱에서 다양한 방법으로 오디오 콘텐츠를 재생할 수 있게 지원한다. 이 장에서 두 가지 방법을 보여줄 것이다. 한 가지 방법은 HTML5을 이용하는 것이고 다른 하나는 NimbleKit의 NKAudioPlayer를 이용한는 것이다.

HTML5로 오디오 재생하기

HTML5로 오디오 파일을 재생하는 것은 너무나도 쉽다. 단지 HTML5의 새 **audio** 태그를 사용하고 MP3 오디오 파일을 편리한 곳에 두도록 하자. 예를 들어, song.mp3 이름을 가진 30초짜리 노래 샘플을 재생하기 위해 필요한 모든 것은 다음과 같다.

```
<audio src="song.mp3" controls></audio>
```

control을 추가하는 것은 필수이다. 이렇게 하지 않으면 트랙에 재생 신호를 보낼 방법이 없다.

NimbleKit에서 이 MP3 파일을 재생하기 위해 다음과 같은 HTML이 필요하다:

```
<html>
<head>
<meta name = "viewport" content = "initial-scale = 1.0, user-scalable = no">
<script type="text/javascript" src="NKit.js"></script>
</head>


<body>
<audio src="song.mp3" controls></audio>
</body>


</html>
```

그림 7.1은 Simulator에서의 결과를 나타낸다.

7.1 HTML5 오디오 요소를 사용하여 디스플레이한 네이티브 iOS 오디오 플레이어

어떻게 하면 이것을 더욱 흥미롭게 만들 수 있는지 궁금하지 않은가? 내가 iOS 앱에서 노래 샘플을 살펴보고 있다면, 뮤지션이 누구인지 알고 싶을 것이다. 그러므로 이미지(photo.jpg)을 포함하도록 하자. 컨트롤의 위치와 크기는 스타일시트

(stylesheet)에서 설정할 수 있다. 여기서는 사진이 겹친 상태로 스크린 아랫부분 가운데에 위치하고 있다. 여기서의 style.css를 위한 몇 가지 규칙이 있다:

```css
body {
   margin: 0px;
   padding: 0px;
}

audio {
   width: 100%;
   position: absolute;
   z-index: 10;
   top: 390px;
}
```

타이틀 바도 추가할 수 있다. 예에서 타이틀 바 배경은 사진과 함께 꾸며진다. 여기에 수정된 HTML이 있다.

```html
<html>
<head>
<meta name = "viewport" content = "initial-scale = 1.0,
user-scalable = no">
<link href="style.css" rel="stylesheet" type="text/css">

<script type="text/javascript" src="NKit.js"></script>

<script type="text/javascript">
var navController = new NKNavigationController();
navController.setTitle("Piano solo");
navController.setTintColor(52, 80, 224);
</script>

</head>

<body>
```

```
<audio src="song.mp3" controls></audio>
<img src="photo.jpg" width=100%>
</body>
</html>
```

Simulator에서 이것을 테스트해보면 시각적 측면과 음악적 측면 둘 다 포함한 것을 보게 될 것이다(그림 7.2).

7.2 오디오 콘트롤 사이즈와 위치를 CSS로 조정하고 타이틀과 사진을 넣은 예

HTML5로 오디오를 추가할 때 해야 할 일이라곤 진짜 이게 전부다!

오디오를 NKAudioPlayer에 통합하기

오디오를 NimbleKit 기반의 iOS 앱으로 통합시키기 위한 또 다른 방법은 NKAudioPlayer 라이브러리 아이템을 사용하는 것이다. 이 방법을 위해 HTML과 CSS을 이용하던 코딩 작업을 JavaScript를 이용해서 하며 결과가 약간 다르다.

연습을 위해 새 Xcode 프로젝트 파일을 시작한 다음 song.mp3와 photo.jpg 파일을 그 프로젝트에 추가하도록 하자.

다음에 **NKAudioPlayer** 인스턴스를 main.html 페이지 안에 생성한다. 이것의 이름을 player라고 하고, **player**를 이용해 song.mp3 파일을 불러오도록 한다.

```
var player = new NKAudioPlayer();
player.loadFile("song.mp3");
```

하지만 아직은 어떤 음악도 재생하지 않게 내버려 둔다. 또한 몇 개의 컨트롤을 생성해야 한다. 그리고 이상하게도 NimbleKit이 호출할 네이티브 Objective-C 오디오 컨트롤이 존재하지 않으므로 하나를 빌드해야 한다.

이와 같은 목적으로 **NKToolBar** 라이브러리 아이템을 사용할 것을 제안한다. 이것은 우리가 5장에서 다루었던 **NKTabBarController**와 비슷하다. 탭이 없고 **NKToolBar**가 49픽셀 높이가 아닌 44픽셀이라는 점만 제외하고 말이다(또는 **NKNavigationController**에 있는 타이틀 바와 같은 높이다). 탭 대신에 NKToolBar는 버튼들을 바로 삽입한다.

다음으로 main.html에서 툴 바 객체를 생성하고 **audiocontrols**로 이름을 정한다. 인스턴스에 이름붙이는 것과 함께 스크린에서 y축에 위치시켜야 한다. 만약 스크린 상단에 타이틀 바를 놓는다면, 툴 바의 꼭대기는 중심(왼쪽 위 코너)으로부터 372픽셀에 놓여야 한다. 480(전체 스크린 높이) − 20(상태 바) − 44(타이틀 바) − 44(툴 바) = 372. 다음에 NKToolBar 객체의 위치가 init() 메소드의 첫 번째 인수로 설정되어 있다.

```
var audiocontrols = new NKToolBar();
audiocontrols.init(372);
```

다음에는 오디오 파일을 재시작하고 재생, 일시 중단할 수 있게 하는 버튼들을 추가하도록 하자. 이것을 위해 **toolBar.addButton** 메소드를 사용하도록 하자. 유의할 점은 **NKToolBar**는 디폴트로 왼쪽부터 버튼을 추가한다는 것이다. 그렇게 하는 것보다 버튼들을 가운데 맞춤으로 정렬하기를 권한다. 그렇게 하면 iPod의 오디오 컨트롤 같이 보이게 할 수 있다. 이것을 구현하기 위해서는 다소 특이한 커맨드가 필요하다:

```
audiocontrols.addFlexibleSpace();
```

```
audiocontrols.addFlexibleSpace();
audiocontrols.addButton("Restart", "", "buttonPressed1");
audiocontrols.addButton("Play", "", "buttonPressed2");
audiocontrols.addButton("Pause", "", "buttonPressed3");
```

```
audiocontrols.addFlexibleSpace();
audiocontrols.setStyle("blacktranslucent");
audiocontrols.show();
```

모든 **audiocontrols.addButton** 메소드에는 세 개의 파라미터들이 있다는 것에 유의하도록 하자.

- 버튼 레이블
- 버튼 그래픽
- 콜백(JavaScript 액션)

이 예에서, 새 개의 버튼들은 [Restart], [Play] 그리고 [Pause]로 이름 붙일 것이다. 버튼에 할당된 그래픽은 없으며 **buttonPressed1**과 **buttonPressed2**, **buttonPressed3** 세 개의 JavaScript 함수들이 있다.

다음으로 새 개의 콜백 함수들을 정의하도록 하자.

```
function buttonPressed1()
{
  player.play();
}


function buttonPressed2()
{
  player.resume();
}


function buttonPressed3()
{
  player.pause();
}
```

구현할 때 유의할 점은, 실제로 "play"를 재생 버튼에 할당하지 않았다는 것이다. 나는 이것을 우리에게 익숙한 오디오 플레이어와 비슷하게 만들어 보려고 한다. 따라서 첫 번째 버튼을 restart(트랙의 시작으로 되돌아가서 재생)와 동일하게 만들고, 두 번째 버튼은 "play"라고 레이블을 붙였으나 "resume"(시작 지점에서 뿐 아니라, 트랙의 어느 지점에서라도 재생할 것이다)을 할당했다. 세 번째는 "pause"
로 레이블을 붙이고 할당하였다.

다음이 main.html을 위한 최종 코드이다.

```html
<html>
<head>
<meta name = "viewport" content = "initial-scale = 1.0, user-scalable = no">
<link href="style.css" rel="stylesheet" type="text/css">

<script type="text/javascript" src="NKit.js"></script>
<script type="text/javascript">
var navController = new NKNavigationController();
navController.setTitle("Piano solo");
navController.setTintColor(52, 80, 224);

var player = new NKAudioPlayer();
player.loadFile("song.mp3");

var audiocontrols = new NKToolBar();
audiocontrols.init(372);
audiocontrols.addFlexibleSpace();
audiocontrols.addButton("Restart", "", "buttonPressed1");
audiocontrols.addButton("Play", "", "buttonPressed2");
audiocontrols.addButton("Pause", "", "buttonPressed3");
audiocontrols.addFlexibleSpace();
audiocontrols.setStyle("blacktranslucent");
audiocontrols.show();

function buttonPressed1()
{
  player.play();
}
```

```
function buttonPressed2()
{
  player.resume();
}

function buttonPressed3()
{
  player.pause();
}

</script>
</head>

<body>
<img src="photo.jpg">
</body>
</html>
```

이 예에 있는 **styles.css** 파일을 위한 유일한 CSS 규칙은 스크린의 여백을 리셋하고 제로를 채워 넣는 것이다.

```
body {
    margin: 0px;
    padding: 0px;
}
```

그림 7.3은 시뮬레이터에서의 결과를 나타낸다.

7.3 NKAudioPlayer와 버튼을 포함한 NKToolBar로 생성한 오디오 플레이어

이 방법도 나쁘지 않지만 더 좋은 방법이 있다.

내가 찾은 더 나은 방법은 iPhone에 있는 iPod 애플리케이션처럼 보이게 만드는 것이다. 그래서 툴 바를 위한 restart, play 그리고 pause 버튼을 만들었다(그림 7.4).

7.4 Restart, play 그리고 pause 버튼들

버튼 위에 레이블을 쓰는 대신에 JavaScript를 이용해 내가 만든 PNG 이미지 (resume.png, play.png 그리고 pause.png)를 버튼으로 사용한다. 수정하는 방법은 다음과 같다.

```
var toolBar = new NKToolBar();
toolBar.init(372);
toolBar.addFlexibleSpace();
toolBar.addButton("", "resume.png", "buttonPressed1");
toolBar.addButton("", "play.png", "buttonPressed2");
toolBar.addButton("", "pause.png", "buttonPressed3");
toolBar.addFlexibleSpace();
toolBar.setStyle("blacktranslucent");
toolBar.show();
```

코드에 버튼 레이블을 그냥 두어도 된다. 가득 채워진 이미지 파라미터들이 레이블을 덮어씌우므로 결과는 같을 것이다. 그림 7.5는 표준 레이블이 붙은 버튼들이 PNG 이미지들로 대체된 결과이다.

7.5 수정된 NKAudioPlayer와 NKToolBar 오디오 스크린. 이제 버튼들이 iPod 애플리케이션과 비슷하다.

지금까지 NimbleKit을 이용한 iOS 애플리케이션에서 오디오를 사용하기 위한 몇 가지 기본적인 빌딩 블록들을 살펴보았다. 창조적으로 아이디어들을 만들어 오디오를 즐겨보도록 하자!

요약

이 장에서는 iOS 앱에 오디오를 추가하는 것에 대해 다루었으며, 이것은 상당히 간단하다:

- HTML5의 오디오 요소들을 사용해서 스크린 레이아웃을 좀 더 유연성 있게 만들 수 있다.
- NimbleKit의 NKAudioPlay 라이브러리 아이템을 사용할 수 있으며 이것은 툴 바와 맞춤 버튼들과 결합했을 때 아주 잘 동작한다.

다음 장에서는 비디오를 다루는 작업이 오디오를 가지고 작업하는 것과 상당히 비슷하다는 것을 알게 될 것이다. 비디오를 재생할 때에도 HTML5와 NimbleKit 라이브러리 아이템 옵션들이 있다.

8 앱 콘텐츠
:비디오

Adobe Flash는 여전히 World Wide Web에서 비디오를 전달하기 위한 지배적인
플랫폼이다. 하지만 여러분도 스티브 잡스가 2010년 봄에 플래시에 관해 쓴 대중
을 위한 편지에 대해 알 것이다.[1] 그는 여기에서 iOS 디바이스와 Flash 사이에 아
주 분명한 선을 그었다. 따라서 iOS에서 Flash가 지원될 때까지 비디오를 재생하
기 위한 다른 대안을 찾을 필요가 있다.

다행히도 iOS 앱에서 비디오에 대한 접근방식은 오디오와 비슷하다. 비디오를 재
생하기 위한 HTML5와 NimbleKit 아이템 옵션들이 있다. 각각의 경우에 비디오
가 어떻게 동작하는지 살펴보도록 하자.

iPad에서 HTML5를 이용하여 비디오 재생하기

HTML5로 비디오 파일을 재생하는 것은 오디오 파일과 마찬가지로 아주 쉽지만 주의해야 할 점이 있다. NimbleKit Objective-C 프레임워크에서 HTML5 옵션을 사용하면 iPad에서는 그 기능이 완전히 동작하지만, Apple의 포켓 사이즈인 iPhone 또는 iPod touch 에서는 그렇지 않다는 것이다.

iPhone과 iPod touch에서의 제한점은 다음과 같다. 내장된 HTML5 비디오 플레이어는 스크린 뷰에서 디스플레이될 수 있지만 재생 컨트롤을 터치하면 네이티브 iOS 비디오 플레이어 인터페이스가 디스플레이된다. 이것은 이 디바이스들에서 YouTube 앱을 사용 중일 때 발생하는 것과 같은 본질적인 현상이다.

iPad에서 HTML5 비디오 플레이어는 실제로 내장된 비디오를 재생한다. HTML5 옵션을 사용하기 위해 새 video 요소들을 구현하고 사용할 MPEG-4(.m4v) 비디오 파일을 가져오자. 다음은 HTML 마크업을 위한 포맷이다.

```
<video src="name.m4v" width="x" height="y"
poster="name.jpg" controls></video>
```

아래 옵션들을 자세히 살펴보도록 하자:

- src 속성은 재생할 비디오 파일을 식별한다(그리고 파일을 Xcode 프로젝트의 HTML 디렉터리에 복사하기 위해 [Add to Project]하는 것을 잊지 말자. 그렇지 않으면 앱은 비디오 파일의 위치를 파악하지 못할 것이다!).
- object 태그와 함께 비디오의 width와 height 속성을 지정하는 것은 좋은 습관이다. 이것은 검은색 재생 영역이나 스테이지, 혹은 사이즈나 비율을 일정하게 유지하도록 한다.
- poster 속성은 재생하기 전에 스테이지를 위한 포스터 프레임(poster frame)이나 플레이스 홀더(placeholder)로써 사용하기 위한 이미지 파일을 지정할 수 있게 한다. JPG 또는 PNG 포맷을 사용할 수 있다.
- 마지막으로 표준 컨트롤을 디스플레이하기 위해 controls 속성을 추가할 필요가 있다. 이 속성 없이는 사용자가 비디오를 재생할 수 없다.

샘플 비디오 애플리케이션 디자인하기

이 지식을 가지고 iPad에서 동작하는, video 태그를 설명하는 샘플 앱을 디자인해보자. 이를 위해 내 딸이 피아노를 연습하고 있는 짧은 비디오 클립을 공유한다

(이것을 iosapps.tumblr.com에서 다른 관련 있는 아이템들과 함께 다운로드하도록 하자). 나는 이 예를 사람들에게 피아노를 가르치는 앱으로 만들 것이다. 앱을 소개하는 스크린에서는 타이틀 바, 샘플 비디오 클립 그리고 Wikipedia에서 가져온 피아노에 관한 내용 중 처음 세 개의 단락들을 보여줄 것이다.[2]

```
<p>The piano is a musical instrument played by means of a keyboard. It is
widely known as one of the most popular instruments in the world. Widely
used in classical music for solo performances, ensemble use, chamber music,
and accompaniment, the piano is also very popular as an aid to composing and
rehearsal. Although not portable and often expensive, the piano's versatility and
ubiquity have made it one of the world's most familiar musical instruments.
</p>

<p>Pressing a key on the piano's keyboard causes a feltcovered...
...classification, pianos are grouped with chordophones.</p>

<p>The word piano is a shortened form of the word pianoforte...
...speed with which the hammers hit the strings.</p>
```

이번 연습의 핵심은 비디오 클립으로 작업하는 것이다. 그림 8.1은 QuickTime Player에서 샘플 클립, clip.m4v를 보여주는 장면이다.

8.1 Mac 데스크탑의 QuickTime Player에서의 Clip.m4v

iPad를 위한 새로운 NimbleKit 기반의 Xcode 프로젝트 안에 있는 main.html 파일에 텍스트 콘텐츠와 비디오를 추가하고 연습을 시작하도록 하자. 이전 연습에서와 마찬가지로 비디오 파일을 프로젝트의 HTML 폴더에 먼저 추가하는 것을 잊지 않도록 하자.

피아노 콘텐츠를 위한 HTML에는 타이틀 바를 생성하기 위해 **NKNavigation Controller**가 헤드에 추가되고 비디오를 끌어 오기 위해 video 태그가 추가된다.

NOTE   가로 방향

부가적으로 JavaScipt 함수를 추가할 것이며 이것은 iPad 앱을 위해 매우 중요한 가로 방향을 동작하게 하는 NimbleKit의 **NKIsPageSupportsAutoOrientation**을 참조한다. 공식적인 iPad 규격에 따르면 세로와 가로 방향을 모두 지원하지 않는 iPad 앱은 승인 받지 못한다.

```
<html>

<head>
<meta name = "viewport" content = "initial-scale = 1.0,
user-scalable = no" />


<script type="text/javascript" src="NKit.js"></script>


<script type="text/javascript">


var navController = new NKNavigationController();
navController.setTitle("iPad Video Example");
navController.setTintColor(0, 102, 255);

function NKIsPageSupportsAutoOrientation()
{
return "yes"
}


</script>


</head>
```

```html
<body>

<h1>The Piano</h1>

<video src="clip.m4v" width="320" height="240" controls>
</video>

<p>The piano is a musical instrument played by means of a keyboard. It is
widely known as one of the most popular instruments in the world. Widely
used in classical music for solo performances, ensemble use, chamber music,
and accompaniment, the piano is also very popular as an aid to composing and
rehearsal. Although not portable and often expensive, the piano's versatility and
ubiquity have made it one of the world's most familiar musical instruments.
</p>
```

...두 개 이상의 절 생략...

```html
<p><em>Source &mdash; http://en.wikipedia.org/wiki/Piano
</em></p>

</body>

</html>
```

그림 8.2는 Simulator에서 이것을 테스트하는 화면이다.

8.2 내장된 비디오를 가진 iPad 앱 스크린의 다듬어지지 않은 초안

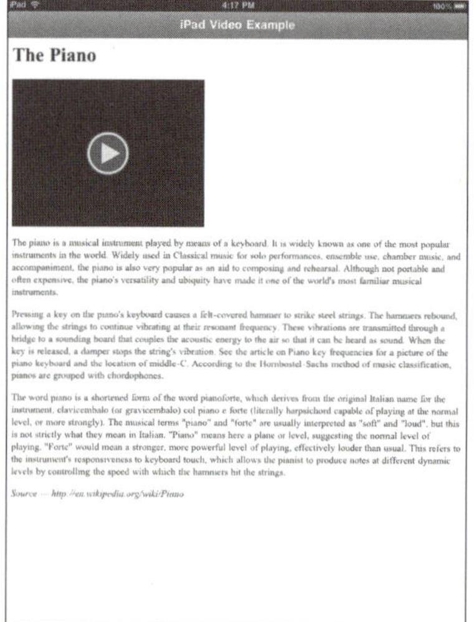

내장된 비디오를 보여주는 방식을 향상시킬 방법은 여러 가지가 있다. 우선 비디오 컨트롤 겹침(video control overlay) 뒤에 있는 검은색 배경을 포스터 이미지로 바꾸도록 하자. 그림 8.3은 프로젝트의 HTML 폴더에 추가된 photo.jpg 파일이다.

8.3 photo.jpg (320×240픽셀)

다음 코드에서 하이라이트 처리된 수정 부분에서는 video 요소가 포스터 이미지를 찾아서 디스플레이한다.

```
<video src="clip.m4v" width="320" height="240"
poster="photo.jpg" controls></video>
```

iOS는 포스터 이미지 위에 자동으로 하얀색 Play 버튼이 나타나도록 한다는 것을 유의해서 보도록 하자(그림 8.4). 고마워, iOS!

내가 확신하건대 당신은 이 콘텐츠에 스타일을 더 넣고 싶어할 것이다(사실 내가 그렇다). 그러면 가로와 세로 방향으로 회전할 때도 화면을 자연스럽게 만들어보는 것이 어떨까? 다행히도 둘 다 CSS로 만들 수 있다! 자, 새 파일 video.css를 생성하고 그것을 main.html에 링크하도록 하자.

```
<link href="video.css" rel="stylesheet" type="text/css">
```

이제 당신은 비디오 요소에 스타일을 추가할 수 있다. 다음 코드에 나와 있는 속성들을 시도해보도록 하자.

```
video {
    display: block;
    margin-right: auto;
    margin-left: auto;
    margin-top: 0px;
    margin-bottom: 30px;
    -webkit-box-shadow: 10px 10px 10px #888;
    box-shadow: 10px 10px 10px #888;
    padding: 15px;
    border: 1px solid #ccc;
}
```

여기에 무슨 일이 일어날 것인가? 블록으로 디스플레이하고 왼쪽과 오른쪽에 자동으로 여백을 주면 비디오는 수평으로 가운데에 위치하고 스크린이 회전할 때에도 유지된다. 그러므로 이 테크닉을 "iPad 디자인 팁" 아래에 저장하고, 이것은 변화하는 너비와 유동적인 레이아웃 웹 페이지에서 요소를 중심부에 두기 위해 사용하는 테크닉이라고 명시하도록 하자.

여기에서 또 다른 주목할 만한 스타일링 요소는 CSS3 **box-shadow** 속성(상표 **-webkit-** 접두사를 가진)이다. 가장자리, 여백 그리고 채우기 속성을 결합하여 나온 결과로써 비디오를 위한 멋진 프레임이 나온다. 이것을 위해 HTML5와 CSS3가 함께 동작한다. 게다가 우리는 이런 마술같은 기능에 초점을 맞춘 내용은 아직 시작도 안했다(그냥 미리보기 정도였다고 생각하면 된다)!

NOTE　**접두사가 붙은 CSS 속성들**

상위 호환성을 위해 접두사가 없는 속성으로 접두사가 있는 CSS 속성들을 따르는 것은 좋은 연습이다. 언젠가 Apple이 **-webkit-box-shadow**를 지원하는 것을 중단하고 **box-shadow** 로 전환할 수도 있다. 그렇게 하는 것은 불필요하게 느껴지지만 CSS가 무르익고 브라우저 접두어들이 필요해지지 않게 되면 이후에 생길 고통을 약간은 감소시킬 수도 있을 것이다.

지금부터 전체 스크린에 여백을 추가하기 위해 다음 규칙들을 사용하고 h1에 스타일을 적용하도록 하자. 그렇다. 나는 실제로 Zapfino를 사용하고 있다.

```css
body {
    background-color: #fff;
    margin: 20px;
    padding: 0px;
    font-family: Helvetica;
}
h1 {
    margin-top: 50px;
    margin-bottom: 10px;
    padding: 0px;
    font-size: 3em;
    font-family: Zapfino;
    line-height: 2em;
    text-align: center;
}
```

새 스타일을 적용한 결과물은 훨씬 더 볼만하고 매력적이다(그림 8.4).

8.4 스타일을 가미한 HTML5 비디오 앱을 iPad에서 실행한 모습

그리고 가로 방향으로 회전했을 때에도 모든 것을 계속 중앙에 오도록 하기 위해 레이아웃을 조정한다(그림 8.5)!

8.5 iiPad에서의 HTML5 비디오 앱 가로 방향 뷰

지금까지 iPad에서 HTML5의 video 요소를 어떻게 이용하는지에 대해 설명했다. 그리고 이것은 iPhone과 iPod touch에서도 동작한다는 것을 기억하도록 하자. 하지만 이런 디바이스 상에서는 네이티브 iOS 플레이어를 동작시키기 때문에 내장된 비디오가 스크린에서 재생되지 않는다.

NKVideoPlayer를 이용하여 비디오 재생하기

비디오를 전달하기 위한 다음 방법은 NimbleKit의 **NKVideoPlayer** 라이브러리 아이템을 이용하는 것이다. 이것은 내장된 재생 모드가 없다는 점에서 HTML5 비디오 요소와 다르다. 그 대신 **NKVideoPlayer**를 이용하여 비디오를 재생하면 네이티브 비디오 플레이어를 오버레이 호출하며 이 동작은 세 개의 모든 디바이스들에서 동일하다.

이것이 어떻게 동작하는지 보기위해 이전 예와 동일한 것들을 사용한다. 하지만 새 Xcode 프로젝트를 생성하는 지점에서 바꿀 것이 약간 있다. 이번에는 소위 보편적인 앱을 생성하기 위해 그림 8.6과 같이 'iPhone/iPad'를 선택한다. 즉 하나의 앱이 iPhone과 iPod touch에서뿐 아니라 iPad의 전체 스크린 모드에서도 동작할 것이다.

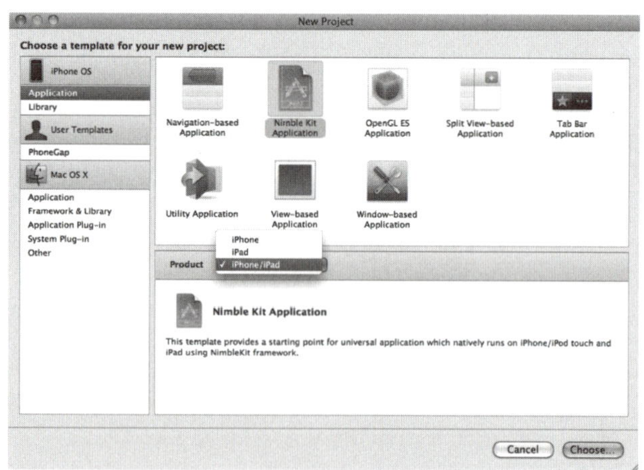

8.6 iiPad와 iPhone, iPod touch의 전체 스크린에서 동작하는 보편적인 앱 생성

새로운 프로젝트를 시작해서 Simulator에서 앱을 테스트할 때까지 이 설정을 제외하고 다른 것은 아무것도 없다.

Xcode에서 새 프로젝트를 열고 다음의 JavaScript를 main.html의 헤드에 추가함으로서 편집을 바로 시작해 보자:

```
<script type="text/javascript">
var navController = new NKNavigationController();
navController.setTitle("iPhone Video Example");
```

```
navController.setTintColor(0, 102, 255);

var videoPlayer = new NKVideoPlayer();
videoPlayer.openFileName("clip.m4v");

function NKIsPageSupportsAutoOrientation()
{
return "yes"
}


</script>
```

NKNavigationController 라이브러리 아이템과 NKIsPageSupportsAutoOrientation 함수는 이전 연습과 비슷해야만 한다. 하지만 그 와중에 바뀐 부분은 하이라이트로 표시했다. 이 두 줄은 NKVideoPlayer의 새 인스턴스를 videoPlayer라는 이름으로 생성하고 이전 연습에서 사용했던 동일한 비디오 파일인 clip.m4v를 열도록 지시한다.

이제 당신은 clip.m4v를 재생하고 iOS 비디오 플레이어 오버레이 메커니즘을 호출하기 위한 NKVideoPlayer를 불러오는 메커니즘을 디자인해야 한다. 사용할 테크닉은 6장에서의 예와 비슷한 CSS 스타일 버튼이다. 다음은 main.html 파일의 바디에 추가될 수 있는 HTML의 부분이다.

```
<ul class="button">
<li><a href="#" onclick="videoPlayer.play()">Play video</a></li>
</ul>
```

다음에 나오는 CSS는 목록 아이템에 모서리를 둥글리고 텍스트에 그림자를 넣은 버튼을 넣어 네이티브 앱처럼 보이게 만든 목록 아이템을 만들기 위한 것이다.

```
.button {
  font-size: 14pt;
  display: inline;
}
```

```css
ul.button {
    list-style-type: none;
}

ul.button li a {
    color: #fff;
    background-color: #06f;
    width: 220px;
    text-align: center;
    padding: 8px 0px 0px 0px;
    height: 32px;
    border: 1px solid #666;
    display: block;
    -webkit-border-radius: 10px;
    border-radius: 10px;
    text-shadow: 0px 1px 0px #ccc;
    text-decoration: none;
    margin-top: 20px;
    margin-right: auto;
    margin-left: auto;
}
```

이전 예의 맥락을 유지하기 위해 HTML5 플레이어의 포스터 이미지와 같은 제목과 이미지를 사용할 수 있다. 이것을 버튼 코드 이전에 삽입하도록 하자:

```html
<h1>The Piano</h1>
<img src="photo.png" width="100%" />
```

또한 기본 외형을 동일하게 유지하도록 하자. 이를 위해 다시 Zapfino로 h1을 스타일링한다. 다음 CSS 속성들은 h1 요소 스타일링을 위해 video.css 파일을 추가하기 위한 것이다:

```css
h1 {
    margin-top: 20px;
    margin-bottom: 10px;
```

```
  padding: 0px;
  font-size: 2em;
  font-family: Zapfino;
  line-height: 2em;
  text-align: center;
}
```

다음의 완성된 main.html 파일은 링크된 스타일시트를 포함하고 있다:

```html
<html>
<head>
<meta name = "viewport" content = "initial-scale = 1.0,
user-scalable = no" />

<link href="video.css" rel="stylesheet" type="text/css" />

<script type="text/javascript" src="NKit.js"></script>

<script type="text/javascript">
var navController = new NKNavigationController();
navController.setTitle("iPhone Video Example");
navController.setTintColor(0, 102, 255);
var videoPlayer = new NKVideoPlayer();
videoPlayer.openFileName("clip.m4v");

function NKIsPageSupportsAutoOrientation()
{
return "yes"
}

</script>

</head>
<body>
```

```
<h1>The Piano</h1>
<img src="photo.png" width="100%" />
<ul class="button">
<li><a href="#" onclick="videoPlayer.play()">Play video</
a></li>
</ul>


</body>
</html>
```

Simulator에서 이것을 테스트하면 앱은 그림 8.7과 같을 것이다.

8.7 iPhone에서의 NKVideoPlayer 앱

Play 비디오 버튼을 클릭하면 비디오 오버레이가 네이티브 iOS 컨트롤러와 함께 나타난다(그림 8.8).

8.8 NKVideoPlayer를 실행하면 네이티브 비디오 플레이어 오버레이를 보여준다.

내가 이 보편적인 앱이 iPad의 전체 화면에서 동작할 것이라고 말했던 것을 기억하는지? 만약 iPhone 설정을 사용하는 Simulator에서 테스트하고 있었다면 이번에는 iPad로 설정하도록 하자. [Xcode]-[Overview]에서 그림 8.9와 같이 [Active Executable]를 [iPad Simulator]로 바꾸도록 한다.

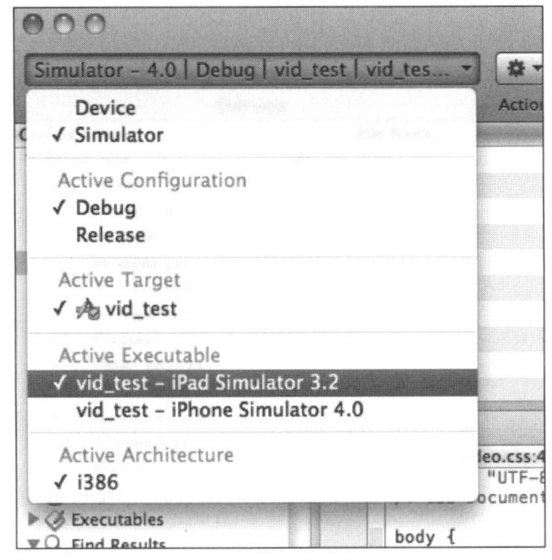

8.9 iPad에서 보편 앱을 테스트하기 위한 설정 변경

이제 빌드하고 실행하면 iPad(그림 8.10)용으로 만든 버전은 더 이상 작은 iPhone 윈도우에서 동작하지 않는다. 이것은 768×1024픽셀의 iPad 스크린 사이즈에 맞게 크기가 커졌다(가로, 세로 비율은 바뀌지 않았다).

8.10 iiPad에서의 NKVideoPlayer 앱

Play 버튼을 클릭하면 동일한 비디오 플레이어가 뜨고 비디오는 세로 방향(그림 8.11)과 가로 방향(그림 8.12) 모두에서 전체 화면으로 재생한다.

8.12 iPad의 방향이 가로로 회전된 후에 동작중인 동일한 샘플 앱

8.11 iPad에서 동작중인 NKVideoPlayer. 네이티브 비디오 플레이어 오버레이와 전체 화면(너비)에 크기가 맞춰진 비디오를 보여준다.

요약

이 장에서는 다음과 같은 내용을 배웠다.

- 새 HTML5 video 태그를 사용해서 MPEG-4(.m4v) 비디오 파일들을 iPad 앱 스크린에 재생한다(비디오가 동작하지만 iPhone과 iPod touch에서와는 다르게 동작한다).
- NimbleKit의 **NKVideoPlayer** 라이브러리 아이템을 이용한다. 이것은 내장된 비디오 대신에 비디오 플레이어 오버레이를 가지고 있는, YouTube 앱과 비슷한 비디오 플레이어이다.
- iPhone과 iPod touch, iPad 위의 전체 화면에서 동작하는 보편 앱을 만든다. 이 디바이스들을 위한 앱 바이너리는 동일하므로 하나의 iTunes App Store 다운로드/구입에 올릴 수 있다.
- 가로 방향을 지원하기 위한 iPad 앱 레이아웃을 스타일링한다.

시금까시 나는 독사에세 텍스트, 이미지, 오니오 그리고 비디오 콘텐츠를 iOS 앱으로 결합하기 위한 몇 가지 방법들을 소개했다. 다음 장은 iOS 앱 디자인을 할 때 HTML5와 CSS3를 사용하는 몇 가지 부가적인 방법들에 좀 더 초점을 맞출 것이다.

references

1. http://www.apple.com/hotnews/thoughts-on-flash/

2. http://en.wikipedia.org/wiki/Piano

9 HTML5와 CSS3

HTML5와 CSS3를 둘러싼 소란은 분명히 과거 몇 년 동안 점점 더 커져 왔다. 하지만 이들 사이트를 여전히 필요로 하는 웹 디자이너에게는 최근에 나온 것뿐만 아니라 예전부터 사용된 모든 주요 브라우저에서 지속적이며 예측한 대로 작업할 수 있는지 의문점이 남는다. 지금 사용하기에 안전한 것은 무엇인가? 이용하기에 아직은 시기상조이며 고른 지원을 받을 수 없는 것은 무엇인가? 이것으로 인해 당신은 좌절감을 느낄 수도 있다. 우리는 HTML5와 CSS3가 어떻게 작동하는지 배우고 싶고 이것들을 다루는 경험을 얻기를 원한다. 하지만 지나치게 빠르고 멀리 밀어붙이려고 하지는 말자.

다행히도 Apple의 모바일 운영 시스템 내에서 브라우저 엔진으로 WebKit을 사용하며, 모바일 Safari는 대부분의 새로운 HTML5와 CSS3 규칙들을 동일하게 지원한다. 또한 당신은 NimbleKit Objective-C 프레임워크와 웹 뷰로 만든 네이티브 iOS 앱에 이것을 적용할 수 있다.

이제부터 iOS 앱을 디자인할 때 HTML5와 CSS3를 사용함으로써 어떤 자유를 얻을 수 있는지 자세히 들여다보도록 하자.

부가적인 HTML5 요소들 탐색하기

5장에서는 NimbleKit 앱에 있는 콘텐츠를 heading과 paragraph 태그, 불규칙적인 리스트 그리고 정의 리스트와 같은 잘 정립된 HTML 마크업으로 포매팅하는 것을 소개했다. 하지만 마크업의 의미론적인 뜻을 높일 수 있는 새로운 HTML5 요소들에는 어떤 것이 있는가? 이것들에 익숙해지기 위해 iOS 앱을 만들어보면 될까?

그렇다!

쉽게 적용할 수 있는 몇 개의 구조적인 콘텐츠 요소들로 시작해 보자.

Section

section 요소를 채택하는 것은 HTML5라는 바다에 안전하게 뛰어들 수 있는 환상적인 방법이다. 왜냐하면 사용하기가 아주 쉽기 때문이다. 이것을 사용하면 지나치게 많은 div 태그를 사용하는 마크업으로부터 해방될 수 있다.

어떤 출판물(예를 들면 이 책)에 있는 섹션에 대해서 생각해 보자. 그러면 당신은 직관적으로 이 새로운 요소가 웹과 앱 콘텐츠를 만드는데 어떤 식으로 도움이 되는지 알게 될 것이다. 출판물의 경우에 책의 섹션들은 다른 인쇄상의 처리를 한다. 왜냐하면 섹션 표시들 사이의 단락, 그림 그리고 주석은 정보의 그룹들과 관련이 있기 때문이다. 초점을 맞출 토픽 또는 영역을 바꾸고 새로운 섹션에 진입할 때 커뮤니케이션을 위해서 새로운 표시를 삽입한다.

HTML 안에 section을 사용하는 것은 아주 직관적이다. 사실 내가 생각하기에 section을 사용하면 자신이 마크업하고 있는 콘텐츠의 의미에 친숙해질 수 있기 때문에 더 나은 디자이너가 될 수 있다.

우리가 앞에서 미국 권리장전에 대해서 얘기했으니 여기서도 예로 미국 헌법을 사용하도록 하자.[1] 당신은 HTML4를 사용해서 헌법의 Article I을 다음과 같이 마크업하는 것을 시작할 수 있다:

```
<div>
```

```
<h1>Article I – The Legislative Branch</h1>
```

```
<h2>Section 1 – The Legislature</h2>
<p>All legislative Powers herein granted shall be vested in a Congress of the
United States, which shall consist of a Senate and House of Representatives.</
p>

<h2>Section 2 – The House</h2>
<p>The House of Representatives shall be composed of Members chosen every
second Year by the People of the several States, and the Electors in each State
shall have the Qualifications requisite for Electors of the most numerous Branch
of the State Legislature...</p>

<h3>Authors</h3>
<ul>
<li>James Madison</li>
<li>George Washington</li>
...
</ul>

</div>
```

여기에는 분명히 잘못된 부분이 없고 HTML5로는 유효하다. div에서의 유일한 문제점은 그 자체로는 아무런 의미론적인 뜻이 없다는 것이다. W3C HTML 규격에 나와 있듯이 이것은 "문서에 구조를 추가하기 위한 일반적인 메커니즘"이며, 보여주기 위해서는 class나 id를 써야한다.[2] 따라서 HTML은 갈색 종이 포장지와 같다. 물론 당신은 div를 class화할 수 있다:

```
<div class="article">
```

하지만 심지어 여기에서도 div를 article로 분류하는 것은 기술적으로 주관적인 것이다. 이것은 의미론적 뜻을 포함하고 있지 않는데, stylesheet selector로써의 역할만 하고 있기 때문이다. 하지만 section은 두 가지 일을 한다. 하나는 div처럼 콘텐츠를 그룹 짓고 나머지 하나는 내부에 속해 있는 콘텐츠와 논리적인 방법으로 커뮤니케이션하는 것이다.

```
<section>

<h1>Article I – The Legislative Branch</h1>

<h2>Section 1 – The Legislature</h2>
<p>All legislative Powers herein granted shall be vested in a Congress of the
United States, which shall consist of a Senate and House of Representatives.</
p>

...

</section>
```

그리고 보여주기 위한 목적으로 section에 class나 id를 사용할 수 있다.

Header와 footer

section, header 그리고 footer와 같은 것들은 마크업에 좀 더 의미론적인 명쾌함을 부여하려고 할 때 콘텐츠의 HTML4 페이지들에서 발생될 수 있는, div가 너무 많아지는 문제를 완화하는 데 도움이 될 수 있다. 이것들은 직관적, 비직관적인 형태 둘 다를 가진 몇 가지 속성을 공유하고 있으므로 다음에서 그 내용들을 함께 다룰 것이다.

우리는 직관적으로 header라는 태그가 붙은 콘텐츠는 상위 레벨이고 소개를 담당하고 있으며 아마도 페이지의 상단에 있는 내비게이션에 관련된 콘텐츠일 것이라고 생각할 것이다. 같은 맥락으로 footer는 페이지의 제일 끝에 있고, 그 위에 있는 콘텐츠에 대한 참고 정보(저작권, 저작일, 저자 연락 정보 등)를 담고 있다고 생각할 것이다.

다행히도 우리의 직관이 대부분 맞다. 유일하게 익숙해지기 힘든 것은 페이지 당 하나의 header 또는 footer로 제한되어 있다는 점인데 이들이 꼭 각 페이지의 상단과 하단에 있어야 할 필요는 없다(대부분의 디자이너들이 그렇게 사용하고 있지만). 따라서 다음과 같이 헌법 마크업을 변경하도록 하자:

```
<section>
```

```
<header>
<h1>Article I - The Legislative Branch</h1>
</header>

<h2>Section 1 - The Legislature</h2>
<p>All legislative Powers herein granted shall be vested
in a Congress of the United States, which shall consist of
a Senate and House of Representatives.</p>

...
<footer>
<h3>Authors</h3>
<ul>
<li>James Madison</li>
<li>George Washington</li>
...
</ul>
</footer>
</section>
```

HTML5를 더 많이 사용하면 할수록 콘텐츠는 의미론적인 구조를 더 많이 갖게 되는 것을 보라! 또한 section이 header 또는 footer를 포함할 수도 있다는 점을 알아두자.

Article

article 요소를 사용하는 것은 다소 혼란스런 부분이 있다. 이것은 "독립적인 콘텐츠" 영역을 감싸기 위한 것이다. 그렇다면 이것의 정확한 의미는 무엇이며 section과 어떻게 다른 것인가?

내가 〈웹 표준 가이드: HTML5 CSS3 IE가 웹 세상의 전부는 아니다〉(한빛미디어, 2010)의 저자, John Allsopp에게 빌려온 은유는 이 명백한 난문제를 해독하는데 매우 큰 도움이 된다. article은 전체 문맥에서 의미가 있으며 독립적으로 존재하는 콘텐츠를 감싼다. 반면 section은 문자 그대로 무언가의 섹션이며 이것은 문맥 내에서만 의미가 통한다.

Allsopp이 만든 비교를 보면

- 신문 기사는 전형적으로 그 자체로써 완전히 의미가 통하므로, article 요소로 감쌀 수 있다.
- 전통적인 책에서의 장(즉, 짧은 스토리나 모음집에 있는 기사가 아닌 것)은 전체 흐름에서의 의미 전달을 위해 이전과 이후에 나오는 장과 서로 밀접한 관계가 있으며, 이것은 연속된 아이템들의 일부이다. 이것은 section 요소로 감싼다.

article을 사용하려고 한다면 더 특별한 section으로 생각해 보자. 만약 콘텐츠의 section이 독립적인 내용이라면 article을 대신 사용하는 것을 고려해 보자.

Aside

aside는 section의 또 다른 특별한 유형으로 생각하자. article과 마찬가지로 이 이름에는 의도적인 뜻이 있다. aside는 다음과 같은 것들에 사용할 수 있다.

- 이 책에서 팁이나 메모 같이 별로 관계가 없는 참고 사항
- 의미가 있어서 독특하게 스타일하기 원하는, 신문이나 잡지 기사에서 가져온 발췌문

콘텐츠가 aside의 의도에 맞는지 아닌지를 판단하는 방법은 그것 없이도 문맥이 자연스러운지 아닌지를 확인하는 것이다. 만약 의미가 통한다면 콘텐츠는 문맥과 거의 관련이 없으므로 aside를 이용하는 데에 문제가 없다.

Nav

nav에 대한 설명은 구조적인 요소의 끝부분에서 하려고 남겨두었다. iOS 앱 세팅에서 제일 적게 사용되는 것 같기 때문이다. 많은 앱 네비게이션이 코드의 JavaScript 부분에 있으므로 nav 태그로 감쌀 필요가 없다.

반면 HTML 페이지에 있는 버튼이나 불규칙 리스트 내비게이션 요소들은 nav로 반드시 감싸야 한다.

다음에 나는 몇 개의 HTML5 요소들에 대해 설명할 것이다. 두 개는 이미 다루었고 하나는 간략하게 언급할 것이다. 이들은 리치 미디어의 카테고리에 속한다.

Audio와 Video

audio와 video HTML5 요소들은 7, 8장에 소개되었으며 iOS 디바이스에서 Xcode와 NimbleKit과 함께 동작한다. NimbleKit이 라이브러리 내에서 대체

할 수 있는 class들(NKAudioPlayer와 NKVideoPlayer)을 제공한다는 것을 기억하도록 하자. 이들은 당신에게 조금 다른 사용자 경험과 옵션들을 줄 것이다.

Canvas

canvas 요소는 디자이너와 개발자들이 선과 모양을 그리고, 모양과 영역을 채우고, 물체를 움직일 수 있게 한다. 이것은 강력한 JavaScript 주도의 요소이며 Xcode와 NimbleKit에 의해 잘 지원된다.

당신이 웹에 있는 두 개의 놀라운 예를 본다면 canvas에 매우 열광하게 될 것이다. 바로 the Visualizing World Cup[3]과 Visualizing Stanley Cup[4] 웹 사이트이다. 이들 사이트를 Mac에서 Safari를 이용하여 방문해 보고 iOS 디바이스에서 mobile Safari를 이용하여 접속해 보자. 모든 시각화와 활자에 HTML5와 CSS3를 사용했다(팀 로고와 배경 이미지 제외).

매우 인상적이다!

그렇지만 canvas 요소는 내가 다루고자 하는 콘텐츠 안에서 선을 그리는 데 사용할 것이다(말장난이 아니다). 나는 canvas를 완전히 생략하고 싶지는 않으며, 이것의 기능에 매우 감명을 받았다. canvas는 혼자 힘으로는 아무것도 하지 않는다. 엄청나게 많은 JavaScript를 사용할 수 있게 문을 열어줄 뿐이다.

여기에서 canvas를 설명하지 않는 주요한 이유는 단순한 일을 하기 위해서 꽤 복잡한 방법을 써야 하기 때문이다. 이 방법은 충분히 큰 프로젝트에 적용할 때에 아주 잘 동작하며 동적인 이미지를 생성할 때 가장 쓸모 있다. 이에 대한 예시로 큰 데이터베이스를 기반으로 움직이는 앱 콘텐츠를 들 수 있겠다. 이때 서버는 한 뭉치의 미리 만들어진 이미지 파일들 때문에 부담을 짊어질 필요 없이 효율적이고 즉각적으로 시각화가 이루어진다.

이와 같은 시나리오에서는 canvas가 충분히 유용하지만, 이 책에서는 큰 어플리케이션 개발을 다루지 않는다. 그리고 나는 단순한 모양을 그리는 데 canvas를 사용하기를 권하지 않는다. HTML5에서 단순한 모양을 그리는 것이 비트맵 이미지 파일들을 생성하는 것보다 실제로 더 오래 걸리고 복잡하다.

부가적인 HTML5 요소들

이 책에서 다루어지는 HTML5 요소들은 웹 디자이너인 당신에게 꽤 유용할 것이며, 대부분이 NimbleKit을 포함한 iOS 앱 디자인과 관련이 있다. 하지만 모든 HTML5 요소들에 해당하는 것은 아니다. 만약 이것을 모두 보고 싶다면, Josh Duck이 만든 the clever Periodic Table of (HTML5) Elements[5]를 방문해보도록 하자(그림 9.1).

9.1 HTML5 요소의 주기율표. 훌륭하다!

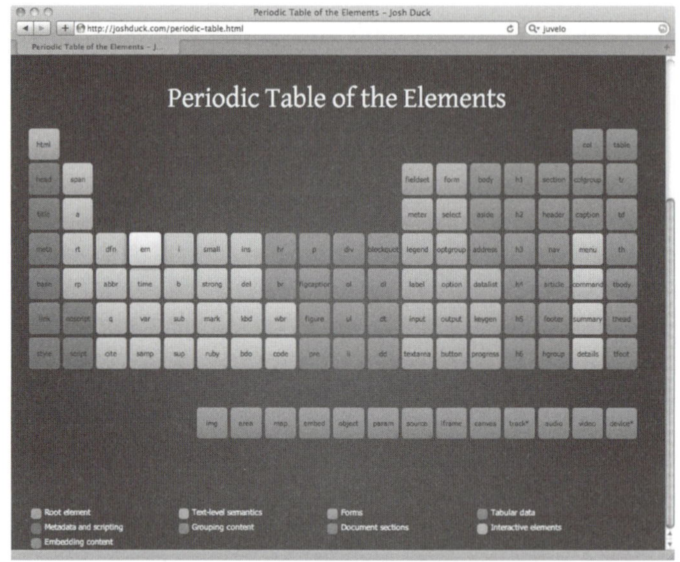

CSS3에 있는 더 많은 디자인 옵션들

CSS3를 이용하면 빠르게 단순한 디자인을 만들 수 있고 이것을 특별한 것으로 향상시킬 수 있으며, 이 작업을 매우 융통성 있게 할 수 있다. 다시 말해서 CSS3를 발표나 시각적인 효과를 만드는 데 사용하면 지속적으로 수정하고 변형할 수 있고 나중에 디자인을 본질적으로 다시 시작할 수도 있다. CSS3를 이러한 방법으로 어떻게 사용하는지 몇 가지 예를 보도록 하자. 그리고 세상에는 더 많은 CSS3 테크닉이 있다는 것을 알아두자. 이를 위해 실제 규격을 확인해보거나 CSS3에 특히 초점을 맞춘 책을 읽도록 하자.

Border-radius

이 속성은 5장에 소개되었다(「이미지를 가지고 작업하기」와 그림 5.9를 보자).

```
img {border-radius: 15px;}
```

그리고 6장에 소개되었다(「방법 둘: HTML 버튼 스타일링하기」와 그림 6.2를 보자).

```
ul.button li a {border-radius: 10px;}
```

HTML 요소들에 적용되는 것에 부가적으로 전체 div class 또는 id에도 적용될 수 있다:

```
#box {border-radius: 10px;}
```

좀 더 들어가면 각각의 다른 코너에 다른 반지름들을 지정할 수 있다:

```
#crazybox {
    border-bottom-left-radius: 10px;
    border-bottom-right-radius: 8px;
    border-top-left-radius: 12px;
    border-bottom-right-radius: 2px;
}
```

여기서 좀 더 깊이 들어가 보도록 하자. 두 개의 값을 지정할 수 있다. 첫 번째는 수평 거리, 두 번째는 수직 거리로 이렇게 해서 타원형인 물체를 생성할 수 있다:

```
#ellipse {
    border-radius: 50px 25px;
}
```

지금까지 border-radius에 대해서 알아보았다. 활용해 보길 바란다!

RGBA

CSS는 항상 컬러를 매우 잘 지원해 왔다. 하지만 CSS3와 Red–Green–Blue–Alpha(RGBA) 이전에 투명도는 이미지 파일들을 transparency로 저장함으로써 얻을 수 있었다. 이 방법은 잘 동작하지만 이미지를 생성하는 데에 시간이 많이 든다. 더 안좋은 점은 transparency를 가진 많은 이미지들을 사용하는 디자인을 조금이라도 변경하려면 모든 이미지를 재작업해서 PNG로 다시 저장해야 한다는 것이다.

다행히도 RGBA는 같은 결과를 얻기 위한 훨씬 더 빠르고 효과적인 방법이다. 이것은 한 뭉텅이의 이미지 편집을 다시 할 필요 없이 디자인이나 이미지를 재빨리 변형할 수 있다. 그렇다면 이것은 어떻게 동작하고 어떻게 iOS 앱에 유용하도록 만드는가?

RGBA는 많은 곳(텔레비전, 컴퓨터 스크린, Photoshop Color Picker 그리고 NimbleKit의 NKNavigationController)에서 사용되는 RGB 컬러 모델의 확장이다. 첫 번째 새 개의 값들(R, G, B)은 0과 255 사이에 있다(0, 0, 0은 검은색; 255, 255, 255는 흰색; 다른 색조들은 이 값들 사이의 조합을 사용하여 만든다). A 값은 0과 1사이에서만 있을 수 있다. 1은 완전히 불투명하고 0는 완전히 투명하며, 사이에 있는 소수점의 수는 진짜 마법과 같은 일을 한다.[6]

RGBA는 배경에 적용했을 때 가장 실용적인 것 같다. 다음은 50 퍼센트 불투명성에 100 퍼센트 검은색을 적용한 배경 세팅이다:

```
background: rgba(0,0,0, .5);
```

그러면 iOS 앱을 디자인할 때 이 효과를 어떻게 적용할 것인가? 예로 농산물 직판장(farmer's market) 앱을 사용해 보자. 짓궂더라도 용서해 주길 바란다—스크린은 야채들을 섹시하게 보이게 만들어 준다.

어쨌든 현지의 농산물 직판장을 위한 앱을 디자인하는 것을 상상해 보자. 당신은 아마도 각각 다른 아이템들(야채, 잼과 젤리, 국내산 고기 등)에 초점을 맞춘 여러 개의 스크린을 만들 것이다. 여기에서의 예는 세 가지 야채(사탕무, 당근 그리고 케일)를 보여주는 화면이다.

iPhone을 위한 새로운 Xcode 프로젝트를 만들고 main.html 파일을 그림 9.2와 같이 코드에 일치하게 하기 위해 수정한다. 여러분이 해야 할 일은 새 개의 야채 사진이 들어있는 불규칙 리스트를 추가하는 것이다. 다른 예와 마찬가지로 전부 iosapps.tumblr.com에서 다운받을 수 있다(내가 생성했던 동일한 이미지 파일들을 사용할 수 있기 때문에 특히 유용할 것이다).

```html
<html>
<head>
<meta name = "viewport" content = "initial-scale = 1.0, user-scalable = no">
<link href="style.css" media="screen" rel="stylesheet" type="text/css">

<script type="text/javascript" src="NKit.js"></script>

</head>
<body>

<ul class="food">
<li>
<img src="beets.jpg">
<strong>Beets</strong>
<em>$4.49</em>
</li>
<li>
<img src="carrots.jpg">
<strong>Carrots</strong>
<em>$3.99</em>
</div>
</li>
<li>
<img src="kale.jpg">
<strong>Kale</strong>
<em>$2.99</em>
</li>
</ul>

</body>
</html>
```

우리는 작업 중인 HTML을 가지고 있으므로, 다른 곳에서 CSS를 시작하도록 하자. style.css 파일을 생성하고 다음 규칙들을 포함해서 프로젝트에 추가하도록 하자:

```
body {
    margin: 0px;
}


ul.food {
    width: 320px;
    margin: 0px;
    padding: 0px;
    list-style-type: none;
}
```

이 규칙들만 가지고는 아직 앱에 그다지 변화가 없다. 요점은 디자인을 위한 기준선을 만드는 것이다. Xcode와 HTML 폴더 안에 위에 나온 HTML과 CSS 파일을 넣고, Simulator에서 앱을 테스트하면 그림 9.2에 나온 결과를 얻을 수 있다.

9.2 멋진 사진들이지만 앱의 UI를 위해 좀 더 많은 작업이 필요하다.

재미있는 부분은 이제부터다. 나는 몇 개의 근사한 기술을 배운 책 중에서 〈Handcrafted CSS〉(Dan Cederholm, New Riders, 2009)에서 본 굉장한 RGBA 예를 떠올렸다. 먼저 Dan에게 사과를 전한다. 그는 항상 우아한 디자인을 보여주었는데 이제 내가 iOS 스크린에 그의 방법을 적용한 것이 그의 CSS3 크래프트 수준에 도달했는지의 여부를 보게 될 것이다(그렇지 못할 수도 있지만, 최소한 당신은 내가 작업을 위해 올바른 목표를 선택했음을 알게 될 것이다!).

바를 설정하기 위해 .food 클래스를 포함한 불규칙 리스트에 li 태그를 다음과 같이 달아서 조금 더 많은 정의를 할 수 있게 해보자.

```
ul.food li {
    position: relative;
    width: 320px;
    height: 140px;
    margin: 0px;
    padding: 0px;
}
```

이것은 또한 li에 page-width를 설정하고, **position-relative**는 콘텐츠를 다음과 같이 포장하기 위한 span을 생성할 수 있게 한다.

```
<li>
<div class="veggies">
<img src="beets.jpg">
<span>
<strong>Beets</strong>
<em>$4.49</em>
</span>
</div>
</li>
```

이것은 이름과 가격 콘텐츠를 오버레이로 스타일하게 하며 이미지의 맨 위, 플러시 아래에 위치하게 될 것이다. 이 효과를 위한 CSS는 다음과 같다.

```
div.veggies span {
    display: block;
```

```css
    position: absolute;
    width: 100%;
    height: 30px;
    bottom: 0;
    left: 0;
    padding: 5px;
    font-family: American Typewriter;
    font-size: 1.5em;
    color: #ccc;
    background: rgba(0,0,0,.5);
}
```

이제 다음과 같은 몇 가지 일들을 하게 될 것이다. 이미지 위에 블록을 위한 절대 위치를 지정하고 오버레이의 너비와 높이를 각각 100 퍼센트와 30 픽셀로 설정한 다음 텍스트에 5 픽셀의 패딩을 준다. 그리고 레이블에 스타일을 주면 폰트를 American Typewriter로 설정하고, 크기를 1.5 ems로 하며 텍스트를 하얀색으로 설정함으로써 디폴트 활자체로부터 벗어나게 된다.

이것은 50 퍼센트 불투명성을 지정한 검은색 배경으로, 가장 중요한 섹션의 상단에 위치해 아주 멋지게 보일 것이다.

이제 다음에 따라오는 내용을 main.html의 헤드에 추가함으로써 페이지의 꼭대기에 타이틀 바를 생성한다. 그리고 새로 알아낸 RGBA 지식을 NKNavigation Controller JavaScript 안에 무엇이 있는지에 특별한 주의를 기울이기 위해 사용하도록 하자.

```html
<script type="text/javascript">
var navController = new NKNavigationController();
navController.setTitle("Vegetables");
navController.setTintColor(0, 0, 0);
</script>
```

나도 안다. 나는 그것을 속이고 하이라이트로 표시했다. 하지만 0, 0, 0을 보고 떠오르는 것이 없는지? 4장(「타이틀 바 구현하기」)에서 이 내용을 다루었다.

NimbleKit이 타이틀 바의 배경색을 정의하기 위해 사용하는 RGB 값은 CSS에서와 같은 방식으로 동작한다!

위의 코드를 HTML와 CSS에 추가한 후에 Simulator에서 다시 테스트하면 그림 9.3와 같은 결과를 얻게 될 것이다.

9.3 다시 스타일을 적용한 야채 스크린. 페이지 상단에 navigation controller가 있으며, RGBA 덕에 멋진 반투명 효과를 내는 이미지 레이블을 표현했다.

만약 당신이 RGBA와 같은 좀 더 새로운 CSS3 규격을 가지고 스타일링해본 경험이 있다면 이 기술을 NimbleKit을 이용한 iOS 애플리케이션에서 사용할 수 있다.

@font-face

iOS 툴박스에 추가할 또 하나의 훌륭한 CSS3 툴은 @font-face이다. @font-face 규칙은 웹 디자이너에게는 신선한 공기와 같으며, 최근 웹 브라우저에서 동작하는 것은 (좀 더 제한된 방식으로) HTML, CSS 그리고 NimbleKit Objective-C 프레임워크로 iOS 앱을 디자인할 때도 동작한다.

@font-face는 기술적으로 CSS2 규격에서 기인하지만, CSS3까지는 정말로 강력하지는 않았다. W3C 규격이 적어 놓았듯이 @font-face는 디자이너들이 "web-safe" 폰트의 전통적인 집합에서 벗어날 수 있게 하고, CSS3를 지원하는 어떤 최근 브라우저(또는 브라우저 엔진)에서도 유지된다.[7] 디자이너들은 만들어

진 HTML 활자체를 가지고 어느 수준의 독립성을 얻을 수 있으며, 바로 이것이 우리가 수년간 꿈꾸어 왔던 것이다!

하지만 @font-face를 사용하기 전에 무슨 폰트가 iOS 안에 내장되어 있는지 알아야 할 것이다(그림 9.4).

9.4 iPhone과 iPod touch, iPad의 iOS에 설치되어 있는 폰트들

폰트의 종류가 대단히 흥미로운 수준은 아니지 않는가?

iOS 앱 디자이너가 이 리스트에 없는 다른 활자체를 사용하는 것에 관심을 갖는 이유를 알아채기란 어렵지 않다. 따라서 이 빈약한 리스트를 벗어나 우리의 옵션을 넓혀 보는 것이 어떨까? 규칙을 위한 기본 공식은 다음과 같다.

```
@font-face { <font-description> }
```

그리고 description은 다른 CSS 룰과 같은 양식이며, 익숙한 문법으로 되어 있다.

```
descriptor: value;
```

이제 우리가 필요한 것은 새로운 활자체이다. 그럼, 우리는 설치할 폰트들을 어디에서 찾아서 HTML 콘텐츠에서 더 많은 활자체를 활용할 수 있을까?

Kernest는 그와 같은 장소 중의 하나이다.

Kernest

Kernest[8]는 웹 폰트 서비스 사이트로, Scalable Vector Graphic(SVG) 포맷(iOS에서 웹 렌더링 엔진에 의해 지원됨)을 포함한 여러 가지 포맷 중에서 브라우저 지원 폰트 파일들을 제공한다. Kernest는 Garrick Van Buren이 2009년 7월에 시작했고 현재 온라인 또는 개별 사용을 위한 100여개의 폰트를 제공한다(그림 9.5).

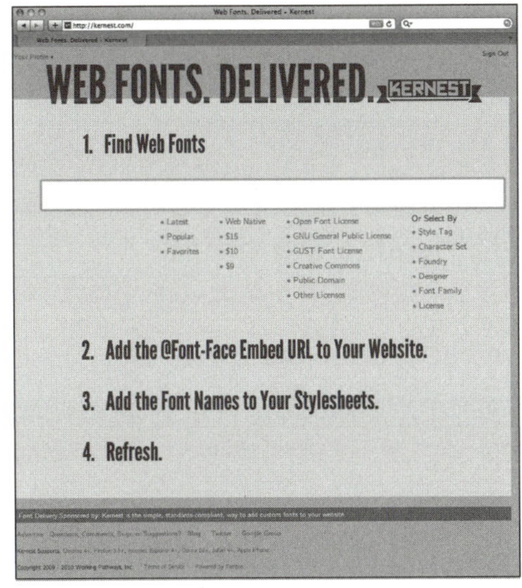

9.5 웹 폰트 서비스 Kernest

Kernest에서 가져온 폰트를 iOS 앱에서 사용하기 위한 단계는 다음과 같다.

1. 새 폰트 검색: Kernest는 폰트 라이브러리에서 폰트를 검색할 때 스타일, 서체 회사, 디자이너, 폰트 family 또는 라이센스를 이용할 수 있는 여러 가지 방법을 제공한다.

2. 서비스 등록(등록은 무료)을 하고 회원 가입을 한다. 회원 가입을 하면 새 폰트들을 다운 받을 수 있다.

3. 사용하려는 폰트를 찾았으면 다운로드하고 저장한다.

4. 파일 압축을 풀고 .svg와 .css 파일들을 Xcode 프로젝트에 추가한다.

5. .css 파일이 .svg 파일만을 참조하도록 수정하고 내부 url에 있는 fonts/ 하위 디렉토리를 지운다.

6. .css 파일에 정의되어 있는 대로 새로운 폰트를 위한 적당한 클래스를 HTML에 추가한다. 그러면 이제 만반의 준비를 갖춘 것이다!

이것이 실제로 어떻게 동작하는지 보기 위해 예를 살펴보도록 하자. 여기에서 나는 Kernest를 방문해서 Juvelo라는 이름의 매력적인 활자체를 선택하였다.[9] 나는 이것을 공용 도메인 카테고리에서 찾았다. 이 카테고리의 서체들은 폰트 라이센스를 지불하지 않아도 된다(그림 9.6).

9.6 Kernest에서 Juvelo 미리보기

juvelo.zip 폰트 파일을 다운로드한 후에 그림 9.7과 같이 압축을 풀도록 하자.

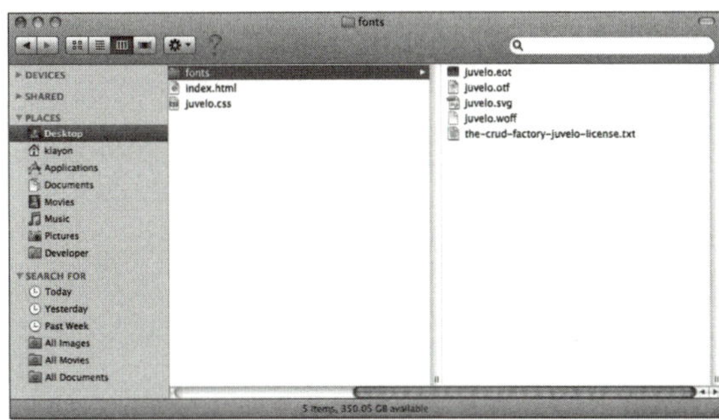

9.7 Kernest에서 다운로드한 Juvelo 폰트 파일

이 파일 중에서 juvelo.css 와 juvelo.svg, 이 2개가 필요하다. 이들을 Xcode 프로젝트에 추가하면 [Groups & Files]([Project]–[Add to Project]) 밑에 [HTML] 디렉터리 밑에 나타날 것이다(그림 9.8).

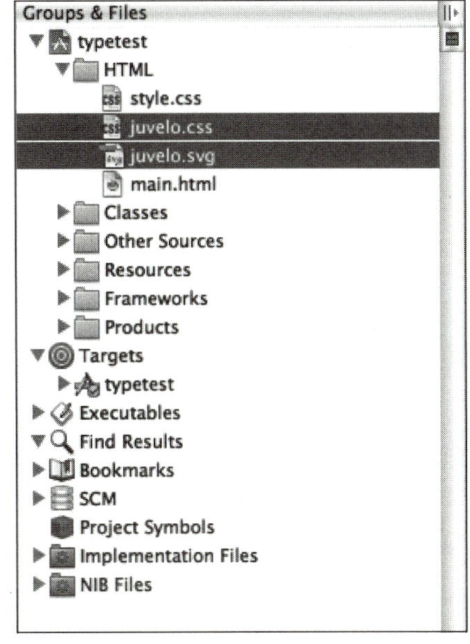

9.8 Xcode 프로젝트에 추가한 Juvelo.css와 .svg 파일들

이제 코딩 작업을 약간 할 것이다. 이 부분이 조금 재미있을 것이다!

우선, main.html 파일을 다음과 같이 편집한다.

```
<html>
<head>
<meta name = "viewport" content = "initial-scale = 1.0, user-scalable = no">

<script type="text/javascript" src="NKit.js"></script>

<script type="text/javascript">

var navController = new NKNavigationController();
navController.setTitle("Web fonts FTW!");

</script>

</head>

<body>
<h1>Juvelo</h1>
<hr>
<p>Contributor: Barry Schwartz</p>
<p>Released in 2006</p>
<p>Commercial use permitted</p>
<p>For more information: http://crudfactory.com/font/show/juvelo</p>
</body>

</html>
```

Simulator로 테스트하면, 아직 Juvelo로 조판 설정이 되어 있지 않고 Safari 디폴트 폰트인 Times New Roman으로 되어 있으므로 다음과 같은 결과를 얻게 될 것이다(그림 9.9).

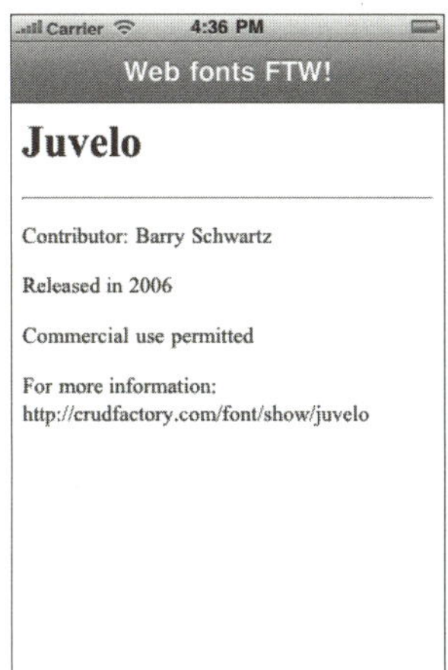

9.9 Times New Roman으로 설정된 텍스트. 우리가 원하는 폰트 설정이 아직 완료되지 않았다.

다음에는 juvelo.css를 편집하도록 하자. 우리가 Kernest에서 다운로드한 버전은 다음과 같지만 나는 파일에서 삭제되어야 할 부분을 하이라이트 표시했다. 따라서 이 코드는 Simulator와 iOS 디바이스에서 동작할 것이다:

```
/* KERNEST.COM WEB FONT CSS GENERATED FOR juvelo */

/*
Juvelo
http://home.comcast.net/~crudfactory/cf3/juvelo.xhtml
Foundry: The Crud Factory, http://home.comcast.
net/~crudfactory/cf3/index.xhtml
Contributors:
License: Public Domain, http://creativecommons.org/
licenses/publicdomain/
*/
@font-face {
  font-family: 'Juvelo'
  src: url('fonts/juvelo.eot');
  src: local(':://'), url('fonts/juvelo.svg#juvelo')
format('svg'), url('fonts/juvelo.woff') format('woff'),
url('fonts/juvelo.otf') format('opentype');
}
```

```
.juvelo {
  font-family: 'Juvelo'
  line-height: 140%;
  text-rendering: optimizeLegibility;
}
```

편집한 후의 결과는 다음과 같다.

```
/* KERNEST.COM WEB FONT CSS GENERATED FOR juvelo */

/*
Juvelo
http://home.comcast.net/~crudfactory/cf3/juvelo.xhtml
Foundry: The Crud Factory, http://home.comcast.
net/~crudfactory/cf3/index.xhtml
Contributors:
License: Public Domain, http://creativecommons.org/
licenses/publicdomain/
*/

@font-face {
  font-family: 'Juvelo'
  src: url('juvelo.svg#juvelo') format('svg');
}
.juvelo {
  font-family: 'Juvelo'
  line-height: 140%;
  text-rendering: optimizeLegibility;
}
```

Juvelo를 페이지에 추가하는 것과 더불어 <h1>을 더 크게 하고 싶지만 별도의 stylesheet에서 non-typeface 스타일링을 유지하기 바란다. 이를 위해 style. css 파일을 생성하여 Xcode 프로젝트에 추가한다. 그리고 페이지 미세 조정을 위해 다음에 나오는 규칙을 설정한다.

```css
body {
  font-size: .9em;
  margin: 20px;
  margin-top: 40px;
}
h1 {
  font-size: 4em;
}
```

마지막으로 main.html을 편집하고 양 stylesheet에 링크하면 Juvelo의 body class를 갖게 된다. 그러면 텍스트의 활자체가 변환된다. HTML은 다음과 같을 것이며 바뀐 부분은 하이라이트 표시했다.

```html
<html>
<head>
<meta name = "viewport" content = "initial-scale = 1.0,
user-scalable = no">
<link href="juvelo.css" media="screen" rel="stylesheet" type="text/css">
<link href="style.css" media="screen" rel="stylesheet" type="text/css">

<script type="text/javascript" src="NKit.js"></script>
<script type="text/javascript">

var navController = new NKNavigationController();
navController.setTitle("Web fonts FTW!");

</script>

</head>

<body class="Juvelo">

<h1>Juvelo</h1>
<hr>
```

```
<p>Contributor: Barry Schwartz</p>
<p>Released in 2006</p>
<p>Commercial use permitted</p>
<p>For more information: http://crudfactory.com/font/show/juvelo</p>
</body>

</html>
```

Simulator에서 테스트하면 그림 9.10과 같은 결과를 얻을 것이다!

9.10 Juvelo로 만들어진 텍스트 – 굉장하군!

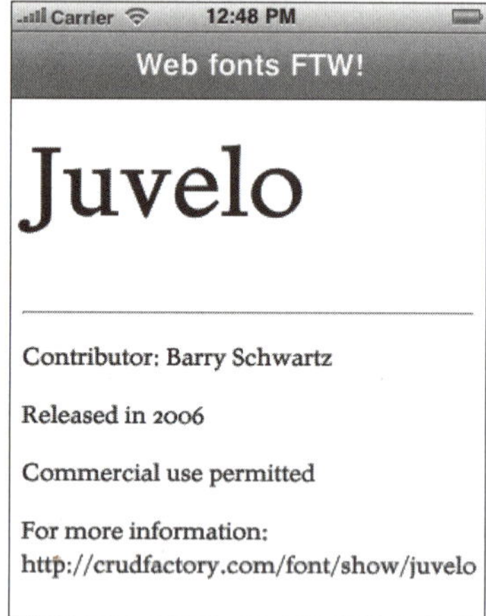

축하한다 – 당신은 이제 새롭고 흥미로운 SVG 포맷 활자체로 World Wide Web 을 자유롭게 돌아다닐 수 있다! 굉장하다고 생각하지 않는가?

그라디언트(Gradients)

기술적으로 W3C 규격의 부분이 아닌 CSS3 효과도 있다(아직은 그렇지만 결국 은 그렇게 될 지도 모른다). Apple과 Mozilla와 같은 몇몇 브라우저 개발사에 의 해 사용되는 전략은 다음과 같다: 만약 그들이 새로운 규칙과 효과를 추가하여 CSS3 프레임워크에서 빌드하면 디자이너들은 그것들을 폭넓게 채택하고 구현한 다. W3C는 이것을 인식하게 되고 궁극적으로는 새로운 규칙과 효과를 규격에 포 함하게 될 것이다.

이에 관한 예는 CSS 그라디언트이다. 이것이 우리의 일을 어떻게 덜어주는지, 또 어떻게 iOS 앱 디자인 향상에 도움이 되는지 살펴보도록 하자.

그라디언트를 배경에 적용하기 위해 널리 사용하는 기술은 선택한 그라디언트를 가진, 폭이 좁은 그래픽 조각을 디자인하는 것이다. 그리고 이 이미지를 CSS를 사용해서 배경으로 지정한다. 그래픽은 딱 1픽셀 너비지만 이것을 X축에 반복함으로써 div 또는 다른 페이지 요소의 배경을 채울 수 있다. 결과적으로 멋진 그라디언트를 얻을 수 있고 동작하는 것도 꽤 괜찮다. 이와 같은 작은 그래픽을 불러오는데 걸리는 시간은 무시할 만큼 짧기 때문이다.

하지만 이 방법으로 생성한 그라디언트를 다시 디자인하기 위한 작업은 고통스럽다. 이전에 나온 투명도의 예와 같이 그래픽에 속박하는 방법들은 다시 디자인해야 하는 상황이 생기면 힘든 업데이트 과정을 거치게 된다. 또한 처음으로 효과를 디자인하는 것은 고통이 따른다.

다행히도 CSS 그라디언트는 시간을 절약해주고 두통을 방지해준다. stylesheet에서 그라디언트를 지정하는 것은 매우 쉽기 때문이다. 이것은 어떻게 동작하는 것일까?

우리가 @font-face를 탐험하기 위해 사용했던 동일한 샘플 Xcode 프로젝트를 가지고 작업을 계속해 보자. 그리고 페이지 상단에서 하얀색으로 시작해서 바닥에는 어두운 회색으로 색이 변화하는 그라디언트를 적용해보자. 이를 위해 다음 코드를 style.css 스타일시트에 추가하도록 한다:

```
.linear {
  width: 100%;
  height: 100%;
  background: -webkit-gradient(
    linear,
    left top,
    left bottom,
    from(#fff),
    to(#333));
}
```

gradients는 아직 공식적으로 CSS3 규격의 부분이 아니지만 iOS 플랫폼(모바일 safari와 Objective-C에 있는 web view는 WebKit 브라우저 엔진을 사용함)에 포괄되므로 전매특허 격의 접두사 -webkit-을 사용할 필요가 있다. 그러므로 CSS 규칙은 -webkit-gradient이며 여기서는 linear gradient를 이용한다. linear gradient는 위에서 아래로, 왼쪽에서 오른쪽으로, 또한 심지어 대각선으로 스크린을 가로지를 수도 있다. 따라서 다음 설정은 시작과 끝점뿐만 아니라 방향까지 지정해야 한다. 마지막 두 개의 설정은 시작과 끝 컬러이다. 이들은 hex, RGB 그리고 지정된 컬러이다.

한 가지 더 해야 할 CSS 수정사항은 이 데모를 더 보기 좋게 만드는 것이다. 현재의 수평 규칙은 스크린의 모서리에서 흘리는 식이다. 하지만 그라디언트가 배경에 추가되어 있는 것은 다소 이상해 보일 수 있다. 따라서 다음 내용을 style.css 파일에 추가하여 길이를 줄여보도록 하자:

```
hr {
  width:280px;
  margin-left: 0px;
}
```

새 스타일을 동작하게 하기 위해 main.html에서 .linear 스타일을 body 요소에 추가할 필요가 있다:

```
<body class="Juvelo linear">
```

linear가 Juvelo에 덧붙여졌다는 점에 유의하도록 하자. 여기서는 두 개의 클래스가 모두 필요하다. 왜냐하면 Juvelo는 이전 예의 페이지에 있는 텍스트에 스타일을 추가하는 것이기 때문이다. Simulator에서 수정한 코드를 테스트하면 배경에 새 그라디언트가 나타날 것이다(그림 9.11).

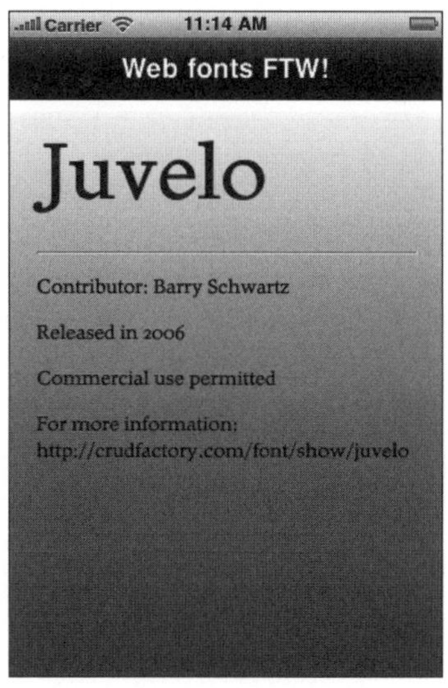

9.11 Juvelo 텍스트 스크린 – 새로운 배경 그라디언트를 위에서 아래쪽으로 고르게 적용했다.

만약 그라디언트를 대각선으로 적용하기를 원한다면 어떻게 해야 할까? 간단하다. 변화 방향을 왼쪽 위에서 오른쪽 아래 방향으로 향하도록 수정하도록 하자:

```
background: -webkit-gradient(
    linear,
    left top,
    right bottom,
    from(#fff),
    to(#333));
```

그림 9.12와 같은 결과를 얻게 될 것이다.

9.12 Juvelo 텍스트 스크린 – 새로운 배경 그라디언트가 왼쪽 위에서 오른쪽 아래 대각선 방향으로 고르게 적용되었다.

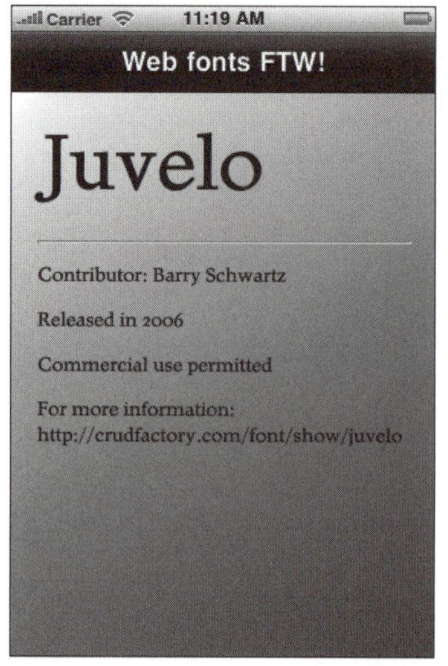

그라디언트가 위에서 시작하여 밑에서 끝나는 것이 필수는 아니다. 시작과 끝 점을 0에서 1사이에 설정할 수 있고 그에 따라 넓은 면적의 솔리드 컬러와 폭이 좁은 그라디언트를 얻을 수 있다. 이것이 어떻게 동작하는 보기 위해, 코드에 color-stop을 추가하도록 하자. 이 예에서는 그라디언트를 페이지의 중간 40 퍼센트로 제한하고 솔리드 컬러에 첫 번째와 마지막 30 퍼센트를 할당한다.

```
background: -webkit-gradient(
    linear,
    left top,
    right bottom,
    from(#fff),
    color-stop (.3, #fff),
    color-stop (.7, #333),
    to(#333));
```

그러면 이제 결과는 그림 9.13과 같을 것이다.

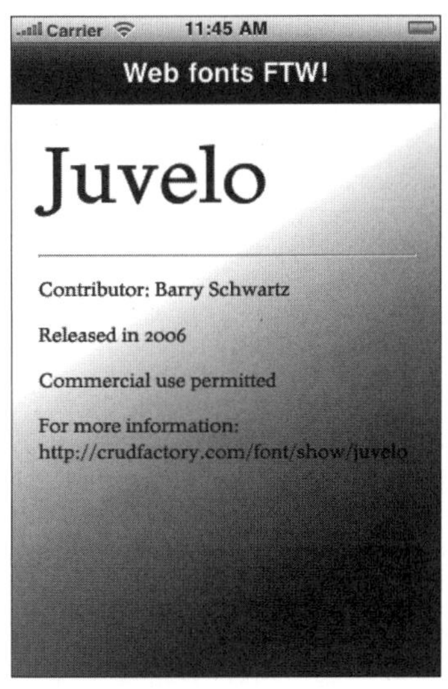

9.13 Juvelo 텍스트 스크린 – 새 배경 그라디언트를 왼쪽 위에서 오른쪽 아래의 대각선 방향으로 고르지 않게 적용하였다: 배경의 첫번째와 마지막 30퍼센트는 솔리드이며 변화도는 중간 40퍼센트 구간에만 적용하였다.

아까의 결과와는 다르게 좀 더 유리 같은 잔물결 효과가 생겼다.

이것은 그라디언트를 사용하기 위한 시작일 뿐이다. 그라디언트를 방사형으로 적용할 수도 있다. 그라디언트를 사용하는 것은 한 컬러에서 다른 컬러로 변화할 때 좀 더 재미있으니 시도해보도록 하자. 이 책에서는 멋진 컬러 변화도를 적절히 표현할 수가 없지만 여러분은 컬러 그라디언트를 사용하는 데 제약이 없다. color-stop에서 여러 가지 변형을 적용해 무지개 효과를 적용해 볼 수 있을 것이다.

멋진 CSS3 스타일링 툴

CSS3를 작성하는 것이 특별히 어려운 것은 아니지만 여러분은 아마도 시각 디자이너 이상을 해낼 수 있을지도 모른다. 아니면 여전히 CSS3에 익숙치 않아서 사용법을 더 배우고 싶어 할지도 모른다. 하지만 일단 하던 훈련을 계속해보자. 경우에 상관없이 정말로 멋진 몇 개의 CSS3 툴들이 존재하며 당신이 훨씬 더 빠르고 안전하게 작업할 수 있도록 도와줄 것이다. 그 중 두 개가 셰어웨어 애플리케이션인 AppControls와 cross−browser CSS3 rule generator인 CSS3 Please! 이다.

AppControls

NimbleKit처럼 AppControls는 Apple 웹사이트에 나와 있는 또 다른 iOS 개발 툴이다. 이것이 내가 발견한 사실이다. 사실 이것은 기술적으로 말해 단순한 iOS

개발 툴이 아니다. 당신은 이것을 웹 사이트를 위한 컨트롤을 스타일하기 위해 사용할 수도 있다.

AppControls는 width(너비), height(높이), border radius(경계 반경), gradient (그라디언트), border(경계), drop shadow(이미지 바깥 그림자), inner shadow (이미지 안쪽 그림자) 그리고 콘트롤을 위한 text option을 빠르게 지정할 수 있는 편리한 윈도우를 제공한다. 미리보기를 제공해서 선택할 때마다 바로 수정된 화면을 보여준다(그림 9.14).

9.14 AppControls는 CSS3를 만들 때 쉽게 사용 가능한 인터페이스를 제공하며 같은 윈도우에 결과를 바로 미리보기할 수 있게 해준다.

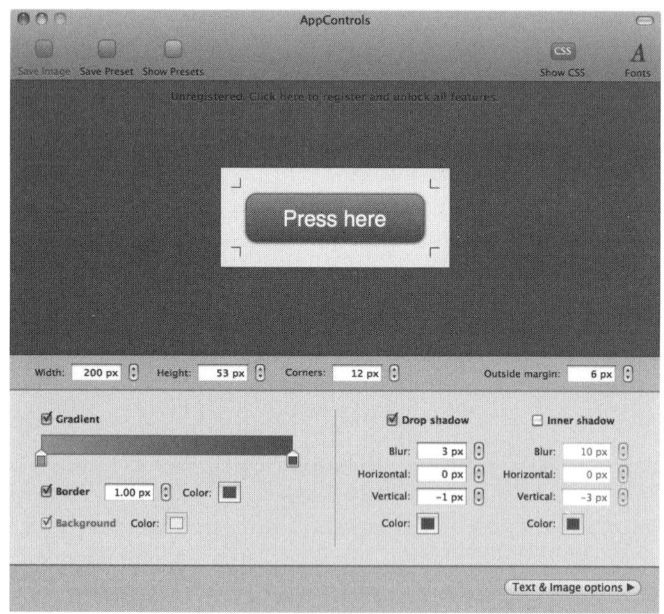

만약 바로 미리보기 기능에 충분히 만족할 수 없다면 AppControls가 만들어내는 CSS는 만족할 것이다. [Show CSS] 버튼을 클릭하면 inline 또는 외부 스타일 시트를 통해 같은 작업을 수행할 수 있다(그림 9.15).

```
#button {
    width: 198px;
    height: 51px;
    -webkit-border-radius: 12px;
    -moz-border-radius: 12px;
    border: 1px solid #5F5F5F;
    background: -webkit-gradient(linear, left top, left bottom, color-stop(0.00, #ADBDCB),
color-stop(1.00, #5F5E83));
    background: -moz-linear-gradient(top, #ADBDCB 0.00%, #5F5E83 100.00%);
    box-shadow: -0px 1px 3px #515151;
    -webkit-box-shadow: -0px 1px 3px #515151;
    -moz-box-shadow: -0px 1px 3px #515151;
    text-align: center;
    text-indent: 0px;
    color: #FFFFFF;
    font: 24px/51px "Helvetica";
}
```

9.15 AppControls는 CSS 코드도 제공한다. 이것으로 버튼 스타일을 작성할 수 있고 inline 스타일/외부 스타일시트 중에서 선택할 수도 있다.

자신이 원하는 모습의 컨트롤을 만든 다음 CSS를 AppControls에서 복사해 Xcode 앱에 있는 스타일시트에 넣기만 하면 된다. 그 다음에 HTML 파일에 있는 스타일시트를 참고하고 제공된 ID를 가지고 있는 div를 스타일링한 다음 AppControls에 있는 동일한 텍스트를 입력한다. Simulator로 테스트해보면 결과는 그림 9.16과 같을 것이다.

9.16 AppControls는 CSS 자체를 제공하며 이것으로 버튼 스타일을 작성할 수 있다. 그리고 inline 스타일이나 외부 스타일시트 규칙 중에 선택할 수 있다.

AppControls는 BlueCrowbar Software[10]에서 만들었으며 App Store에서 다운로드할 수 있는 셰어웨어다. 이 글을 쓸 시점에 풀 버전은 14.99달러이다. 무료 시도 버전(free trial version)을 가지고 무엇이든 할 수 있지만, 생성한 CSS를 자르고 붙여넣기를 할 수가 없다(즉 만약 당신이 이 툴을 무료로 사용하고자 한다면, 직접 입력을 해야 한다).

CSS3 Please!

CSS3 Please![11]는 AppControls와 비슷한 결과를 제공하는 웹 사이트이다. 상단 웹 사이트에는 당신이 가입할 필요가 없다고 나와 있고 다운로드도 무료이다. 하단 웹 사이트의 인터페이스는 다소 우아하지 않으며, 당신이 미리보기하고 있는 div의 콘텐츠 또는 사이즈를 변경할 수가 없다. 하지만 라이브 브라우저 설정에서 CSS3 규칙의 quick preview를 보면 가격을 따질 수 없을 것이다.

CSS3 Please!가 미리 보여주는 CSS3 요소는 border-radius, box-shadow, gradient, RGBA, transform (rotate), transition, text-shadow 그리고 @font-face이다(그림 9.17).

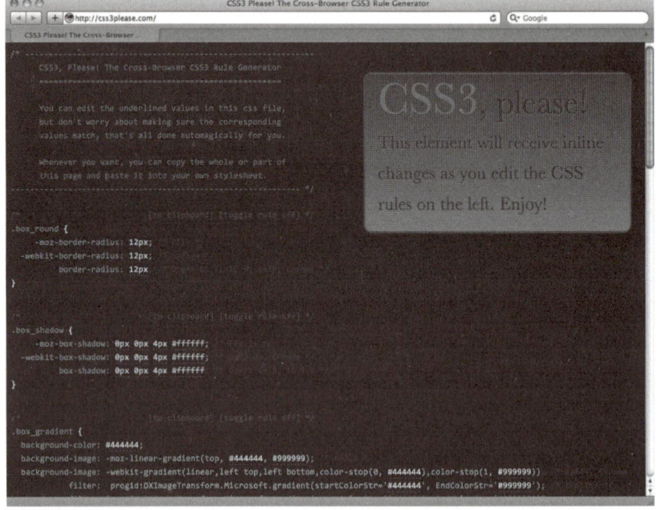

9.17 CSS3 Please!는 당신이 편집한 CSS3 요소를 실시간 미리보기할 수 있다. 하지만 UI는 제공되지 않는다. 여러분은 같은 브라우저 윈도우에서 코드를 바로 편집할 수 있다.

컬러 피커(color picker)나 슬라이더 대신에 스크린 오른쪽에 제공되는 CSS를 클릭하고 수정하면 인접한 라이브 뷰에 디스플레이할 것이다.

이것은 AppControls 만큼 아주 멋지진 않지만 이것이 웹 툴을 어떻게 만드는지 한번쯤 시도해 볼만하다. 이것을 만든 Paul Irish와 Jonathan Neal(Boaz Sender와 Zoltan Hawryluk와 공동으로)에게 찬사를 보내자! 이들은 꽤 멋진 일을 해냈다!

위의 예는 수많은 CSS3 툴 중 일부에 불과하고 참고할만한 다른 것들도 많다. 자신의 앱이 필요로 하는 것, 개인적인 선호도 그리고 개발 비용에 맞는 것을 지속적으로 찾도록 하자.

요약

HTML5와 CSS3는 여전히 채택하기에 이른 단계이다. 사실 HTML5는 여전히 장점이 부각되지 않고 프로젝트의 디자인 단계에 적용되는 것에 머물러 있다. 그럼에도 불구하고 우리는 NimbleKit을 이용한 iOS 프로젝트를 위해 여러 가지 HTML5와 CSS3 규칙들을 이용하는 방법에 대해 배웠다. 응용 HTML5와 CSS3 경험을 통해 더 나은 iOS 앱과 웹 사이트를 만들 수 있고 경쟁에서 살아남도록 도와줄 것이다. 다시 제자리로 돌아와서, iOS 앱 디자인 경험은 당신의 웹 디자인 능력과 기회를 풍요롭게 해줄 것이다!

다음 장: NimbleKit은 멋지다. 하지만 Objective-C를 배우지 않고 iOS 앱을 디자인하기 위한 다른 코드 프레임워크가 존재하는가? 대답은 그렇다! 이다. 다음에 자세히 나와 있다.

references

1. http://en.wikisource.org/wiki/Constitution_of_the_United_States_of_America

2. http://www.w3.org/TR/html4/struct/global.html#edef-DIV

3. http://robertivan.com/WorldCuphtml5.html

4. http://vis.robbymacdonell.com/stanley-cup/

5. http://joshduck.com/periodic-table.html

6. http://www.w3.org/TR/css3-color/#rgba-color

7. http://www.w3.org/TR/css3-fonts/

8. http://kernest.com/

9. http://crudfactory.com/font/show/juvelo

10. http://bluecrowbar.com/

11. http://css3please.com/

10 다른 모바일 프레임워크

아주 솔직하게 얘기해서 특별한 앱 프로젝트를 위해서 NimbleKit Objective—C 프레임워크가 적합한 디자인/개발 툴이 아닐 수도 있다. 내가 이 책을 쓰는 이유는 나의 모바일 앱 디자인 이야기가 NimbleKit을 사용하는 것에 기반하고 있으며 이 프레임워크가 나의 프로젝트와 내 동료의 프로젝트에서 지극히 잘 동작했기 때문이다. 물론 아직까지 NimbleKit의 모든 특성을 빠짐없이 시도해 본 것은 아니다(그리고 새로운 특성들이 지속적으로 추가되고 있다). 그래서 나는 이것이 당분간 굳건한 플랫폼으로 자리잡을 것으로 확신한다.

이것은 나에게 다른 표준 기반의 웹 디자이너들에게 말할 중요한 기회라는 것을 의미한다.

하지만 프로젝트 요구사항을 NimbleKit으로 만족시킬 수 없거나 iOS 디바이스 전용 디자인을 원하지 않을 수도 있다. 나는 NimbleKit을 배타적으로 사용하라고 말하는 것이 아니다. 우리는 분명히 작업에 적합한 툴을 올바르게 사용할 수 있도록 현명해져야 할 필요가 있다.

만약 당신이 NimbleKit을 필요로 하는 경우이거나 이제 iOS 앱 디자인, 모바일 사용자 경험 그리고 앱 디자인의 큰 그림과 시작부터 끝까지의 계획에 익숙해져서 부가적인 옵션들에 대해 알기를 원한다면 이번 내용은 여러분을 위한 것이다.

PhoneGap과 jQTouch로 iOS 경험 에뮬레이트하기

내가 생각하기에 특별히 주목하지 않을 수 없는 또 다른 프레임워크 옵션은 PhoneGap이다. 특히 스타일링과 jQTouch와 같은 동작 플러그인과 같이 사용할 때 그러하다. 이 접근방식은 NimbleKit과 약간의 유사성이 있지만 또한 약간의 주요 차이점들이 있다.

PhoneGap

PhoneGap은 오픈 소스 프레임워크이며 이것의 개발사인 Nitobi, Inc에서 무료 다운로드할 수 있다(그림 10.1).

10.1 PhoneGap
웹 사이트

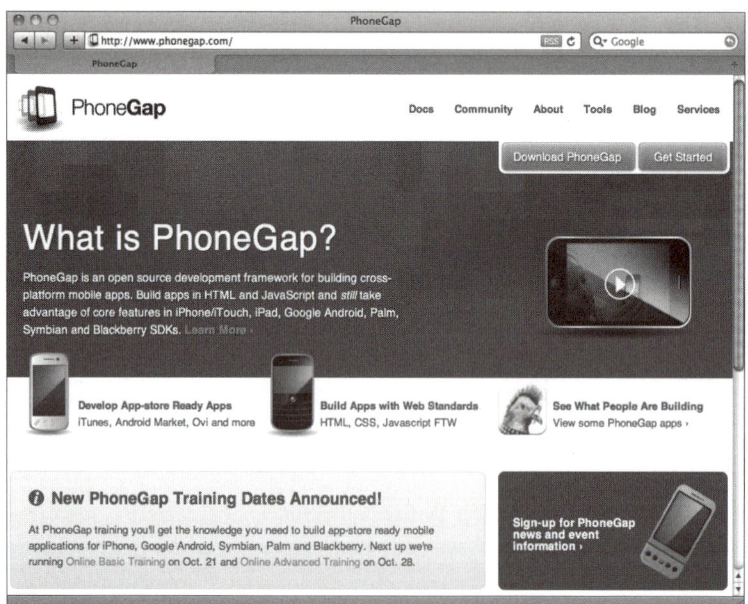

이 프레임워크는 중요한 점이 여러 가지 있다. 우선 오픈 소스라는 사실은 오픈 소스 솔루션을 찾는 사람들을 끌어들인다. 오픈 소스 솔루션은 다음과 같은 명백한 이점들을 제공한다.

- 다운로드와 업그레이드는 일반적으로 무료이다.

- 솔루션의 지속적인 개발이 덜 중앙 집중화 되어있고 좀 더 유기적이며 야생에서 수확하듯이 실제적인 요구과 밀접하게 연관이 있다. 따라서 이것은 오픈 소스 솔루션이 커뮤니티 요구에 보다 책임감 있게 반응하도록 한다.

- 어떤 사람들은 상표가 붙은 회사의 솔루션을 피하려고 한다.

오픈 소스 솔루션에는 단점 또한 있다는 것을 기억하도록 하자:

- 어떤 사람들이 논쟁하기를 오픈 소스 옵션은 "공짜 강아지와 같다"고 한다. 솔루션 자체가 공짜일 수 있지만 지속적인 지원에는 숨겨진 가격이 있을 수 있다. 일시불이든 공짜 지원을 찾기 위해 소모된 시간 측면이든 간에 말이다.

- 오픈 소스 솔루션의 개발은 커뮤니티를 통해서 퍼졌지만 툴을 유지·보수하기 위한 책임도 함께 분산되었다(그리고 분산된 책임감은 효율적으로 툴을 유지·보수하는 데 문제를 야기할 수 있다).

PhoneGap의 또 다른 힘은 다중 플랫폼 지원이다. 현재 지원하는 것은 iPhone, Android, BlackBerry, Symbian 그리고 Palm 모바일 운영 시스템이다. 하지만 네이티브 특성에 대한 지원과 접근은 플랫폼마다 다르기 때문에 여러 개의 플랫폼에서 같은 기능의 PhoneGap을 사용하기 위해 각각의 개발 환경을 설치(그리고 사용하는 방법을 배울)할 필요가 있다.

그러면 네이티브 iOS 사용자 경험은 어떨까? PhoneGap의 이러한 양상은 유리하기도 하고 불리하기도 한 것이다. 프레임워크가 네이티브 사용자 인터페이스 라이브러리 아이템들(타이틀 바, 탭 바 내비게이션, 오디오와 비디오 플레이어 그리고 NimbleKit이 그러하듯이 다른 익숙한 iOS 요소들)을 포함하고 있지 않기 때문이다. 인터페이스 디자인 관점에서 보았을 때 이것은 훨씬 더 깨끗한 캔버스와 같다.

하지만 PhoneGap에서 CSS와 JavaScript를 가지고 당신의 iOS 인터페이스를 에뮬레이트하고 빌드하기 위한 방법들이 있다. 그 중 하나는 jQTouch 플러그인을 사용하는 것이다.

jQTouch

jQTouch는 iOS 디바이스에서 모바일 웹 디자인을 하기 위한 jQuery 플러그인이며 네이티브 iOS 애플리케이션을 만들기 위한 PhoneGap처럼 개발 프레임워크와 나란히 동작할 수 있다. 이것은 또한 서버에 있는 웹 앱을 위해 사용할 수 있고, 어떤 모바일 디바이스에 있는 브라우저에도 즉각 전달할 수 있다(그림 10.2).

10.2 jQTouch 웹 사이트

이 jQuery 플러그인은 모바일 디바이스 실행에 최적화되어 있고 네이티브 스타일과 유사해 사용자들이 iOS 앱을 좀 더 친근하게 받아들일 수 있도록 돕는다. jQTouch는 확실한 그래픽 파일과 CSS 전환을 포함한 페이지 전환과 같은 네이티브 iOS 인터페이스 요소들과 동작들을 에뮬레이트해서 이 목적을 달성한다.

이것이 NimbleKit의 라이브러리 아이템들과 어떻게 다른가? NimbleKit 프레임워크는 iOS 디바이스만을 지원하도록 디자인되었기 때문에 네이티브 iOS 인터페이스 요소와 동작들을 호출하는, 이미 작성된 Objective-C 모듈을 포함한다. 만약 최대한 네이티브 앱과 비슷하게 iOS 앱을 디자인하고 싶다면 이것은 굉장한 것이다. iOS 요소들의 유일한 에뮬레이션은 선택한 것을 추가하기만 되는 것이다(예를 들면 CSS로 스타일하여 네이티브 외형의 버튼을 만드는 것이다. 이것은 이 책의 앞부분에서 배웠다).

반면에 네이티브 외형이 아니더라도 jQTouch를 사용하면 꽤 확실한 결과를 얻을 수 있다. 게다가, 만약 인터페이스나 동작을 디자인할 때 네이티브의 느낌을 덜어

내고자 한다면, PhoneGap과 jQTouch를 함께 사용하면 가능성의 폭이 더 넓어진다. 빈 브라우저 윈도우가 새 웹 사이트 디자인을 위한 것처럼 이것은 텅 빈 캔버스 그 이상이다.

사실 이것을 분명히 하기 위해 jQTouch는 플러그인을 위해 미리 디자인한 스타일을 두 개 포함하고 있다. 하나는 apple이고 다른 것은 jqt라고 불린다. apple 스타일은 당신이 기대했던 것일 것이고, jqt 스타일은 다소 Android 느낌이 날 것이다.

예를 들어 여기에 5장에서 다루었던 권리장전 앱 데모 버전이 있다. 스타일을 apple로 설정하고 PhoneGap과 jQTouch를 사용하여 디자인하였다(그림 10.3).

NOTE
PhoneGap과 jQTouch

만약 PhoneGap과 jQTouch에 관해 더 알고 싶다면 《HTML, CSS, JavaScript로 iPhone Apps 개발하기》(조나단 스타크, 아이티씨, 2010년)를 읽어 보기를 권한다. 사실 Jonathan은 디자이너인 David Kanea가 만든 jQTouch의 유지·보수를 인계받았다. Jonathan에 대해 더 알고 싶다면 그의 웹사이트 www.jonathanstark.com을 방문해보자.

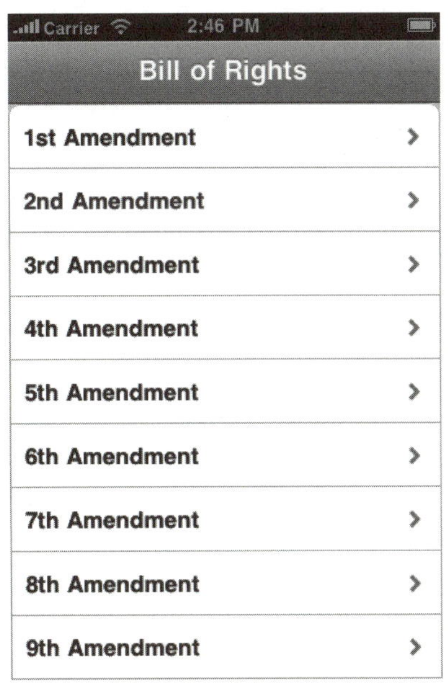

10.3 iPhoneGap, jQTouch 그리고 jQTouch의 apple 테마를 사용한 권리장전 테이블 뷰의 예

비교를 위해 그림 5.3으로 되돌아가보면, 당신은 이 네이티브 외형 예와 NimbleKit 예의 네이티브 인터페이스 간에 그래픽 표현상의 차이점을 거의 알아차릴 수 없을 것이다.

여기에 PhoneGap과 jQTouch를 이용한 동일한 스크린이 있다. 하지만 스타일을 jqt 테마로 설정하였다(그림 10.4).

10.4 PhoneGap, jQTouch 그리고 jQTouch의 jqt 테마를 사용한 권리장전 테이블 뷰의 예

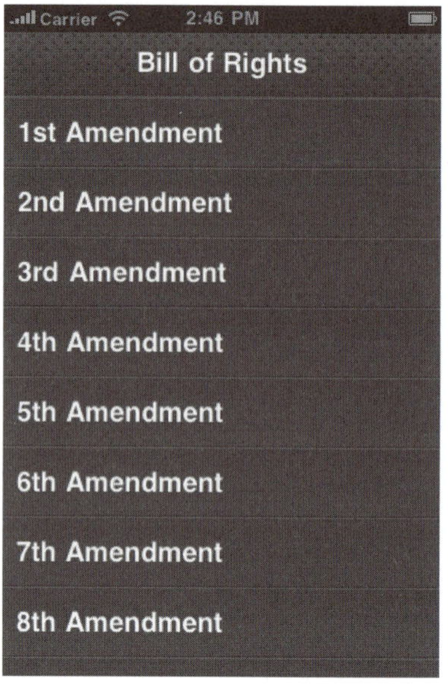

이것은 확실히 멋진 외형이다. 이것은 네이티브 iOS 사용자 인터페이스인가? 아니다. 하지만 네이티브 사용자 인터페이스를 엄격하게 고수한다고 해서 모든 iOS 앱이 성공하지는 않는다.

PhoneGap을 사용할 때의 HTML 문법이 NimbleKit과 어떻게 다른지 살펴보기 위해, 애플 테마를 설정한 그림 10.3의 파일을 살펴보자.

```
<html>

<head>
<title>Bill of Rights</title>
<link     rel="stylesheet"     href="jqtouch/jqtouch.css"     type="text/css"
media="screen" title="no title" charset="utf-8">
<link     rel="stylesheet"     href="themes/apple/theme.css"     type="text/css"
media="screen" title="no title" charset="utf-8">


<script type="text/javascript" src="phonegap.js" charset="utf-8"></script>
<script type="text/javascript" src="jqtouch/jquery.js"
charset="utf-8"></script>
```

```
<script type="text/javascript" src="jqtouch/jqtouch.js"
charset="utf-8"></script>
<script type="text/javascript" src="billofrights.js" charset="utf-8"></script>
</head>

<body>
<div id="home">
  <div class="toolbar">
    <h1>Bill of Rights</h1>
  </div>
  <ul class="edgetoedge">
    <li class="arrow"><a href="#1">1st Amendment</a></li>
    <li class="arrow"><a href="#2">2nd Amendment</a></li>
    <li class="arrow"><a href="#3">3rd Amendment</a></li>
    <li class="arrow"><a href="#4">4th Amendment</a></li>
    <li class="arrow"><a href="#5">5th Amendment</a></li>
    <li class="arrow"><a href="#6">6th Amendment</a></li>
    <li class="arrow"><a href="#7">7th Amendment</a></li>
    <li class="arrow"><a href="#8">8th Amendment</a></li>
    <li class="arrow"><a href="#9">9th Amendment</a></li>
    <li class="arrow"><a href="#10">10th Amendment</a></li>
  </ul>
</div>

<div id="1">
  <div class="toolbar">
    <h1>1st Amendment</h1>
    <a class="button back" href="#">Back</a>
  </div>
  <p style="margin:10px">Congress shall make no law respecting an
  establishment of religion, or prohibiting the free exercise thereof; or
  abridging the freedom of speech, or of the press; or the  right of the
  people peaceably to assemble, and to petition the Government for a
```

```
redress of grievances.</p>
</div>

<div id="2">...
{amendments 2-10}
</div>
</body>
</html>
```

약간 다른 HTML 문법에 추가적으로, CSS와 JavaScript 파일에 강조된 링크들은 NimbleKit과 PhoneGap 사이에 가장 중요한 차이점을 보여준다. PhoneGap과 함께 jQTouch를 사용할 때, 이 예제를 포함한 대부분의 파일들은 각각의 다운로드에서 찾을 수 있다.

티타늄 모바일(Titanium Mobile)로 네이티브 앱 개발하기

iOS와 Android 모두를 지원하기 위한 또 다른 프레임워크는 Appcelerator의 티타늄 모바일(Titanium Mobile)이며 www.appcelerator.com에서 무료로 다운로드할 수 있다(그림 10.5).

10.5 Appcelerator의 티타늄 모바일(Titanium Mobile)

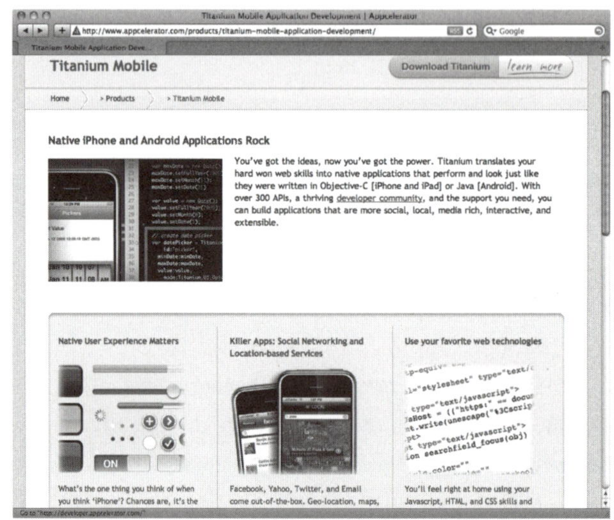

티타늄 모바일은 약간 못생긴 오리 같다. 이것은 오픈 소스 개발 프레임워크로 그 뒤에는 매우 굳건하고 화려한 마케팅 캠페인이 존재한다. 따라서 이것은 PhoneGap과는 회사 상품이라는 점에서 유사하지만 이것 역시 오픈 소스화되어 있다. 하지만 이 경우의 프리젠테이션은 법인 느낌이 많이 난다(하지만 내가 추측하기에 Appcelerator는 티타늄 모바일에 대한 지원과 교육을 유료로 제공하고 있기 때문인 것 같다).

나는 이것을 사용하지 않지만 이것을 사용하는 내 동료들이 좋은 방법 중 하나로 추천했기 때문에 이 프로그램을 실었다. 다음은 그들이 티타늄 모바일에 대한 몇 가지 사항들이다:

- 이것은 많은 수의 API(웹 사이트에 따르면 300개 이상)를 가지고 있음에도 불구하고 개발자들이 웹 표준을 통해 모두 접근 가능하다. 하지만 티타늄 모바일은 거의 모든 것을 JavaScript로 쓰기를 요구한다. 디자이너 스타일에 적합한 툴이냐 프로그래머 스타일에 맞느냐로 따져보면 확실히 프로그래머 타입에 더 맞는 툴이다.

- 티타늄 모바일은 인터페이스에 어떤 회사 브랜딩을 강요하지 않는 PhoneGap 또는 NimbleKit과 비교하여 법인화 브랜딩이 딸려있다. 하지만 이미지들을 교환함으로써 이것을 빠져나갈 수 있다(나는 이렇게 하는 것이 툴을 다운로드할 때 암묵적으로 동의한 실사용자 라이센스 협의 조항을 무효화하는지 아닌지를 보증할 수 없다).

티타늄 모바일과의 또 다른 주요한 차이점은 다운로드할 때 Mac OS 데스크탑 애플리케이션인 티타늄 디벨로퍼(Titanium Developer)가 따라온다는 것이다(그림 10.6).

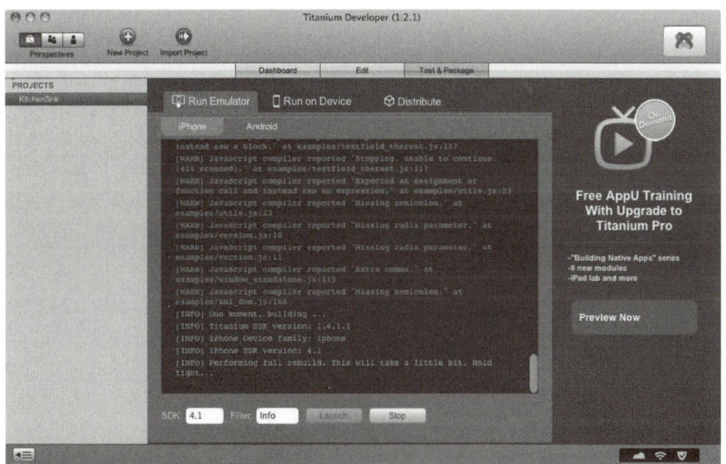

10.6 티타늄 디벨로퍼

티타늄 디벨로퍼는 프로젝트 파일을 관리(manage), 컴파일(compile) 그리고 포장(package)해준다. 이것은 효과적으로 개발 환경인 Xcode를 우회하게 한다. 이것은 여러분이 선택한 편집기에서 모든 JavaScript를 작성할 수 있다는 뜻이다. 일단 코드를 작성하고 다른 자산을 디자인했다면 프로젝트 파일을 불러와 컴파일한다. 후에 티타늄 디벨로퍼는 (Xcode 보다는) Simulator를 시작해 결과를 보여준다(그림 10.7).

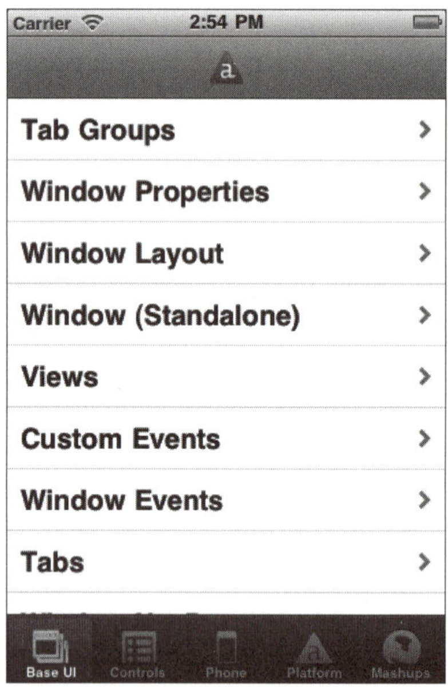

10.7 Simulator에서 본 티타늄 모바일의 Kitchen Sink 데모 앱[1]

만약 당신이 경력 있는 JavaScript 프로그래머이고 iOS와 Android를 위한 네이티브 앱을 개발하는 것에 관심이 있다면 앱 프로젝트를 위한 툴을 선별할 때 티타늄 모바일을 고려해보기를 권한다.

Sencha Touch로 웹 앱 디자인하기

특정한 플랫폼을 위해 디자인되고 디바이스에서 수행하도록 설치된 네이티브 앱이 웹 앱보다 더 나은가? 또는 좀 더 보편적으로 디자인되고 웹 사이트와 같은 서버에서 수행하는 웹 앱이 네이티브 앱보다 더 나은가?

그렇다.

모바일 공간에서의 나의 관심은 iOS 플랫폼을 위한 네이티브 앱에 있지만 나는 여러분이 자신 또는 의뢰인의 앱 디자인 요구에 맞추기 위해 웹 앱을 고려하는 것을 막지는 않을 것이다. 사실 이 책에서 배운 많은 아이디어와 스킬은 네이티브 iOS 앱을 디자인할 때뿐만 아니라 웹 앱을 디자인할 때에도 적용할 수 있다.

보편적인 웹 앱을 위한 효과적인 모바일 인터페이스를 디자인하는 방법을 찾을 때 고려해 볼만한 옵션이 있다. 바로 jQTouch 플러그인이다. 또 하나는 Sencha Touch로 www.sencha.com에서 무료로 다운로드할 수 있다(그림 10.8).

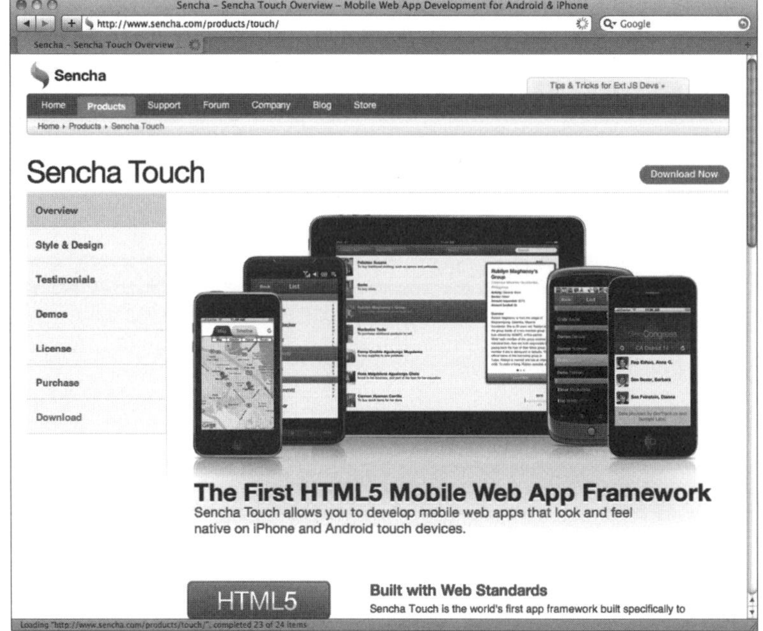

10.8 Sencha Touch 모바일 앱 프레임워크

다음은 Sencha Touch에 관한 몇 가지 특성들이다.

- 이것은 특별히 HTML5, CSS3, JavaScript가 전력, 유연성, 최적화를 극대화시킬 수 있게 만들어진 첫 번째 앱 프레임워크라는 자부심이 있다.

- Sencha의 베타 버전은 양 플랫폼을 위해 디자인한 상태의 테마를 iOS와 Andoid 양쪽 다 호환한다. 이것은 기술적으로 디바이스 플랫폼 제한이라기보다는 WebKit 엔진 제한에 가깝다. WebKit에 기반을 둔 다른 모바일 브라우저들은 Sencha Touch를 아주 잘 지원해야만 한다.

- 모바일 웹이 대부분의 플랫폼에서 터치 기반으로 진화하고 있기 때문에 Sencha Touch는 확실한 터치 상호작용(탭, 더블 탭, 쓸어 넘기기, 살짝 누른 상태 유지하기, 오므리기 그리고 회전)을 개발했다. 이와 같은 상호작용은 초기에는 네이티브 iPhone 플랫폼에서만 사용 가능했지만 결국은 모든 모바일 디바이스에서 보편화되었다. Sencha가 Touch web platform을 선도하고 있다.

우리는 여전히 모바일 앱 디자인이라는 황량한 서부에 있다는 것을 기억하도록 하자. 디바이스들은 계속 새로운 것이 나오고 있고 좋은 디자인과 개발 툴의 범위는 계속 성장하고 있다. 그리고 자기 자신이나 당신의 고용주 또는 의뢰인을 위한 앱 프로젝트를 고려할 때, NimbleKit Objective-C 프레임워크는 강력하고 확실한 옵션이다. 하지만 올바른 작업에 적합한 툴을 선택하고자 하는 문제의 전체 범위를 고려해보도록 하자. 테이블 10.1은 이 이슈들에 대해 이 장에서 언급한 툴들이 어떻게 다른지 비교해서 보여준다. 이것은 결코 포괄적이지 않지만 그들이 어떻게 다른지를 극명하고 미묘한 방식으로 보여준다.

테이블 10.1 NimbleKit과 다른 모바일 프레임워크 옵션들 비교하기

	NIMBLEKIT	PHONEGAP	TITANIUM MOBILE	SENCHA TOUCH
네이티브 iOS UX	X	에뮬레이트	X	–
App Store 배포	X	X	X	–
Android	2010년 가을	X	X	X
라이선스	X	–	–	X
웹 앱	–	X	–	X
Apple 개발자 툴에 등재	X	–	–	–

요약

이 장에서 우리는 iOS 디바이스뿐만 아니라 다른 플랫폼에서도 가능한 모바일 앱을 디자인하고 개발하기 위한 세 가지 대안에 대해 알아보았다:

- PhoneGap(jQTouch 포함)은 NimbleKit과 유사한 웹 표준에 기반을 둔 대안을 제공한다. 이것은 NimbleKit과 비교해 적은 API가 딸려오며 네이티브의 사용자 컨트롤을 호출하기보다는 에뮬레이트할 뿐 아니라 넓은 범위의 UI 스타일링 옵션들을 제공한다.

- 티타늄 모바일은 또 다른 웹 표준에 기반을 둔 대안이다. 이것은 JavaScript 프로그래밍에 심하게 의존해서 디자인 프레임워크라기보다 개발 프레임워크이다. 이것에는 NimbleKit 보다 더 많은 API가 딸려온다. 하지만 앱 바이너리를 컴파일하고 포장하기 위해 독자적인 데스크탑 애플리케이션을 사용한다.

- Sencha Touch는 HTML5, CSS3 그리고 JavaScript 웹 애플리케이션 프레임워크이며, App Store에서 배포하고 판매하기보다는 당신이 웹 서버에서 수행하는 모바일 앱을 빠르게 디자인할 수 있도록 한다. 이것은 네이티브 iOS 앱이 아니기 때문에 iOS 사용자 경험이 부족하지만 여전히 강력한 터치 인터페이스를 가지고 있으며 iOS, Android 그리고 다른 모바일 운영 시스템에서 WebKit 기반의 모바일 브라우저에서 아름답게 동작하도록 디자인되었다.

---

references

1. http://github.com/appcelerator/KitchenSink

11 앱 마케팅

나는 디자인을 거시적인 활동으로 본다고 사람들에게 항상 얘기한다. 즉 디자인이란 디자인해서 제품을 만드는 것을 넘어선 활동으로, 비전을 정하고 그에 따라 계획을 세우고 창조적인 작업을 수행하는 것 모두를 포함하는 것이다. 많은 창조적인 도전이 "창조적인 작업"이 끝난 후에 발생할 수 있는 여러 가지 결과를 관리하는 것과 함께 디자인 프로젝트에 관련된 인간관계를 육성하는 일을 포함하고 있다.

다시 말해서, 이것은 모두 디자인의 영역이고 모두 서로 연결되어 있기 때문에 프로젝트를 위한 모든 작업은 시작부터 끝까지 창조적이라고 할 수 있다.

따라서 iOS 앱에 대한 계획, 디자인 그리고 관리에 대해 배워오면서 커뮤니케이션과 마케팅 중심의 결정을 고려할 필요가 있을 것이다. 앱을 만드는 것은 많은 작업이 필요하지만 이것이 일의 전부는 아니기 때문이다. 누가 이 iOS 앱을 위한 청중이고 누가 의뢰인이며, 당신은 이 개체들 혹은 애플과의 관계가 어떻게 이루어지기를 원하는가? 그리고 이것을 위한 애플의 지침은 무엇인가?

이 장은 기술적인 내용을 많이 다루지는 않지만 그렇다고 이것이 그다지 중요하지 않다고 생각하지 않길 바란다. 이번 내용을 읽어나가다 보면 다른 창조적인 관점에서 iOS 앱 디자인을 볼 수 있을 뿐만 아니라 커뮤니케이션과 마케팅 관점에서 앱에 관한 지식을 얻을 수 있게 될 것이다.

당신은 누구인가: App Store 신원을 결정하기

이것은 단순히 미사여구의 질문이 아니다. 앱을 디자인하고 고객이 사용가능하게 만들 때에 당신은 심각하게 누가 되기를 원하는가? 여기에 고려해야 할 몇 개의 옵션들이 있다.

내 이름으로 등록하기

만약 일을 솔직하게 유지하기를 원하고 애플 개발자를 자신의 이름으로 이미 등록했다면, 어떤 앱 디자인 컨설팅 또는 다른 사람과의 협력관계를 자신의 이름 밑에 두도록 하자. 마찬가지로 당신은 앱을 애플에 제출할 때 개인 자격으로 하기를 원할지도 모른다.

앱을 개인적으로 디자인하고 제출하는 것은 다음과 같은 이익들이 있다:

- App Store를 통해 앱을 배포하거나 판매할 수 있다.
- 누가 앱을 디자인했는지가 아주 명백하다. 왜냐하면 App Store에 당신의 이름 밑에 나열되어 있기 때문이다.
- 개인적으로 사업을 하기 위해 뛰어들어야 할 어떤 재정적/법적인 테두리가 없을 수 있다.
- 자영업자로 사업을 하면 앱을 애플에 개인으로 제출하게 되어 빠르고 쉽다.

반면에 개인적으로 앱을 디자인하고 제출하는 데에는 다음과 같은 불리한 점이 있을 수 있다:

- 자신이 만드는 모든 사업과 디자인 결정에 대해 개인적인 책임이 있다. 이것은 앱 의뢰인 또는 고객과의 관계에서 작업과 관련한 문제가 발생하는 경우에도 해당한다.
- 당신은 iOS를 개인으로 제출하고 배포함으로써 약간의 익명성과 사생활을 포기하는 것이다. 결국 당신의 이름은 App Store에 기재될 것이다!

- 기본 개발자 프로그램의 연간 비용은 현재 99달러이다. 만약 당신이 개인 개발자로 등록한다면 혼자서 연간 수수료를 내야한다(만약 당신이 이 비용을 컨설팅 수수료로 되찾지 못한다면).

만약 개인으로 또는 자영업자로서 운영하려고 한다면 이러한 것들을 고려하길 바란다. 그리고 지역, 주, 연방 단위로 상업/사업에 관련하여 존재할지도 모르는 세금 요구사항에 익숙해지길 바란다.

회사 이름으로 등록하기

여러분도 아마 나와 마찬가지로 회사 이름으로 앱을 배포하기를 원할지도 모른다. 내가 회사(Aesthete Software, LLC)를 만든 것은 이와 같은 이점들 때문이다. 여러분이 찾고 있는 것에 이것들이 맞는지 보도록 하라:

- App Store에 회사 이름이 기재됨으로써 확실히 자리를 잡고 전문적으로 보이기를 원한다.
- 당신은 유한 책임 법인체(limited liability corporation, LLC)와 같은 형태의 사업체를 설립함으로써 개인과 가족 책임을 줄일 수 있다.
- 개인이 아닌 회사로 작업하면 세금 우대를 받을 수 있다.

물론 여기에는 단점 또한 존재한다:

- 법적 실체가 있는 회사를 만들기 위해서는 시간과 어느 정도의 비용이 든다.
- 작성해야 할 부가적인 세금 서식이 있을 수 있다.
- 만약 당신이 이 길을 선택하기로 논리적인 결론에 도달하면 새 웹 도메인, 웹 호스팅 등 부가적인 회사 비용을 지출해야 할 것이다(달리 생각해보면 이것은 개인 웹사이트를 만들어도 필요한 비용이다).

나는 나 자신의 앱 배포를 위해 이 길을 택했지만 여러분의 전체 사업 계획, 예산 그리고 새로운 것을 시도하려는 의지를 고려하지 않고 무작정 나를 따라하지 말기를 바란다. 앱을 디자인하는 것만으로 당신에게 충분할 수가 있다. 새로운 사업체를 만들고 관리하는 것은 지금 이 순간에 당신의 우선순위 목록에 없을 수도 있으며 그것도 괜찮다.

고용주/조직 명의로 등록하기

iOS 앱을 디자인하고 배포하기 위한 또 다른 옵션은 애플의 엔터프라이즈 프로그램 (Enterprise Program)에 가입하는 것이다. 이 프로그램을 위한 연간 수수료는 현재 299달러이다.

엔터프라이즈로 앱을 디자인하고 제출하는 데에는 다음과 같은 이점들이 있다:

- 당신의 회사가 연간 수수료를 납부하도록 할 수 있어야 한다.
- 당신이 iTunes Connect 비즈니스 과정을 거치면 회사 내부에 상담과 지원을 위한 내부 재정과 법적인 리소스들이 있는 것과 비슷한 효과가 있다.
- 만약 당신이 앱을 조직 내부 용도로만 디자인하고 있다면 엔터프라이즈 프로그램은 대중을 위한 App Store 평가와 승인 과정을 거치게 하기보다는 당신이 회사의 고용인들에게 직접 앱을 배포하는 것을 허용한다.

반면에 엔터프라이즈용으로 앱을 디자인하고 제출하는 데에는 다음과 같은 단점들이 있다:

- 회사의 앱을 App Store를 통해 판매하거나 배포할 수가 없다.
- 앱이 개인적인 관심을 덜 받을 수도 있다.
- 앱의 노출도가 떨어질 수 있다(이 경로가 내부용 앱을 위해 채택되었다고 해도 부가적인 노출과는 상관이 없을 수 있다).

의뢰인 명의로 등록하기

iOS 앱을 디자인하고 배포하기 위한 또 다른 옵션은 자신이나 회사 또는 고용주로서가 아닌 의뢰인으로서 App Store에 올리는 것이다.

의뢰인으로서 앱을 디자인하고 제출하는 것은 다음과 같은 이점들이 있다:

- 의뢰인은 저작권, 법적 책임 그리고 App Store를 통해서 앱을 배포하는 재정적인 문제 이상의 책임이 있다.
- 이런 방식은 전체적인 시장의 초점이나 앱 유형 전문화에 맞지 않는 앱이라도 협력하여 디자인하고 만들 수 있게 해준다.

반면에 앱을 의뢰인으로서 디자인하고 제출하는 것은 다음과 같은 불리한 점들이 있다:

- 잘 팔리지 않고 평가를 잘 받지 못한 앱을 디자인한 것은 자신에게 위험 요소가 될 수 있다(본인 이름 대신에 의뢰인의 이름으로 등록된 앱이라고 해도 평판이 좋지 않은 앱과 관련돼 있다면 그 꼬리표가 계속 따라다닐 수 있다).
- 누가 iTunes Connect 계정을 관리하느냐에 따라 재정적인 통제를 못할 수도 있다. 그러면 애플이 지급한 후에 의뢰인으로부터 돈을 받게 될 것이다.
- 만약 앱이 탑 10 목록에 올라가면 자신이 모든 영광을 누리지 못하는 것을 후회하게 될 수도 있다.

만약 나와 마찬가지로 좀 더 단순한 과정을 기대했다면 너무 많은 선택들에 부딪치는 것이 때때로 불쾌하고 당황스러울 것이다. 이건 마치 그냥 치약을 사러 갔을 뿐인데 너무 종류가 많은 것에 질려버려서 진열대 앞에서 굳어버린 것과 비슷하다. 하지만 이 절은 당신을 마비시키기 위한 것이 아니고 이러한 옵션들을 계획 과정에서 미리 따져보도록 알려주려는 것이다. 만약 옵션들을 주의 깊게 고려하고 일찍 필요한 조언들을 구한다면 옵션을 선택하는 방법에 대해 궁금해 하면서 완성된 앱을 들고 방황하지는 않을 것이다. 실제로 선택에 약 5분 정도의 시간 밖에 걸리지 않는데 말이다.

애플의 마케팅 자산 이용하기

이 책의 서문에 적었듯이 애플과 App Store에는 많은 비평가들이 있으며, 이것을 쓰는 나의 결정이 이 모든 비평들을 묵살하겠다는 의미는 아니다. iOS 앱 디자인과 배포 과정에는 많은 단점들이 있고, 애플이 왜 지금과 같은 방식으로 기회와 진행 방법을 디자인했는지에 대해서 냉소적 태도를 보일만한 수많은 이유가 있다.

그럼에도 불구하고 App Store에 올라오는 앱의 수는 애플의 모바일 플랫폼과 앱 배포 모델에 관심을 갖게 되는 확실한 이유이다. App Store에는 25만 개 이상의 앱이 있으며 2010년 1월까지 전 세계적으로 30억 개 이상의 앱이 다운로드 되었다.

그리고 이것은 iPad가 등장하기 전의 일이다.

그러면 이 거대한 기회와 앱의 판매 상승세를 어떻게 이용할 수 있을까? 한 가지 방법은 애플이 제공하는 마케팅 자산을 이용하는 것이다. 하지만 조심하도록 하자. 이것들을 사용하는 데에는 몇 가지 규칙들이 있다.

Available on the App Store 배지 이용하기

이 배지(Badge)는 확실히 몇 년 동안에 세상에서 가장 쉽게 알아볼 수 있는 그래픽 아이콘들 중의 하나가 되었다(그림 11.1).

11.1 Available on the App Store 배지

내가 만든 첫 번째 앱을 위한 웹 사이트에 이 배지를 추가했을 때 잠깐이지만 엄청나게 흥분했었다. 내가 해냈다! 이런 기분이었다.

말할 필요도 없이 당신은 이 그래픽을 앱 배포를 위해서든지 판매를 위해서든지 상관없이, 그리고 자신이나 고용주 또는 의뢰인을 위한 것인지에 상관없이 앱과 관련한 커뮤니케이션에 사용하려고 할 것이다. 이 그래픽은 즉시 인식 가능하고 모바일 운영 시스템 간 (그리고 네이티브 앱과 웹 앱 간)의 뜨거운 경쟁에서 잠재력이 있는 상징이 되었다.

당신이 이 그래픽을 사용할 때 애플의 App Marketing Artwork Licence Agreement에 정의된 지침, 요구사항 그리고 제한사항을 지켜야 한다는 점에 유의하도록 하자. 다음은 Available on the App Store 배지를 사용하기 위한 몇 가지 지침이다:

- 컬러 변환, 회전, 그래픽 요소 추가/삭제, 요소 재배열 등을 포함한 어떤 방식으로든 그래픽을 변경하지 않는다.
- 구현을 위해 분명한 여백 요구사항을 따르도록 하자: 출판 형태에서는 10 밀리미터이며 웹에서는 40픽셀이다.
- 배지가 당신의 앱 브랜딩과 독자성 요소에 비해 부차적인 것이라는 분명한 서열을 만들도록 하자.
- 우리는 애플이 예상하는 것처럼 흰색 또는 검은색 배경만 사용하지 않는다. 하지만 그들은 우리가 시각적으로 어수선하거나 무늬가 들어간 배경에서도 배지가 분명하게 보이도록 판단하고 결정을 내리기를 기대한다.
- 배지를 사용할 때마다 App Store에 있는 자신의 애플리케이션을 링크해야만 한다. 앱의 URL을 얻으려면 iTunes에서 앱 아이콘 밑에 있는 작은 드롭다운 메뉴를 클릭하고 [Copy Link]를 선택한다(그림 11.2). 이 URL을 자신의 웹 사이트에서 링크로 사용하거나 다른 홍보물에 카피해서 사용하도록 하자.

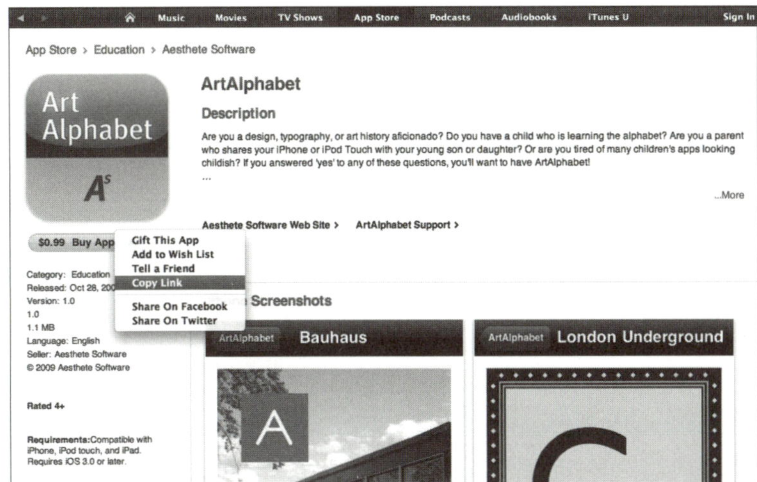

11.2 App Store에서 앱의 URL을 카피하는 방법

더 자세한 사항은 애플의 App Marketing and Identity Guidelines for Developers를 참조하자. 이것은 iOD Dev Center에서 PDF 파일로 제공하고 있다.

공식 iOS 디바이스 이미지 사용하기

일단 App Marketing Artwork Licence Agreement에 동의하고 애플이 제공하는 그래픽을 다운로드하면 iOS Dev Center 웹 사이트로부터 다운로드할 수 있는 공식 iOS 디바이스 이미지의 사용 자격을 얻게 된다.

당연히 예상했겠지만, 애플은 이미지 사용에 대한 몇 가지 지침 또한 준비해두고 있다:

- 앱의 홍보물에 애플이 제공하는 디바이스 이미지만을 사용하도록 하자. 디바이스에서 실행하고 있는 앱의 사진을 스스로 찍어 올리지 말도록 하자. 비록 스스로 스크린 샷을 얻을 수 있고 실제로 필요하더라도 말이다. 그 대신에 애플이 제공하는 디바이스 이미지에 스크린 샷을 얹어서 사용하도록 하자.

- 애플 iOS 디바이스 이미지들을 또 다른 모바일 디바이스의 이미지와 나란히 사용하지 않도록 하자(이 규칙은 솔직히 약간 웃긴다!).

- App Store 배지와는 달리 디바이스 이미지들을 위한 배경 요구사항은 엄격하다. 배경으로는 하얀색만이 인정된다.

- iOS 디바이스 이미지의 스크린 영역에 어떤 홍보 카피나 이미지들을 놓지 않도록 한다. 스크린 영역을 위해 유일하게 허용되는 이미지들은 디바이스나 Simulator에서 실행하고 있는 앱의 스크린 샷이다.

- 애플 Store 배지를 포함해서 디바이스 이미지들을 어떤 방법으로든 변경하지 않도록 하며, 앱 스크린 샷을 디바이스의 스크린 영역에 추가하는 것은 제외한다. 컬러 변경, 회전, 그래픽(iOS 상태 바 포함) 요소들의 추가/삭제, 요소 재배열 등의 변경은 금지된다.

그 외에 궁금한 점이 있다면 애플의 App Marketing and Identity Guidelines for Developers를 참조하도록 하자.

애플이 승인한 언어 사용하기

자신의 앱에 대한 글로 설명할 때도 애플은 어떻게 기술해야 할 것인지에 대해 몇 가지 내용을 정해놓고 있다. 예를 들어, 앱이 AweSome MegaApp이라는 이름을 가지고 있다면, 이것을 AweSome MegaApp for iPhone으로 부를 수 있다. 하지만 iPhone AweSome MegaApp이라고 할 수는 없다.

애플은 또한 당신이 App Store라는 용어를 어떻게 사용하는지에 대해 따지고 들 것이다. iTunes에 App Store가 있는 것이 사실이지만 iTunes App Store나 iPhone App Store와 같이 표현해서는 안된다. 애플은 "available in the App Store" 또는 "downloaded from the App Store"라고 넣도록 권고한다. 그리고 흥미로운 것은 애플은 App Store라는 용어를 다른 언어에서 소통의 목적으로 사용할 때조차 다른 언어로 번역되는 것을 원하지 않는다는 것이다.

이것은 App Store이며 App Store로 남아 있어야만 한다.

또한 일반적/구체적으로 앱 호환성을 언급하려는 경우를 제외하고는 애플의 상품 이름을 언급하지 않도록 하자. 그리고 iPod touch는 touch에서 소문자 t를 사용해야만 한다는 점도 유의하도록 하자.

애플이 엄청 꼼꼼하다고 내가 언급했던가?

애플의 일부 언어 요구사항은 다소 묘사하기가 지루하다. 하지만 나는 이것이 그들의 최우선 요구사항들을 잘 소개하고 있기를 바란다. 당신은 세부사항들과 어떤 업데이트된 권고사항들을 지속적으로 알기 위해 애플의 iOS Dev Center에 있는 마케팅 리소스들을 확인할 필요가 있다.

애플이 승인한 조판 사용하기

마지막으로 애플이 우리가 앱에 사용하는 활자체에 대해 관심이 없다고 생각하지 말자. 앞에서도 말했지만 애플은 꼼꼼하다.

다행히도 규칙은 상당히 단순하다. Myriad 서체는 어느 버전이라도 사용할 수가 없다. 왜냐하면 애플은 이것의 한 버전을 그들의 기업 커뮤니케이션에 사용하고 있으며, 여러분의 커뮤니케이션과 섞여 혼란이 생기는 것을 원하지 않기 때문이다. 괜찮다. 그래도 우리에게는 나쁜 소식이다(Myriad는 괜찮은 활자체이기 때문이다).

자신의 앱 마케팅 커뮤니케이션 디자인하기

App Store가 25만 개 이상의 앱을 가지고 있다는 사실은 많은 트래픽이 발생하며 전 세계에서 네이티브 모바일 앱을 쇼핑하는 사람들 다수의 주요 접촉 포인트라는 것을 의미한다. 어떤 다른 모바일 디바이스도 이렇게 많은 상품들과 고객들을 확보한 앱 스토어를 가지고 있지 않다. 이것은 iOS 앱 디자이너들에게 굉장한 뉴스이다.

하지만 25만 개 이상의 앱이 있다는 것은 뒤집어 말하면 당신의 앱이 건초더미에 있는 바늘과도 같다는 것 또한 의미한다. 어떤 앱이냐에 따라 엄청난 경쟁을 해야 할 수도 있다. 그리고 App Store에 어떻게 분류되고 놓이느냐에 따라서 몇 천 건의 다운로드가 될 수도 있고, 몇 건 안될 수도 있다. 이것은 iOS 앱 디자이너들에게는 App Store의 단점이다.

당연히 성공은 특정 앱의 범위와 목표에 의해 정해진다. 매우 전문화된 앱은 아주 소수의 사용자에게만 관심을 끌기 위해 디자인되었을 수도 있다. 내가 디자인한 대부분의 앱은 이 범주에 든다. 그럼에도 불구하고 나는 내가 목표로 하는 사용자들이 내 앱을 찾아내기를 원한다. 웹은 이것을 퍼트릴 수 있는 좋은 수단이다.

따라서 당신이 일반적인 목적의 앱을 모든 iOS 디바이스 소유자들에게 노출하기를 원하는지 아니면 틈새 애플리케이션으로 특정 직업인이나 사용자를 목표로 하든지 간에 디자인을 하는 과정 중에 온라인 커뮤니케이션 옵션을 고려하길 바란다.

앱 웹 사이트 디자인하기

애플의 승인을 받기 위해 App Store에 제출한 모든 앱은 URL이 있어야 한다. 이 URL은 블로그나 개인 웹 사이트, 고용인의 웹 사이트 또는 자신의 회사 웹 사이트일 수 있다. 하지만 실제 웹 사이트이어야 한다.

그리고 현실적으로 자신의 앱을 위해서 추가적인 홍보를 하는 것이 좋다. 앱 웹 사이트(또는 페이지)는 여러분의 앱을 더 "진짜"로 느끼게 해준다. 이렇게 하면 사람들에게 앱에 대해 좀 더 빠르게 정보를 줄 수도 있으며 App Store에만 의존하는 것보다 훨씬 더 선택의 범위가 넓어진다.

내가 마케팅에서 수년간 일했지만 앱 마케팅 권위자인 것처럼 행동하지 않을 것이다(다 지난 일이고 지금은 그 분야에 있지 않다). 내가 회사 웹 사이트를 만들면서 쌓은 나의 경험에 기반해서 약간의 권고사항들을 공유할 수 있어 기쁘다(그림 11.3).

11.3 Aesthete Software, LLC, 웹 사이트

내가 이 웹 사이트에 관련하여 내린 몇몇 결정들과 이것이 내가 디자인한 앱을 마케팅하는 것과 어떻게 관련이 있는지 살펴보자:

- Aesthete Software, LLC의 브랜딩은 매우 일관성이 있다. 워드마크(활자체, 컬러, 공간적인 관계)의 세부사항은 웹 사이트와 앱, 그리고 App Store에 있는 앱 그래픽 모두 일관성을 유지하고 있다.

- 나는 주의를 끄는 홈페이지를 유지하도록 최선을 다할 것이다. 보통은 최신 뉴스나 큰 이미지 그리고 퀵 메시지를 넣는다.

- 이 사이트를 아주 쉽게 탐색할 수 있도록 유지할 것이다. 섹션은 앱, 컨설팅, 워크숍 그리고 이제 이 책을 소개하는 섹션으로 나뉘어 있다.

- 업데이트를 단순하게 하고 접근을 쉽게 하기 위해 웹 기반의 콘텐츠 관리 시스템을 사용하기로 결정했다. 인터넷이 연결된 곳이라면 어디에서든 콘텐츠를 추가하고 수정할 수 있다.

- 나는 사이트 디자인에 Twitter feed를 포함시켰다. 따라서 사이트의 홈페이지가 최근에 업데이트되지 않았다고 하더라도 현재 콘텐츠가 해당 페이지의 옆에 스트리밍 될 것이다(내가 Twitter상에 있다고 가정했을 때).

요약하면 나는 여러분이 디자인한 앱에 대해 소통하는 접근 방식에서 어느 정도는 애플처럼 되기를 권장한다. 지속성을 보여주는 것은 결국 유리하게 작용할 것이다. 당신이 생성한 것은 단순한 앱이 아니라 새로운 브랜드이다. 브랜딩에 대해 읽어보면 '브랜드 관리'가 의미하는 것을 이해하게 될 것이다. 당신이나 같이 일하고 있는 누군가는 이 앱이 무엇을 하는 앱이고 또 누구를 위한 것인지를 능숙하게 지속적으로 전달해야 할 것이고 그것이 결국 브랜드 관리이기 때문이다.

그리고 당신이 앱들을 세트로 만들고 있다면 어떻게 그들을 시각적으로 묶을 것인지에 대해 계획하도록 하자. 여러분이나 회사, 앱 이름과 앱 그래픽과의 관계는 커뮤니케이션의 응집력을 강화할 수도 있고 떨어뜨릴 수도 있을 것이다.

앱 소셜 미디어 채널 생성하기

요즘은 App Store와 웹 사이트는 퍼즐의 두 조각이다. 소셜 네트워크는 하루하루 많은 양의 웹 커뮤니케이션을 실어 나른다. 여러분도 당연히 알고 있을 것이다. 오늘도 Facebook 또는 Twitter를 이미 로그인했거나 바로 이 순간에 로그인했을 수도 있다. 활약이 지나친 당신 뇌의 또 다른 부분으로 이것을 읽고 있으면서 말이다. 주목하시라! 여러분의 앱을 위한 소셜 네트워킹에 대해 몇 가지 알려줄 것이 있다.

Facebook 페이지, Twitter 계정 또는 앱을 위한 다른 소셜 미디어 채널을 생성할 때 기억해야 할 가장 중요한 점은 생성하는 것이 가장 쉬운 부분이라는 점이다. 나의 앱을 위한 Twitter 계정을 살펴보자(그림 11.4).

11.4 Aesthete Software, LLC를 위한 Twitter 계정

소셜 미디어를 위한 나의 최상의 충고는 "내가 말한 대로 하고, 내가 한 것은 하지 말아라"이다. 비록 내가 때때로 이 채널에서 매우 활동적이지만 다른 때에는 시들해진다.

소셜 미디어 채널을 생성하는 것과는 다르게 그것을 유지하고 잘 이용하는 것은 지극히 어렵기 때문이다.

특별히 기술적으로 어렵다기보다는 훈련의 문제이다. 웹 사이트의 콘텐츠가 며칠 또는 몇 주 정도 되면 오래된 것처럼 느껴진다면, 소셜 미디어 채널에서의 콘텐츠는 몇 시간만 되어도 오래된 것처럼 느껴질 수 있다.

여러분의 앱은 무엇을 업데이트하는가? 새로운 콘텐츠? 버전 업데이트? 좋다. 당신의 길쭉하고 날렵한 카푸치노 잔과 함께 어떤 종류의 머핀을 가지고 있는가? 기억할 것은 만약 자신의 앱을 위해 새 소셜 채널을 연다면 콘텐츠는 대부분 앱에 초점이 맞추어져 있는 것이 더 낫다. 너무 많이 채우는 것은 소셜 채널이 없느니만 못하다.

게다가 내가 한 가지 배운 것은 앱 사용자들 중 소수만이 소셜 네트워크에서 활동하고 있다는 것이었다. 그것도 최소한 그들의 일과 관련해서였다. 따라서 앱에 소셜 네트워크 채널을 포함하는 작업(물론 어렵고 약간의 시간이 걸린다)을 시작하기 전에 당신의 타겟이 되는 사용자들이 소셜 미디어를 사용하는지에 대해서 미리 알아보도록 하자.

소셜 미디어를 포함시키는 방법에 대한 권고사항은 아주 많다. 나는 이것들을 여기에서 반복하고 싶지는 않다. 여러분이 앱에 소셜 미디어를 포함할 것인지 고려해 볼 것을 권하긴 하지만 이것을 성공으로 가는 특효약으로 생각하지 않았으면 한다. 소셜 미디어를 채택하는 것은 마라톤 훈련 또는 와인 만들기와 같다. 이것은 본질적으로 시간이 걸리며 서두를 수가 없다. 왜냐하면 청중, 사회적인 페르소나 그리고 당신의 청중이 배우기를 기대하고 의지할 수 있는 커뮤니케이션의 형태를 형성하는 데에는 시간이 필요하기 때문이다.

따라서 모든 방법을 고려해보되 신중하게 하도록 하자.

앱 업데이트를 통해 커뮤니케이션하기

당신은 이것에 대하여 많이 생각해 보지 않았을 수도 있다. 하지만 App Store에 올린 앱에 디자이너가 올리는 업데이트 메시지들 또한 앱 마케팅 커뮤니케이션의 한 형태이다. 하지만 콘텐츠와 포맷은 정말로 다양하고 때로는 메시지들을 그냥 지나쳐버릴 수도 있다. 어떻게 하면 이것들이 제대로 효과를 발휘하고 어떻게 하면 그렇지 않게 될까?

좋던 싫든 간에 이 업데이트 메시지는 고객이 무료 다운로드/구입 후에 그들과 커뮤니케이션하기 위한 가장 직접적인 방법이다. 그림 11.5는 업데이트 메시지의 한 예를 보여준다.

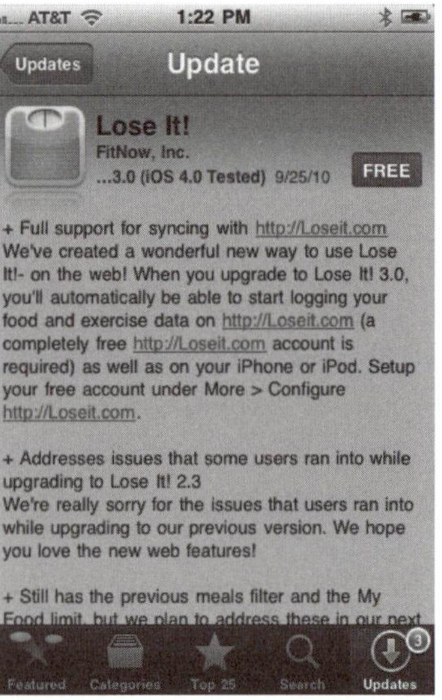

11.5 App Store에 있는 Lose it!을 위한 업데이트 메시지(iPhone 화면).

이 메시지의 몇 가지 장점은 다음과 같다:

- 직접 얘기하듯이 친근한 대화체를 사용할 수 있다.
- 이것은 상세하고 빈틈이 없다.
- 앱의 웹 사이트에 링크된 URL을 포함한다.

그리고 이 메시지의 몇 가지 약점은 다음과 같다:

- 너무 길다.
- 주요 항목이 상당히 장황하다.

비교를 위해 Pandora를 위한 앱 업데이트 메시지를 보자(그림 11.6).

11.6 iPhone 화면으로 본 App Store에 있는 Pandora를 위한 업데이트 메시지

이 예의 강점은 분명하다. 주요 항목이 짧아서 보기 좋고 너무 많지 않다. 따라서 읽기가 좋다. 또 스크린의 30 퍼센트도 차지하지 않는다(대부분의 경우 업데이트 내용을 스크롤해야 하는 것은 말할 것도 없고, 아예 화면이 끊어지는 밑부분에서 새 내용이 시작할 수도 있다). 이것이 과연 Pandora의 고객과 좀 더 많은 관계 형성을 하기 위한 기회를 놓치는 것일까?

나는 그렇게 생각한다.

앱 업데이트 메시지는 다음과 같이 이용하도록 하자:

- 이 두 예의 극단적인 예를 참고해서 그 중간을 목표로 하라. 친근하고 상세하면서도 간결하게 표현한다. 또한 각각의 요점을 짧게 유지하도록 하자.

- 기호를 항상 주요항목을 위한 말머리로 사용하고 그 사이에 스페이스를 항상 넣는다. 만약 이렇게 하지 않으면 당신의 요점은 사람들이 무시하고 넘어가는 하나의 거대하고 젤리 같은 텍스트의 블록에 묻혀 버릴 것이다.

- iPhone 스크린 안에 업데이트 메시지가 들어가도록 하라. 약 18줄 정도의 양이다(라인 당 약 50개의 글자가 들어간다). 그리고 iPad 스크린이 크다고 해서 앱을 위한 업데이트 메시지를 더 길게 만들지 말자.

- 고객들이 피드백이나 제안을 위한 이메일을 보내거나 App Store에서 앱을 평가를 하는 것을 상기시키는 용도로 업데이트를 사용하도록 하자.

그러면 그림 11.7과 비슷해질 것이다.

11.7 iPhone 화면으로 본 App Store에 있는 TripIt를 위한 업데이트 메시지

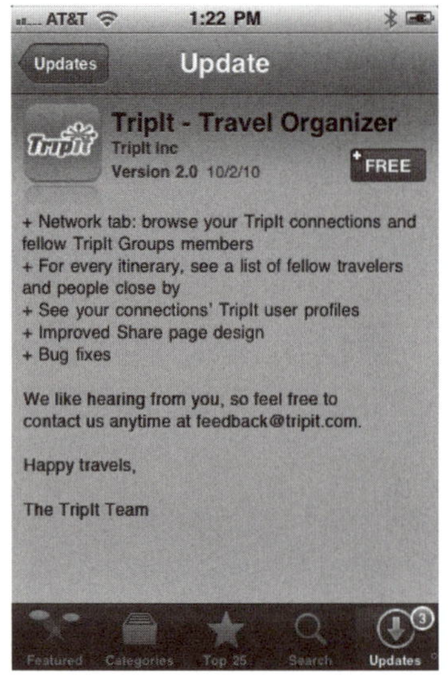

고객과 시장에 최신의, 또는 업데이트된 특성들을 전달하면서 소통할 수 있는 기회를 창조적으로 활용하도록 하자. 만약 메시지를 간결하고 유익하면서도 친근하게 표현하면 자신과 앱의 명성을 향상시킬 수 있으며 고객들이 여러분의 앱을 다른 사람들에게 소개하기도 쉬워질 것이다.

요약

이 장에서 우리는 다음과 같은 사항을 배웠다.

- App Store에 드러나는 주체가 자기 자신, 자신의 회사, 고용주 또는 조직 또는 의뢰인 중 어느 쪽이길 원하는지 생각해 보도록 하자:

- Available on the App Store 배지와 애플이 제공하는 디바이스 이미지들을 사용하자(그리고 그것들을 적절히 사용하도록 하자).

- 마케팅 메시지를 위한 애플의 텍스트 지침을 따르도록 하고 텍스트를 Myriad 활자체로 지정하지 않도록 하자.

- 고객들과 분명하게 소통하기 위해 자신의 웹 사이트와 소셜 미디어 채널을 만들어 App Store를 벗어나 온라인에서도 앱의 존재감을 증대시키도록 하자.

- 앱 업데이트 메시지들을 분명하고 간결하면서도 읽기 쉬우며 도움이 되도록 작성하면 고객들과의 관계를 강화할 수 있을 것이다.

이제 거의 모든 iOS 앱 디자인 여행을 따라왔다. 필요한 앱 디자인 툴을 얻는 것에서부터 iOS 인터페이스와 사용자 경험에 대해 배우고 여러 가지 종류의 앱 콘텐츠를 디자인하기 위한 기술을 시험해 보는 것까지 말이다. 이제 마케팅 지침과 팁과 함께 당신이 결승선(당신의 앱을 iTunes App Store에 배포하는 것)에 설 준비가 되었다는 의미이다.

12 앱의 공급과 배포 (provisioning & distribution)

이 여행은 iOS 앱 디자인의 큰 그림으로 시작해서 앱 디자인 작업을 위한 주요 툴과 방법들로 이동하였고 마지막 여러 장을 웹 표준과 NimbleKit의 Objective-C 코드 프레임워크를 가지고 앱을 디자인하기 위한 여러 가지 콘텐츠 중심의 접근 방식을 세세하게 설명하는데 소비했다.

그러면 앱을 막 완성한 다음 과정으로 테스트, 배포 그리고 판매에 대해서 생각하기 시작할 때 해야 할 것은 무엇인가?

이것이 바로 이 장에서 설명하고자 하는 것이다. '네이티브로 가고' Objective-C iOS 앱을 디자인하기 위한 중요한 이유 중 하나는 애플의 iTunes 소프트웨어와 배포 채널(iTunes software and distribution channel)이다. iTunes Connect 는 애플의 디지털 시장과의 인터페이스이며 iOS Dev Center는 여러분을 대신해서 iTunes Connect 작업을 하는 데 필요한 기술적인 리소스들을 찾기 위한 장소이다.

iOS Dev Center 이용하기

iOS Dev Center는 iPad와 iPhone 4가 소개된 이후로 많은 새로운 기술 콘텐츠를 추가해 왔다(그리고 항상 iPod touch에 관한 많은 정보를 제공하고 있다). Dev Center는 포털로써 방대한 양의 정보와 리소스를 제공하고 앱 디자이너인 여러분의 작업을 지원하는 포럼들을 지원한다. 이 책은 거기에 있는 모든 것의 목록을 만들려는 시도는 하지 않을 것이다. 그리고 실제로 어느 큰 상점에 있는 것처럼 스스로 이리저리 뒤지고 캐고 다니는 것이 효과적이고 재미있다. 그보다 나는 두 가지 중요한 부분에 초점을 맞출 것이다. 이들은 iOS 프로비저닝 포털(iOS Provisioning Portal)과 iTunes Connect이다.

iOS 프로비저닝 포털 이용하기

iOS 프로비저닝 포털은 소유하고 있거나 접근하려 하는 특정 iOS 디바이스에 앱을 올릴 수 있는 장소이다. 가끔 지루하기도 하겠지만 이 과정을 따라가보자. 앱 프로비저닝과 배포 과정이 그렇게 지루한 이유는 단 하나, 보안 때문이다. 최소한 이것이 내가 들은 것이고 내가 미치지 않고 필요한 모든 단계를 거치기 위해 이 얘기를 믿기로 했다.

하지만 이것은 매우 타당하다. 시스템은 과정에 연관된 각각의 필수 컴포넌트(자신과 앱 그리고 디바이스)를 식별하는 디지털 키의 집합 또는 증명서로 둘러싸여 디자인되었기 때문이다. 그들이 연결한 이러한 증명서들과 과정들은 누군가가 당신의 앱을 허락 없이 테스트하거나 배포하는 것을 놀라울 정도로 어렵게 만들었다. 디지털 파일들을 복사하는 것이 얼마나 쉬운지를 고려해 볼 때 우리는 이 보안에 감사할 필요가 있다.

반면에 그 과정들은 제대로 동작하기 위해 어느 정도의 실험 (그리고 가끔 디버깅도) 또는 쉽게 사용하기 위한 문서화 작업을 필요로 한다. 앞에서 나온 것 중에 당신이 정말로 해야 하는 것을 제외하고는 더 이상 하기를 원하지는 않을 것이며 문서는 iOS Dev Center에서 풍부하게 찾을 수 있다. 하지만 이것이 항상 쉬운 것은 아니다(사실 이것은 항상 최신의 것이 있는 것이 아니다).

여기가 우리가 시작하려는 지점이다.

증명서 요청하고 설치하기

iOS 앱을 애플 모바일 디바이스(Simulator를 제외한 것)에서 실행하기 위해서는 iOS 프로비저닝 포털에서 얻을 수 있는 유효한 증명서에 사인해야만 한다. 자신의 디바이스(또는 직접적으로 접속할 수 있는 어떤 것)에서 실행하기 위해 개발 증명서(development certificate)가 필요하다. 고객들이 iTunes App Store에서 받은 후에 자신의 디바이스에서 실행하기 위해서는 배포 증명서(distribution certificate)가 필요하다.

이 과정에서 첫 번째 단계는 당신의 Mac에 있는 Keychain Access application에서 Certificate Signing Request(CSR)을 생성하는 것이다. 만약 이 앱에 익숙하지 않다면 [Applications]-[Utilities]에서 찾을 수 있다.

Keychain Access를 시작한 다음 메인 애플리케이션 메뉴에서 [Preferences]를 선택한다. [Certificates] 탭을 클릭하고 처음 두 개의 옵션이 'Off'로 설정되었는지 확인한다(그림 12.1).

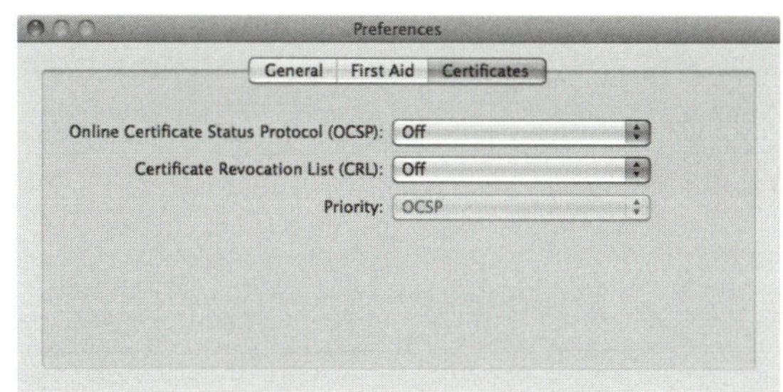

12.1 Keychain Acccess 에 있는 Certificates Preferences

[preferences]를 확인하고 메뉴에서 [keychain Access]-[Certificate Assistant]-[Request a Certificate from a Certificate Authority]를 선택한다(그림 12.2).

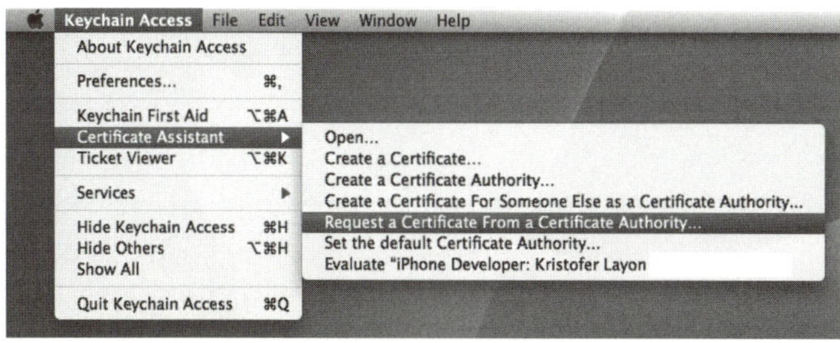

12.2 Request a Certificate from a Certificate Authority

맨 윗칸에 이메일 주소를 입력해야 하지만 실제로 특별히 필요한 것은 아니다. 'Common Name'에는 Apple 개발자 ID를 등록할 때 사용했던 정확히 동일한 이름을 사용하도록 한다. 또한 'Saved to disk'와 'Let me specify key pair information'에 체크한다(그림 12.3).

NOTE

12.3 Certificate Assistant

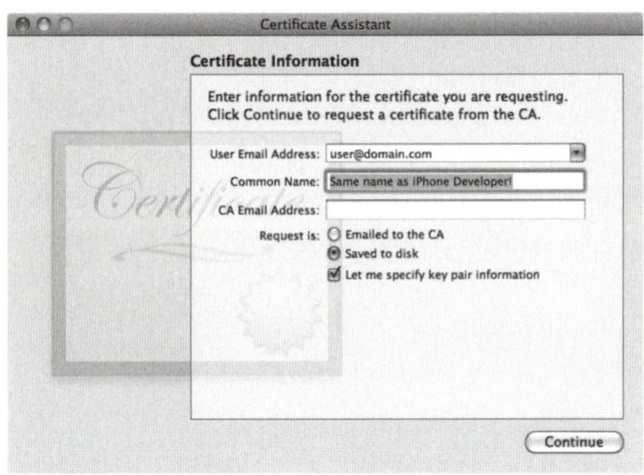

Certificates Signing Request(어디에 저장하는지 주의하라!)를 저장하고 나면 그림 12.4와 같은 화면을 보게 될 것이다. 'Key Size'를 '2048 bites'로, 'Algorithm'을 'RSA'로 설정하고 [Continue]를 클릭한다.

12.4 CSR을 저장하고 Key Size와 Algorithm 설정을 검토한다.

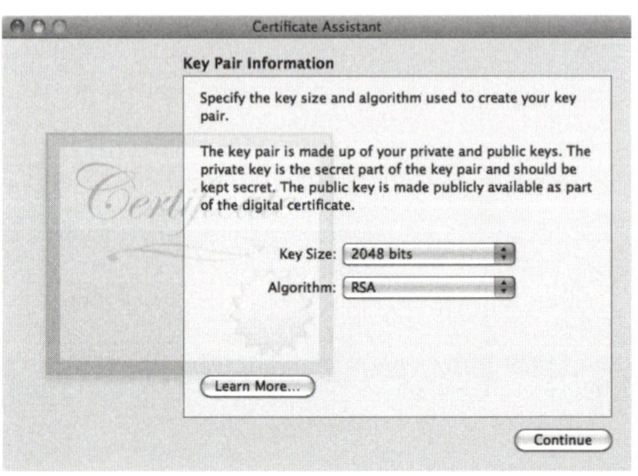

파일을 저장하면 당신은 독특한 아이템의 자랑스러운 소유자가 된 것이다. 4KB 정도로 작으면서 가장 긴 파일 확장자(.certsigningrequest)를 가진, 지

금껏 본적이 없는 파일일 것이다. 그 다음 iOS 프로비저닝 포털에 로그인하고 [Certificates]–[Development]–[Add Certificate]를 클릭한다.

NOTE　배포 증명서에 관한 메모

배포 증명서를 요청하고 생성하기 위한 과정은 거의 동일하다. 같은 단계를 반복하지만 [Distribution] 탭을 클릭하면 된다.

일단 개발 증명서가 승인되면, 그림 12.5에서와 같이 증명서를 다운로드할 수 있다는 결과 화면을 보게 될 것이다.

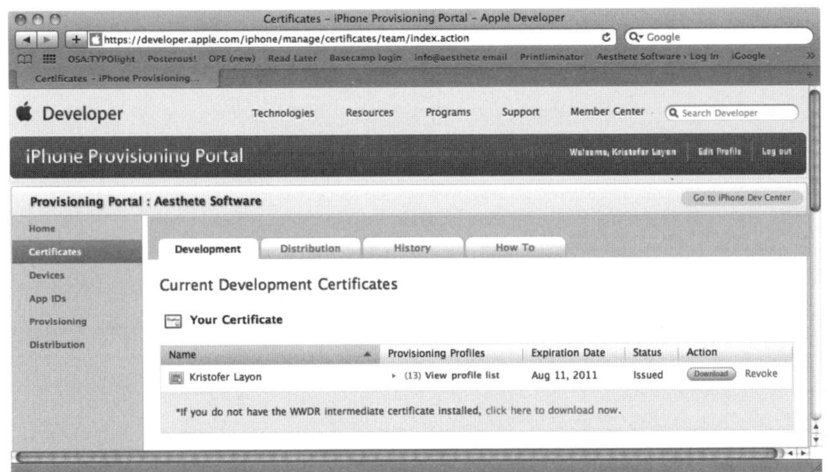

12.5 개발 증명서 발급을 축하한다!

일단 파일을 다운로드하고 Keychain Access 앱 아이콘에 증명서를 설치하기 위해 그냥 드래그하면 된다.

이렇게 한 다음 앱 공급 증명서(다음 절에 설명한다)를 생성하고 다운로드할 수 있어야 한다. 하지만 배포 증명서를 요청하고 다운로드하여 설치하기를 원한다면 위의 과정을 반복할 필요가 있다. 이것은 iTunes App Store를 통해 고객들에게 앱을 배포하기 위해 필요할 것이다. 공급과 배포 증명서를 얻은 후에 Keychain Access를 보면 그림 12.6과 같을 것이다.

12.6 Keychain Access 안의 공급과 개발 증명서들

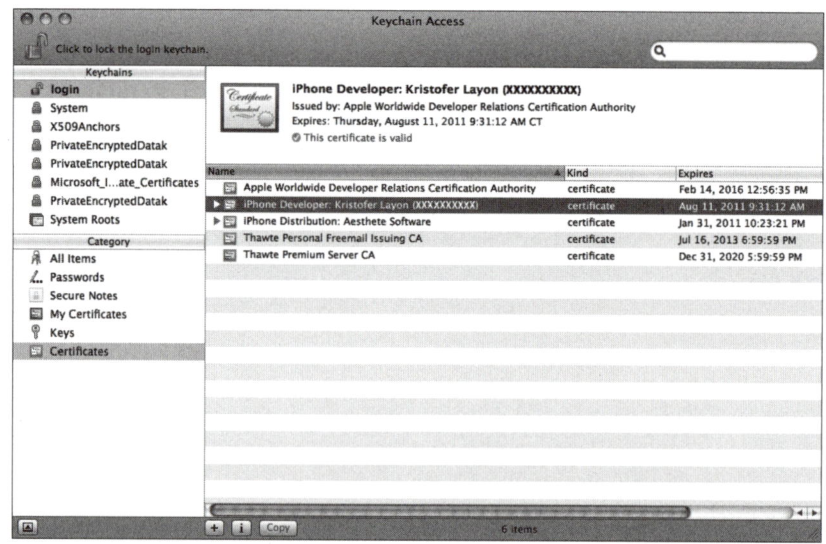

iOS Dev Center에서 다운로드해야 할 또 다른 중요한 아이템이 있다는 것에 유의하자. 이것은 Apple Worldwide Developer Relations Certification Authority certificate(어떤 문서에서는 WWDR intermediate certificate로 언급되었다)이다.

마지막으로 유의할 점은 이 증명서들은 때로 관리하기가 좀 괴롭다는 것이다. 예를 들어, 나는 개발 증명서 기한이 만료되어 문제가 생겼다(유효기간은 1년으로 the regular Developer Program의 연간 수수료에 묶여 있다.). 새 증명서를 요청하고 다운로드해서 설치하는 것은 매우 쉽다. 하지만 옛날 것이 여전히 Keychain Access에 남아 새로운 것의 인식을 방해하였다. 그래서 Keychain Access에서 이전 증명서를 직접 찾아서 삭제하였다.

Development Provisioning Assistant 사용하기

잠시 향상된 과정에 대해 애플에 감사해야겠다. Dev Center에 추가된 Development Provisioning Assistant(그림 12.7)는 정말 훌륭하기 때문이다. 이것은 새 앱을 Simulator에서 테스트하는 것에서부터 디바이스에서 테스트할 때까지 일을 훨씬 더 잘할 수 있도록 도와주며, 궁극적으로 iTunes Connect를 통해 배포할 수 있게 한다.

이 절은 이것이 어떻게 동작하는지를 설명한다.

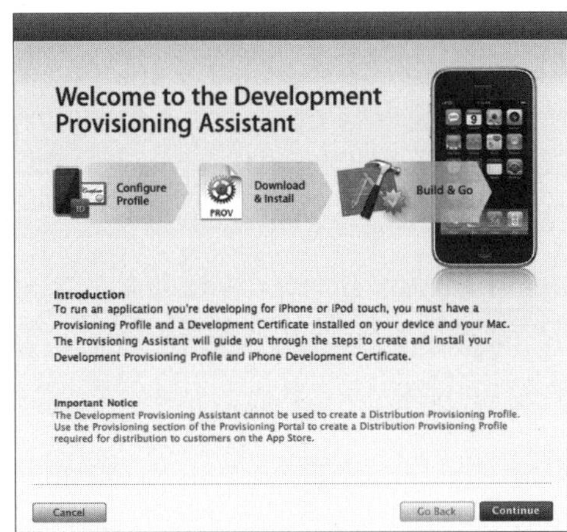

12.7 Development Provisioning Assistant

앱 ID 만들기

Assistant의 초기 뷰는 꽤 멋지고 친근하다. 내가 앞서 적었듯이, 화면을 보면 어떤 디지털 증명서들이 디바이스와 앱, 또 앱과 개발자와 일치하는지 보기 위해 필요한지를 설명한다. 우리는 막 개발 인증 과정을 다루었고, 이제 App ID를 만들 수 있다. App ID 자체는 당신이 다운로드하는 증명서가 아니다. 이것은 단순히 이름으로 Dev Center에서 사용되는 캐릭터 스트링이다. 궁극적으로는 당신의 앱을 찾기 위해 iTunes Connect와 iTunes App Store에서 사용된다.

[Assistant]–[Create a New App ID]를 선택하면 그림 12.8과 같은 화면이 나타난다.

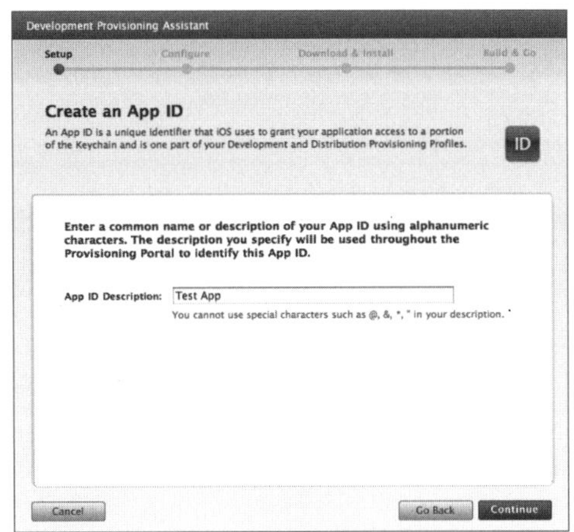

12.8 새 앱 ID 생성하기

이 간략한 ID를 당신 자신의 목적으로만 사용하도록 하라. 이 이름은 특별히 중요한 것이 아니다. 예를 들어 내가 개발한 몇 개의 앱들은 더 긴 이름을 가지고 있다. 하지만 나는 주로 그들에게 축약된 ID를 준다. 영숫자 문자와 스페이스만을 허용한다.

애플 디바이스 선택하기

새 앱 ID를 만들고 나면 app provisioning profile을 만들기 위해 필요한 세 개의 디지털 컴포넌트들 중 두 개를 얻은 것이다. 꼭 어드벤처 영화와 비슷하다. 잃어버린 물체를 모두 모으면 구체 모양으로 융합시킨다. 그러면 이것은 당신에게 마법의 힘을 줄 것이다.

비슷하지 않은가?!

[Assistant]가 디바이스 선택을 하도록 하고 Assign a New Apple Device(새 애플 디바이스를 할당하기)를 선택하면 그림 12.9와 같은 화면이 나온다.

12.9 새 디바이스에 대한 설명 생성하기

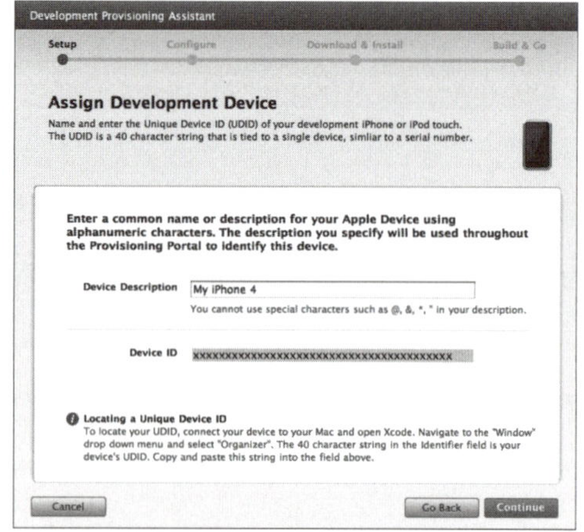

묘사 자체는 짧고 단순한 문장("My iPhone 4" 가 동작한다)이어야 하며, 그리고 나서 당신은 디바이스 ID를 얻어서 그것을 형식에 입력한다. ID를 찾기 위한 두 가지 방법이 있다:

1. 디바이스를 iTunes에 연결하고 [Summary](요약) 화면의 시리얼 넘버를 클릭한다. 이렇게 하면 디바이스 ID를 디스플레이할 것이다. 이것은 Identifier (UDID)라고 부른다.

2. 디바이스를 Xcode에 연결하고 [Devices]–[Summary]를 선택한 다음 Organizer window에 있는 식별자(Identifier)를 찾는다. 이 방법이 좀 더 쉽다. Xcode에서는 이것을 선택하여 카피할 수 있지만 iTunes는 그렇지 않다.

디바이스 할당을 마치면 [Assistant]는 우리가 이전에 생성한 개발 증명서를 확인해 줄 것이다.

provisioning profile 이름 정하고 생성하고 다운로드하기

이제 Assistant는 합쳐졌을 때 당신에게 마법의 수퍼 파워를 주는 세 개의 마법의 아이템들을 보여준다. 또는 최소한 디바이스에 당신의 앱을 설치하고 테스트하기 위한 능력을 줄 것이다(그림 12.10).

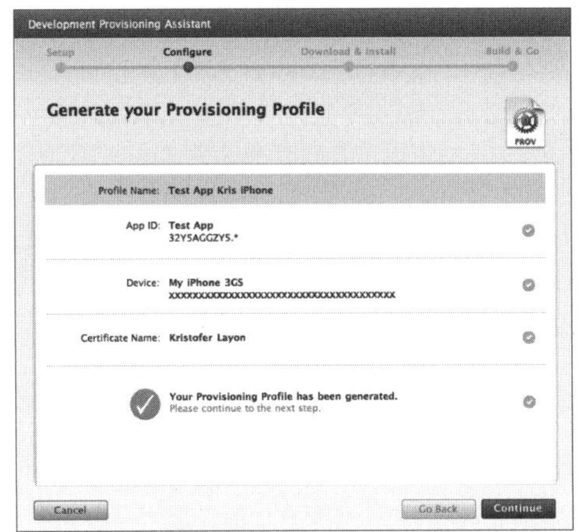

12.10 앱 ID와 디바이스 그리고 증명서 이름

초록색 체크 마크가 보여야 provisioning profile이 생성된 것이다. 다운로드하기 위해 [Continue]를 클릭한다.

다음 화면에서 프로필에 설명을 달아야 한다. Xcode 설정에서 이것을 참고할 수 있으므로 간략한 서술형으로 달도록 하자. 이후에는 여러 앱과 디바이스를 테스트할 수 있다. 나는 "App1 iPhone dev."와 같은 조합을 항상 사용한다. 이렇게 하면 프로필을 앱 이름, 디바이스에 따라 구분할 수 있고 프로필이 개발을 위한 것인지 배포를 위한 것인지도 구분할 수 있다.

프로필 이름을 정한 다음 화면을 따라가 프로필을 다운로드하고 Xcode에 설치한다(다운로드한 파일을 Xcode 아이콘으로 드래그하는 것은 가장 쉬운 설치 방법이다. 파일 확장자는 .mobileprovision이다).

이제 설치하고 테스트할 준비가 되었다! 이 과정은 3장의 「디바이스에 공급하고 테스트하기」에서 설명했다.

iTunes Connect 사용하기

하나의 디바이스 또는 두 개(많을수록 좋다)에서 앱을 테스트하고 만발의 준비를 갖추었다면 이제 앱을 더 넓은 세상으로 내보내기를 간절히 원할 것이다.

이제 앱을 배포할 준비가 되었다는 것을 의미한다. 또한 당신은 iTunes Connect를 사용하기 시작할 준비가 거의 되었다는 의미이기도 하다.

프로비저닝 포털

앱 개발을 위해 존재하는 것과 같은 Distribution Provisioning Assistant는 존재하지 않는다. 대부분의 단계들이 이미 완료되었으므로 이것이 실제로 필요하지 않기 때문이라고 추측한다. 어쨌거나 이미 개발 증명서과 App ID를 가지고 있으며 iTunes에 배포하는 것은 개발 테스팅과 마찬가지로 특정한 디바이스 ID와 관련이 없다. 따라서 마지막 단계는 Distribution Provisioning Profile을 생성하는 것이다.

이를 위해 iOS Dev Center와 iOS 프로비저닝 포털로 되돌아가도록 하자. [Provisioning]을 클릭하고 [Distribution] 탭을 클릭한다. [New Profile]을 선택하면 그림 12.11과 같은 화면을 보게 될 것이다.

Development   **Distribution**   History   How To

Create iPhone Distribution Provisioning Profile

Generate provisioning profiles here. To learn more, visit the How To section.

Distribution Method   ● App Store   ○ Ad Hoc

Profile Name   Enter a profile name

Distribution Certificate   Aesthete Software   (expiring on Jan 31, 2011)

App ID   Select an App ID

Devices (optional)   Select up to 100 devices for distributing the final application; the final application will run only on these selected devices.

Select All

Cancel   Submit

12.11 앱을 위해 iPhone Distribution Provisioning Profile 생성하기

(웹에는 iPhone으로만 표시가 되어 있지만, Distribution Provisioning Profile 은 iPod touch와 iPad 앱을 위해서도 동작한다!)

배포 방법은 App Store를 선택하고 프로필 이름을 앱을 위한 개발 프로필과 비슷하게 만들도록 한다. 다시, 나는 끝에 'Dist'를 포함한 이름을 사용한다. 이 것은 내가 Xcode organizer에서 프로필을 보았을 때 구분할 수 있게 해준다. [Submit]을 클릭하면 [Distribution Provisioning] 탭의 홈 뷰로 돌아가서 새로 운 Distribution Provisioning Profile을 보게 될 것이다.

새 프로필의 오른쪽 끝 열은 처음에 비어 있을 것이다. 하지만 페이지를 다시 불 러오면 [Download] 버튼이 보일 것이다. 파일 다운로드를 위해 클릭하고 갓 만든 Distribution Provisioning Profile을 [Organizer]에 나타나는 Xcode에 드래그 하면 앱 바이너리를 포장하고 배포할 준비가 끝난 것이다.

이것은 3장의 「빌드하고 제출하기(배포)」에서 설명했다.

애플리케이션의 추가와 관리

당신이 앱 바이너리(3장에서 설명했듯이)를 생성한 후에 평가를 받기 위해 애플 에 앱을 제출하고 iTunes App Store에 올릴 시간이다.

그렇다. 이 순간이 결국 도래했다!

이 과정을 시작하기 위해 itunesconnect.apple.com으로 가서 당신의 애플 개발자 ID(iOS Dev Center에서 사용하는 ID)로 로그인한다. 그러면 여러 옵션들이 있는 화면이 나올테고 이곳에 다음과 같은 사항들이 포함되어 있을 것이다. Sales와 Trends(사람들이 앱을 찾을 때 방문하는 곳으로 여러분도 자주 찾게 될 것이다), 계약과 세금 그리고 은행 정보(첫 번째 앱을 제출하기 전에 완료해야 할 여러 가지 중요한 사항들이다), 재무 보고(만약 앱을 공짜로 배포하지 않고 판매하기로 결정했다면 자주 사용하게 될 것이다. 왜냐하면 이곳에 애플의 지급에 대한 내용이 문서화되어 있기 때문이다) 그리고 앱 구입에 관련해 다른 사용자들을 관리하기 위한 카테고리들 그리고 홍보 코드들이 있다.

계약과 세금 그리고 은행 정보에 관련된 단계들을 마친 다음 [Manage Your Applications]를 클릭하여 앱 제출 과정을 시작한다. 그러고 나서 스크린의 왼쪽 위 모퉁이에 있는 파란색 [Add New Application] 버튼을 클릭한다.

당신이 보게 될 첫 번째 화면은 [App Information] 창이다(그림 12.12).

12.12 앱에 관한 정보 제공

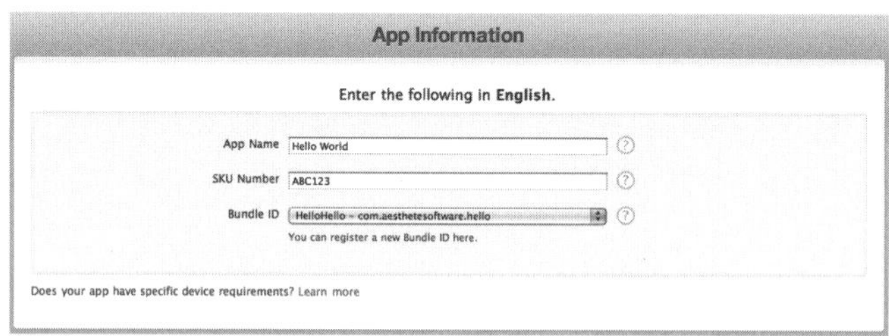

'App Name'은 iTunes App Store에 나오는 이름이다. 이 이름은 실제 앱 바이너리와 일치할 필요는 없다. 그렇지만 매우 비슷해야 한다. 예를 들어, 만약 설치한 앱 이름이 'Hello World'이고 당신의 회사명이 da Vinci Design, Inc라면, 아마도 Leonardo da Vinci와의 관계를 활용하기를 원할 것이므로 앱의 이름을 'Hello World(da Vinci)'라고 정하고 싶을지도 모른다. 이렇게 하면 iTunes 검색 결과에 뜨는 "da Vinci"는 사람들의 주목을 끌 수 있을 것이다.

하지만 이와 같은 작은 변경을 제외하고는 App Name이 앱의 이름이어야 한다.

'SKU Number'는 무엇이든지 간에 자신이 원하는 것으로 하면 된다. 만약 다른 사람들을 위한 앱을 작업하고 있다면 그들은 회사의 SKU Number를 위한 특별한 시스템을 가지고 있을 것이고 이 숫자가 그들의 판매 시스템에 맞기를 원할 것이다. 하지만 이러한 고객 입장의 요구사항들을 제외하고는, 이 필드에 대한 Apple의 특별한 지침은 없다.

[App Information]에서 마지막 아이템은 'Bundle ID'이다. 드롭다운 메뉴에서 bundle ID를 선택한다. 이것은 앱의 공급 프로필을 생성하기 위해 처음으로 Development Provisioning Assistant를 사용할 때 만든 것이다. 그리고 이 ID가 친숙해 보여야 한다. 왜냐하면 이것은 앱의 Info.plist 파일에 있는 bundle ID와 일치해야 하기 때문이다(만약 일치하지 않으면, iTunes Connect는 당신의 바이너리를 승인하지 않을 것이다).

[Continue]를 클릭하면 그림 12.13과 같은 [Rights and Pricing] 창을 보게 될 것이다.

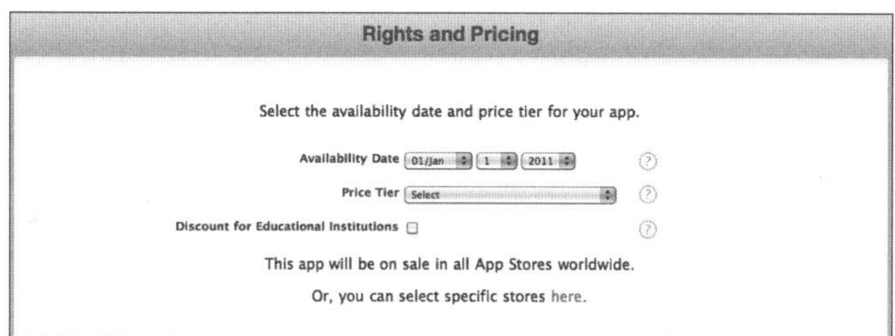

12.13 앱의 권리와 가격 결정

앱 승인 시간은 매우 유동적이다(짧게는 이틀이 걸렸고 제일 오래 걸린 것은 3주였다). 여기서 알아야 할 중요한 것은 Availability Date(판매 가능 날짜)는 오늘 날짜로 미리 설정될 수 있다는 것이다. 이것은 앱이 승인을 받는 즉시 판매할 수 있다는 것을 의미한다. 왜냐하면 그 날짜는 오늘로 설정된 availability date 이후인 것이 명백하기 때문이다. 또는 만약 앱의 의뢰인의 앱을 런칭하기 위한 회사의 마케팅과 홍보가 몇 월 며칠에 이루어질 것이라는 것을 알고 있다면 그에 맞추어 날짜를 설정할 수 있다.

'Price Tier'는 다소 이상하게 라벨이 붙는데, Tier 1이 정말로 1달러이기 때문이다(엄밀히 따지면 0.99달러). 드롭다운 메뉴의 단계는 'Tier 85'까지 있다. 만약 앱을 84.99달러에 판매하기 위해 제출한다면 이것은 실제로 이 가격 포인트로 이동한다. 그리고 어떻게 그 가격까지 도달하게 되었는지 나에게 알려주길 바란다.

그리고 만약 당신이 그 이상의 가격에 판매하려고 하는 앱을 가지고 있다면(그렇다. 그런 앱들이 존재한다)? 특별대우를 받기 위해서 분명히 애플에 전화를 할 필요가 있겠다. 나는 드롭다운 메뉴에 있는 것보다 더 높은 가격 단계의 앱을 제출하는 방법은 모른다.

'Discount for Educational Institution(교육기관 할인)' 체크박스는 학교, 전문대, 대학교가 앱을 50퍼센트의 할인가격에 대량 매입할 수 있게 한다. 만약 이런 기회를 제공하는 데에 관심이 있다면, 애플 웹 사이트에서 이 부분에 대해 읽어보고 앱을 제출할 때 체크박스에 체크하도록 한다.

내용을 모두 체크하고 [Continue]를 클릭하면 [Version Information](버전 정보) 화면이 나온다(그림 12.14).

이 스크린에 나오는 많은 정보에 대하여 매우 철저히 대답할 필요가 있다. 버전 넘버, 저작권, 이메일 주소 그리고 지원 URL과 같은 몇 개의 아이템들은 대답하기 쉽다. 중간에 있는 [rating] 섹션 역시 상당히 객관적이다.

하지만 이중 일부는 iTunes App Store에서 당신의 앱을 포지셔닝하고 마케팅할 때 무엇보다 중요하다. 어떻게 설명할 것인지 고려해 보도록 하라. 주목을 끌면서도 간결한 몇 개의 구절로 어떻게 장래의 고객의 관심을 사로잡을 것인가? 서술할 주요 특성들은 무엇인가? 그리고 앱이 경쟁을 한다면 다른 유사한 앱들과의 차이점을 어떻게 부각시킬 수 있는가?

NOTE　버전 정보 – 이제 편집할 수 있다

알아두어야 할 중요한 사항은 description 항목과 다른 아이템들을 나중에 편집할 수 있다는 것이다. 이것은 새롭게 추가된 특성이다. iTunes Connect 이전 버전에서 유일하게 앱 설명을 변경할 수 있는 기회는 승인을 위해 업데이트 버전을 제출할 때뿐이었다!

12.14 앱의 버전 정보
제공하기

Version Information

Enter the following information in **English**.

Metadata

Version Number

Description

Primary Category [Select]

Secondary Category (optional) [Select]

Keywords

Copyright

Contact Email Address

Support URL [http://]

App URL (optional) [http://]

Review Notes (optional)

Rating

For each content description, choose the level of frequency that best describes your app.

App Rating Details ▶

Apps must not contain any obscene, pornographic, offensive or defamatory content or materials of any kind (text, graphics, images, photographs, etc.), or other content or materials that in Apple's reasonable judgment may be found objectionable.

Apple Content Descriptions	None	Infrequent/Mild	Frequent/Intense
Cartoon or Fantasy Violence	○	○	○
Realistic Violence	○	○	○
Sexual Content or Nudity	○	○	○
Profanity or Crude Humor	○	○	○
Alcohol, Tobacco, or Drug Use or References	○	○	○
Mature/Suggestive Themes	○	○	○
Simulated Gambling	○	○	○
Horror/Fear Themes	○	○	○
Prolonged Graphic or Sadistic Realistic Violence	○	○	○
Graphic Sexual Content and Nudity	○	○	○

EULA

If you want to provide your own End User License Agreement (EULA), click here. If you provide a EULA, it must meet these minimum terms. If you do not provide a EULA, the standard EULA will apply to your app.

Images

Large 512x512 Icon

[Choose File]

iPhone and iPod touch Screenshots

[Choose File]

iPad Screenshots

[Choose File]

설명과 동일하게, 아마도 훨씬 더 중요한 것은 카테고리와 키워드이다. 만약 용어를 주의 깊게 선택하지 않는다면 광범위한 용어로 검색하는 사람들은 결국 당신의 앱을 찾지 못하게 될 것이다.

선택 가능한 카테고리들은 그림 12.15에서 볼 수 있다.

12.15 앱 카테고리 결정하기

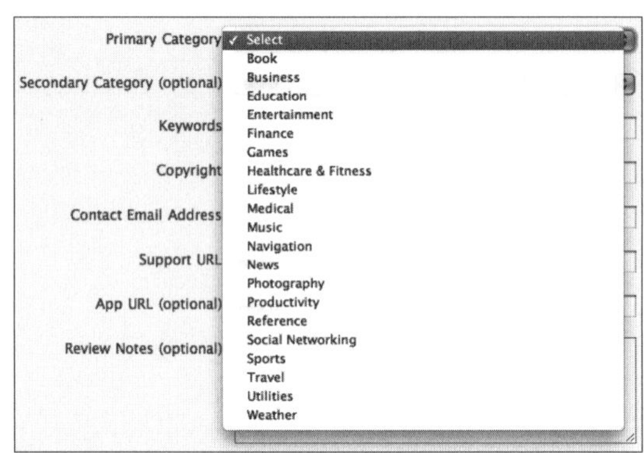

선택적인 두 번째 카테고리(선택사항들은 둘 다 동일하다)뿐 아니라 주요 카테고리가 있다는 것을 유의하도록 하자. 앱이 오직 한가지에만 맞는 것이 아닐 때에 특히 두 번째 카테고리를 사용하기를 권한다. 그것을 사용하면 세력 범위를 최소한 두 번째 카테고리로까지 넓힐 수 있다!

키워드 역시 중요하며 여기에 알아두어야 할 다른 중요한 점이 있다. 앱 설명은 iTunes 검색에서 명백히 사용되지 않는다(애플 엔지니어링 직원이 2010년 세계 개발자 회담 Worldwide Developer Conference에서 이렇게 말했다). 따라서 중요한 키워드가 설명에 이미 사용되었다고 하더라도 키워드 필드에도 입력해야 한다. 이렇게 해야 iTunes App Store 쇼핑객들이 찾을 수 있다.

NOTE 버전 정보 – 모두 다 편집할 수 있는 것은 아니다

알아두어야 중요한 사항은 설명과 최근 업데이트 정보를 나중에 편집할 수 있다는 것이다. 하지만 카테고리 또는 키워드는 나중에 편집할 수 없다! 절대로 할 수 없다! 애플 승인을 위해 새로운 버전의 앱을 제출할 때까지 편집할 수 없으므로 이들을 매우 주의 깊게 선택하여야 한다.

카테고리와 키워드 작성을 마치고 나면 애플이 제공하는 최종 사용자 라이센스 동의(standard End User License Agreement, EULA)에 동의하는 과정

이 나올 것이다. 만약 변호사가 있어서 작성해주지 않는다면 말이다. 나는 애플의 EULA가 완벽하다고 생각지는 않지만 나 자신의 애플리케이션을 위해 사용해 오고 있다.

마무리할 마지막 작업은 iTunes App Store 아이콘 그래픽과 앱 스크린 샷을 올리는 것이다. 일을 일관성 있게 하기 위해, 앱 아이콘을 위해 했던 것과 마찬가지로 이들을 위한 PNG 이미지들을 생성하도록 권고한다. 하지만 알아두어야 할 것은 iTunes는 JPG과 TIF 포맷도 받으며 이들은 72 dpi, RGBA, 납작하며 (flattened) 투명성이 없어야 한다. 또한 파일 이름은 앱 아이콘에서와 마찬가지로 중요하지 않다. 표 12.1은 사이즈 규격들을 나타낸다.

테이블 12.1 iTunes 앱 아이콘과 스크린 샷을 위한 사이즈 규격들

	앱 아이콘	IPHONE/IPOD TOUCH	IPHONE 4	IPAD
세로 방향	512× 512	320 × 460	640 × 920	768 × 1004
가로 방향	–	480 × 300	960 × 600	1024 × 748

표 12.1은 iPhone, iPod touch 그리고 iPad에서 20픽셀(iPhone 4의 Retina 디스플레이에서 40 픽셀 높이)의 상태 바를 잘라낸 크기를 상정한 것이다. 하지만 나는 스크린 샷에 상태 바가 있으면 주의를 분산시킨다는 사실을 알게 되었다. 거의 모든 앱이 이것을 디스플레이한다. 따라서 이것은 변별점이 되지 못한다. 하지만 나는 실수로 상태 바를 포함하고 있는 스크린 샷을 올렸다. 그렇다고 세상이 끝나는 것은 아니다! 당신이 이렇게 할 때 기억해야 할 것은, 두 번째 치수가 테이블 12.1에 나온 것보다 더 커야 한다는 것이다(iPhone을 예로 들면 세로 방향: 320×480 픽셀).

또한 데스크탑 버전의 iTunes App Store에서는 세로와 가로 방향 스크린 샷을 둘 다 디스플레이한다는 것이다. 이들을 iPhone 또는 iPod touch에서 보기 위해서는 디바이스를 가로 방향으로 회전하면 된다. 다시 말해 Apple은 이들 디바이스에서 세로 방향으로 디스플레이하도록 사이즈를 조정해주지 않는다.

버전 정보를 제출하고 나면 정보 요약 스크린을 보게 될 것이다. 이 지점에서 떠났다가 다시 되돌아 올 수 있다. 또는 잠시 기다렸다가 새로고침하면 바이너리 버튼을 로드하기 위한 파란색의 [Ready] 버튼이 나타난다. 몇 가지 질문에 답하면 Application Loader로 이동하게 된다. 만약 iOS SDK 3.2 이후의 버전이라면

Mac의 [Developer]–[Applications]–[Utilities]에 저장된 Application Loader
가 존재한다. 이것을 실행하면 [Choose an application](애플리케이션 선택하기)
으로 가게 될 것이다(그림 12.16).

12.16 Application Loader 사용하기.
Mac에 있는 iOS SDK의 일부분인
애플리케이션이다.

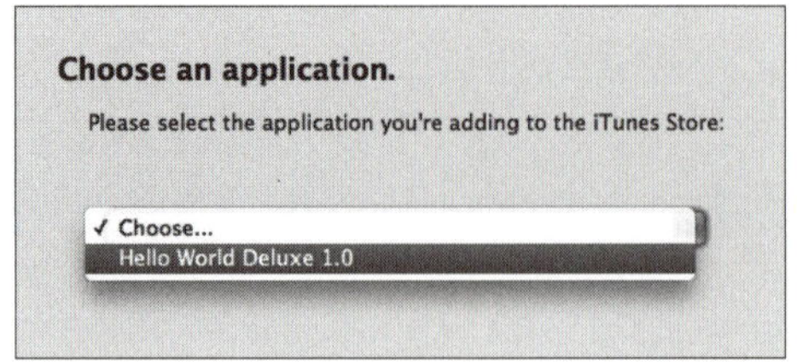

그리고 나서 iOS4에서 테스트하고 자격을 얻었는지를 묻는다(만약 현재 SDK를
사용하고 있고 iPhone 4 Simulator나 iPhone 4에서 테스트했다면 대답은 "yes"
이다). 일단 Xcode에서 빌드했던 앱 바이너리(이것은 메인 앱 파일 디렉터리의
[build]–[Distribution]–[iphoneos] 디렉터리에 있으며 압축해야만 한다. 따라서
이것의 포맷은 name.app.zip이다)를 선택하면, Application Loader는 그것을
iTunes Connect에 제출할 것이다.

이것이 전부이다. 모두 끝냈다! 이제 당신이 해야 할 것은 iTunes Connect(또는
iTunes App Store)에 지속적으로 로그인해서 언제 앱이 승인되고 유효하게 될지
를 보는 것이다.

요약

휴! 이번 장은 기본적으로 애플 개발 보안(Apple Developer security)과 앱 마케
팅 석사 학위를 주었다. 나는 이 글이 내가 이 과정을 배우고 애플의 문서를 읽
을 때 발견했던 공백을 많이 메워 줄 수 있기를 바란다. 최소한 나는 이것들을 한
곳에 모아두는 것이 도움을 주리라고 생각한다. 그리고 우리는 다음 사항에 대한
방법을 배웠다.

- Mac에 있는 Keychain Access와 Certificate Assistant applications를 이용하여
  Certificate Signing Requests(CSRs) 생성하기.
- CSRs 개발. 그리고 배포 증명서를 생성하기 위해 iOS 공급 포털로 전달하기.

- 이 증명서들을 Keychain Access에서 Apple Worldwide Developer Relations Certification Authority certificate(WWDR intermediate)와 함께 다운로드하고 설치하기
- 개발 공급을 위해 앱 ID를 생성하고 애플 디바이스 선택하기.
- iTunes Connect에 앱 정보, 버전 정보 그리고 앱 아이콘, 스크린 샷 그리고 바이너리 파일을 제출하기.

해냈다! 우리는 지금까지 웹 표준과 NimbleKit을 가지고 네이티브 iOS 앱을 디자인하는 방법을 탐험했다. 또한 약간의 도움이 되는 UI와 UX 권고사항들, HTML5와 CSS3 그리고 모바일 디자인을 위한 약간의 NimbleKit 대안들에 대해 배웠다.

이제 스스로의 프로젝트를 바로 시작하기 전에 콘텐츠 전략, 계획 그리고 유용성에 대해서 읽어보길 바란다(부록 A). 이 토픽들은 다른 장의 흐름에 맞지 않지만, 자신의 앱 모험을 떠나기 전에 읽기에는 완벽하다.

부록 A

앱 개발의 원칙들

다음의 세 개의 부가적인 절에서는 성공적인 프로젝트를 디자인하기 위해 필요
면서도 아주 중요한 토픽들에 대해 설명할 것이다. 이들은 콘텐츠 전략, 애플리케
이션 계획 그리고 애플리케이션 유용성이다.

원래는 이 토픽들을 책 전반에 거쳐 배치할 수 있는 짧은 절로 쓰기로 마음먹었
다. 말하자면 처음부터 끝까지 염두에 두어야 하는 폭넓고 통합적인 원칙들이다.

문제는 이것들이 모두 동일하게 중요하다는 것이다. 하지만 이 책의 나머지는 준
비하는 것에서 시작해서 앱을 빌드하고 전달하는 흐름을 가지고 있다. 따라서 책
의 전반에 거쳐 이 부가적인 절들을 섞어서 배치하는 것은 어떤 것이 마지막에
오든지 간에 프로젝트의 마지막으로 향한다는 잘못된 인상을 줄 수 있을 것이다.

따라서 이 부록은 다소 역설적이다. 이것은 책의 마지막에 있지만 당신은 이것을 처음에 읽어야 한다. 그리고 앱 프로젝트를 시작할 때부터 디자인과 배포를 끝낼 때까지, 그리고 앱의 지속적인 보수를 포함하는 것 이상으로 마음속에 확실히 기억하고 있어야만 한다.

어떤 의미에서는 이것은 끝에 배치하는 것이 적합하다. 좋은 콘텐츠 전략, 계획 그리고 사용성은 좋은 디자인의 요체이다.

따라서 이것을 여기에 배치하도록 하겠다.

콘텐츠 전략

콘텐츠. 우리 같은 웹 디자이너들은 가끔 콘텐츠를 다루는 법에 대해 어쩔 줄 몰라 한다. 몇 개의 짧은 시나리오들이 이것을 말해준다:

- 나는 정말로 콘텐츠 디자이너에 대해 상관하지 않는다: 이 사람은 콘텐츠의 책임을 다른 누군가에게 전가하는 것이다. 이런, 누구든지 상관 않고 말이다! 정보 계층(좋다, 이 정도는 콘텐츠와 약간 연관이 있다), 내비게이션, 사이트 구조, 페이지 레이아웃 그리고 애매하지만 지극히 중요한 룩 앤 필 등 우리는 이미 신경써야할 것이 많으니까.
- Mr./ Ms. Lorum Ipsum: 여기에 콘텐츠에 관심이 있는 것처럼 가장하는 것을 잘 하는 디자이너가 있다. 하지만 만약 단어들이 거짓되었다면 이것이 진실된 관심인 것인가?
- 나는 르네상스맨 디자이너다: 이 사람은 자신에게 전달된 어떤 콘텐츠를 대충 주무르면 뒤틀린 것을 끄집어 낼 수 있다고 확신한다. 특히 철자와 문법 체크를 켜놓았다면 이것이 얼마나 어렵겠는가?

웹 콘텐츠에 관해 이와 같은 자세를 가진다면 결과적으로 고품질의 사용자 중심/ 조직 중심인 웹 사이트를 만들기 위한 전반적인 책임을 회피하려 한다는 것이다. 물론 우리는 우리가 디자인해야 하는 것에만 초점을 맞추는 것을 좋아한다. 하지만 현실에서 우리가 콘텐츠에 대해 무신경하다면 전적으로 디자인에만 초점을 맞출 수가 없다.

그리고 이런 자세로 iOS 앱을 디자인할 때 발생하는 문제는 웹 사이트에서보다 훨씬 더 위험하다. 이미 배운 것처럼 모바일 앱에서는 디자인하기 위한 공간 또는 인터페이스들이 훨씬 더 적다. 이렇게 사치스럽게 말할 수는 없을 것이다. "음, 나는 해야 할 모든 디자인 작업을 했습니다. 당신은 콘텐츠에 신경 쓰세요. 그리고 준비가 끝나면 알려주세요."

만약 여러분의 앱이 게임이 아니라면 결국 그 모바일 앱은 콘텐츠이다.

이것은 우리에게 콘텐츠 전략이 필요하다는 것을 의미한다.

다행히도 콘텐츠 전략은 디자인 프로젝트의 매우 중요한 부분으로 인정을 받기 시작하고 있다. 그리고 이 영역에서 이를 선도하는 사람들 중의 하나는 Kristina Halvorson이며, 〈온라인 미디어와 소셜 웹 시대에 대응하는 웹 콘텐츠 전략을 말하다〉(2010, 에이콘)라는 놀라운 책을 썼다. 콘텐츠에 초점을 맞춘 디자인에 관해 알려면 이 책을 꼭 읽어보아야 한다. 한편 여기에서는 App Store에 배포할 iOS 앱을 디자인할 때 도움이 될 만한 몇 개의 내용을 설명할 것이다.

적을수록 효과적이다

아마도 "적을수록 효과적이다"라는 격언을 대중화한 사람은 독일 근대 건축가인 Ludwig Mies van der Rohe라고 생각할 것이다.

맞다. 하지만 이것을 웹 사이트와 다른 디지털 미디어에 적용시킨 사람은 Kristina Halvorson이다.

하지만 미디어에 관련해 우리 스스로의 행동에 좀 더 주의를 기울여야 한다는 저자나 상담가의 말을 그대로 받아들여야 할까? 이것은 이미 너무나도 명백한 것을 상기시키기 위한 정말로 고전적인 경우이다.

단순히 우리가 매일같이 하는 것들에 대해 생각해보도록 하자. 이것은 긴 포맷을 가지고 있음에 비해 적은 양의 콘텐츠를 수반한다.

우리는 대부분 문자와 이메일, 소셜 네트워크를 체크하고 몇 개의 웹 사이트를 들어가 보기도 하고 일부는 신문도 읽는다. 여유 시간이 좀 더 있다면 약 30분에서 1시간 정도에 한두 개의 텔레비전 쇼를 시청할 수도 있다.

우리가 매일같이 하지 않는 것은 다음과 같다: 책 한 권(또는 일부) 읽기, 영화 보기, 텔레비전 미니 시리즈 보기, 극장에 가기.

이 선택들의 일부는 비용과 관계가 있지만 많은 것들이 시간과 관심으로 압축된다. 영화 한 편을 보는 데에는 많은 시간이 걸리기 때문에 매일 할 수가 없다. 따라서 이것을 우리의 바쁜 일상에 계획하는 것이 상당히 흥미로워 보인다.

그러므로 많은 미디어 소비는 분량이 적은 콘텐츠로 구성된다. 적은 것이 정말로 많은 것보다 효과적인 것이다.

내가 앱에 관련하여 확신한 바를 Halvorson은 웹 사이트에 관련해 단언했다:

- 적은 콘텐츠가 좀 더 사용자 친화적이다: 잘 디자인된 웹 사이트와 마찬가지로 앱도 우리의 미디어 습관 때문에 콘텐츠를 효과적이고 간결하게 잘 전달한다. 만약 시간이 많이 소비될 것처럼 보이는 어떤 것에 직면한다면 사람들은 재빨리 그것으로부터 빠져나올 것이다.

- 적은 콘텐츠가 관리하기 쉽다: 앱의 중요한 특성이 오프라인으로 수행하는 능력이라고 해보자. 따라서 작업하기 위해서 인터넷 연결을 필요로 하지 않는다. 한마디로 모든 콘텐츠를 그 안에 담고 있다는 뜻이다. 프로젝트의 콘텐츠를 평가하고 업데이트하기 위한 스케줄이 무엇인가? 여러분과 콘텐츠 매니저는 이 스케줄에 동의하였는가?

- 적은 콘텐츠가 유지비용이 적게 든다: 콘텐츠를 유지하기 위해서는 비용이 든다. 아마 편집가에게 지불하거나 이것을 작성하고 평가하기 위해 소유자/의뢰인/작가가 들인 시간에 비용을 지불할 수도 있다. 또는 바뀐 콘텐츠를 업데이트하는데 걸린 시간에 대해서 비용을 청구할 수도 있다. 어떤 경우든 많은 양의 콘텐츠를 생성하는 것은 한번으로 끝나는 문제가 아니다. 이것은 지속적인 문제이다.

나는 겁을 줘서 콘텐츠가 풍부한 앱을 멀리하게 하려는 것은 아니다. 분명히 일부 참조 애플리케이션의 가치는 전적으로 그들의 범위와 깊이에 있다. 콘텐츠는 가치를 가지고 있고 오히려 그것이 앱을 더 가치 있게 만든다. 확실히 해야 할 것은 모든 사람들이 오랜 기간에 걸쳐 콘텐츠에 올바르게 키워내야 할 책임감이 생겼다는 것이다. 이 문제들을 관리하는 것을 돕기 위해 편집 달력을 만들어야 할지 생각해 보자.

유지 과정

크기와 스케줄 문제에 덧붙여 앱 콘텐츠의 유지는 갖가지 요소들 때문에 달라진다.

iTunes Connect는 실용적인 콘텐츠 관리 모듈이 부족하다. 따라서 만약 콘텐츠가 (온라인이 아닌) 앱 내부에 존재한다면, 당신의 콘텐츠 관리 시스템은 노트북이나 데스크탑의 Xcode에 당신의 에디터를 추가한 것이다. 내가 콘텐츠 제공자와 함께 작업하고 있는 몇 개 애플리케이션의 예를 들어보면, 우리는 앱을 업데이트하기로 한 날짜보다 항상 후에 작업한다.

우리가 이렇게 하는 이유는 대부분의 경우 나의 파트너는 출판사이고, App Store는 서점이며 나는 인쇄기 -Xcode- 를 돌리는 담당이다.

따라서 만약 파트너가 앱 업데이트를 6월 1일쯤에 하기를 원한다면 나는 애플이 업데이트를 평가하는 시간을 포함해서 날짜를 계산해야 한다(왜냐하면 그들은 업데이트 또한 새로운 앱을 평가하듯이 하기 때문이다. 업데이트 평가는 좀 더 빠르게 진행할 수 있을 것 같은데 말이다). 나는 2주까지 평가기간을 경험했으므로, 이것을 고려할 것이다.

그리고 나서 나는 HTML, 새 이미지 등의 콘텐츠 업데이트를 하기 위해 걸릴 약간의 시간을 더 추가한다.

거기에 돌발 상황에 대비할 시간을 좀 더 추가한다.

거기에 덧붙여 안전을 위해 조금 더 추가한다.

그리고 이 모든 것을 한 후에 파트너에게 나에게 변경사항을 일찍 주면 내가 업데이트를 일찍 제출할 수 있다고 강조해서 말한다(이것은 거의 효과가 없지만 시도해보는 것이 좋다).

온라인으로 전달하는 콘텐츠를 위한 유지 과정은 이보다 간단할 수도 있고 더 복잡할 수도 있다. 이것은 역할과 책임에 따라 다르다. 예를 들어 앱 스크린에 덧붙인 Twitter feed의 예에서 Twitter 계정을 누가, 얼마나 자주 관리하는가? 콘텐츠 파라미터들은 매우 세련되었는가 아니면 좀 더 자유롭고 캐주얼한가?

Twitter와 같이 도처에 존재하는 툴을 통해 콘텐츠를 유지할 수 있는 강점은 누구라도 거의 어디에서든 그것을 할 수 있다는 것이다. 아주 좋은 부분이다.

하지만 소셜 미디어에서도 배웠듯이, 가능한 한 효과적으로 사용하기 위해 여전히 계획과 과정을 필요로 한다. 만약 특정한 간격으로 콘텐츠를 업데이트하도록 설정한다면 반드시 정확한 시간에 전달하도록 해야 한다. 그리고 만약 한 팀이 작업했다면 책임자를 명확히 정해두는 것이 좋다.

마지막으로 기억할 것은 앱에서 콘텐츠 업데이트는 App Store 스크린 샷이나 앱과 연동되는 웹사이트 업데이트 또한 수반할 수도 있다는 것이다. 당신의 유지 계획은 이와 같은 기초 또한 모두 다루고 있는가?

반드시 그래야 한다.

초점이 분명하고 공감을 주지만 놀라지는 않게

Halvorson의 동료 Erin Anderson는 콘텐츠 관리에 균형 잡힌 접근을 위한 방법을 지적했다. iOS 앱 콘텐츠를 관리하는 방법에 적용한 이 접근 방법은 초점을 분명하게 하고 공감을 주지만 놀라게 하거나 불안하게 하지는 말아야 한다는 것이다.

뭔가 멋진 말이다. 하지만 이것이 정말로 의미하는 것이 무엇일까?

Anderson은 이렇게 말한다. "당신의 콘텐츠가 모든 사람들을 항상 즐겁게 하지는 못한다." 고객 지향적인 디자이너들과 콘텐츠 제공자들의 문제점은 모든 고객 또는 사용자를 항상 행복하게 만들려고 시도한다는 것이다.

하지만 이 접근 방식을 논리적인 결론에 가져가면 이것이 비논리적이라는 것을 알게 될 것이다. 특히 우리가 App Store에 있는 등급과 코멘트에 지나치게 관심을 기울였을 때 그렇다(고객들이 공개적인 장소에서 어떻게 칭찬하거나 맹비난하는지 생각해보라).

분명히 우리가 앱 평가에서 건설적인 비판을 읽었을 때(또는 이것을 이메일을 통해 받았을 때) 주의를 기울이고 행동해야 한다. 하지만 초점이 분명한 콘텐츠 전략을 절제력 있게 따른다는 것은 우리가 정말로 수많은 사람들을 많은 시간동안 행복하게 해주려고 노력하고 있다는 뜻이다. 일단 우리가 전달하는 것을 조금 수정하면 모든 사람들을 행복하게 할 수 있다고 생각하기 시작하면, 우리는 자신을 속이는 것뿐만 아니라 우리의 본래 계획에서도 벗어나고 있는 것이다.

따라서 콘텐츠 전략을 수립할 때 즐거운 기분으로 하도록 하자. 웹에서와 마찬가지로 앱에서도 콘텐츠가 전부이다. 이것은 믿을 수 없을 정도로 중요하며 세부사항까지 철저히 계획해야 한다. 이것은 사람들이 앱을 원하고 사용하는 이유이다. 만약 당신이 iOS 앱을 콘텐츠에 초점을 맞추고 잘 관리하고 구조와 계획에 따라 다루면, 정말로 수많은 사람들이 수많은 시간동안 행복해 할 것이다.

그리고 그게 바로 성공이다.

앱 계획

이러한 사람을 본 적이 있을 것이다: 웹 사이트를 디자인하는데 무엇이 필요한지를 전혀 모르는 의뢰인 또는 고용인. 그들이 생각하는 방식은 다음과 같을 것이다:

1. 웹 사이트는 컴퓨터에서 실행한다.

2. 컴퓨터는 일을 정말로 빠르게 한다.

3. 웹 디자이너들은 컴퓨터에서 작업한다.

4. 그러므로 웹 디자이너들은 정말로 빠르게 웹 사이트를 디자인할 수 있다.

그리고 의뢰인이 내가 웹 사이트를 디자인하는 것을 좋아하니까 그들의 PowerPoint 발표 자료(바로 한 시간 뒤에 필요한)를 디자인하는 것을 좋아한다고 생각하게 하지 말자. 무슨 말인가 하면 이 둘은 본질적으로 비슷하다는 것이다. 그렇지 않은가(그리고 일반적으로 의뢰인도 같은 의뢰인이다)?

하지만 정말로 우리의 의뢰인들이 이런 오해를 하고 있을까? 사실 그렇지는 않다. 특히 우리가 콘텐츠의 일부 또는 페이지 템플릿을 빠르게 만들 수 있거나 그들 스스로 신속하고 빠르게 사이트 업데이트를 할 때에 그렇다. 왜냐하면 우리가 쉽게 사용할 수 있는 콘텐츠 관리 시스템을 그들을 위해 설정하였기 때문이다.

같은 문제를 앱을 디자인하는 것에 적용할 수 있다. 그들은 빠르고 작은 디바이스에서 실행된다. 그렇다면 왜 그들은 굉장히 빠르게 디자인할 수 있지 않을까? 오 이런 세상에. 하지만 의뢰인의 인식과 현실과의 차이는 그들의 잘못이 아니다.

이것은 우리의 잘못이다.

Patrick Lynch와 Sarah Horton의 도움으로 이것을 고칠 수 있다.

Lynch와 Horton은 〈Web Style Guide〉(2009, Yale University Press)[2]를 처음으로 출판한 이후 17년이 넘도록 사람들이 웹 사이트를 디자인하는 과정을 이해하도록 돕고 있다. 현재 3판까지 나온 이 책은 여전히 내가 가장 선호하는 디자인 책 중의 하나이며 웹 사이트를 디자인하는 것에 관한 의뢰인과 직원의 오해를 바로 잡도록 도와준다. 이 책은 또한 당신이 앱을 더 잘 디자인하도록 도와줄 것이다. 읽어보도록 하라.

역할과 책임 분명히 하기

기술 프로젝트에서의 대부분의 문제점들은 실제로 기술적인 것이 아니다. 주로 사람이다. 하지만 문제가 사람이라는 의미는 아니다. 비록 내가 이렇게 생각했고 여러분도 그러하리라고 확신하지만 말이다. 여러분도 인정할 수밖에 없을 것이다.

많은 문제들이 역할과 책임이라는 말로 귀결된다. 사실 이 관점은 문제가 사람이라는 생각을 강화하게 한다. 그렇지 않은가? 실제로 컴퓨터와 소프트웨어는 역할과 책임이 없다. 그들은 우리가 지시한 것을 정확히 수행하며, 우리가 지시를 엉망으로 하면 올바로 수행하지 못할 것이다. 왜냐하면 기술은 역할과 책임을 이해하지 못하기 때문이다.

따라서 당신이 새 앱 프로젝트를 흥분된 마음으로 시작할 때 이것이 의뢰인 또는 고용인을 위한 것인지, 마음을 가다듬고 뒤로 물러나서 여기에 연관된 여러 가지 역할들에 대해 생각해 보도록 하자:

- 프로젝트 매니저
- 정보 설계자
- 아트 디렉터
- 편집자
- 그래픽 디자이너
- 코더/프로그래머

그리고 다른 사람들도 있을 것이다.

이 역할들의 일부는 같은 사람들이 수행할 수도 있다. 누군가는 프로젝트를 관리하고 누군가는 콘텐츠의 구조를 잡고 누군가는 룩 앤 필을 결정할 것이다. 이 역할을 6명이 할 수 있고 2명, 또는 6명 이상의 사람일 수도 있다. 이것은 프로젝트와 팀의 크기에 따라 다르다.

어떤 면에서는 얼마나 많은 사람들이 연관되어 있는지는 그다지 중요하지 않다(나는 일반적으로 적을수록 더 좋다고 생각한다). 중요한 것은 관련된 사람들이 자신이 무엇을 할지 알아야 한다는 것이다. 하지만 어떻게 알 수 있을까?

여러분이 그들에게 말해줄 필요가 있다.

만약 여러분이 이 모든 역할들에 대해 아는 유일한 사람이라면, 그들에게 프로젝트에 대해 정의를 내려줄 책임이 있으며 누가 무엇을 할지에 대한 역할분담에 모든 사람의 동의를 얻어야 한다. 이것은 자기 자신에게 최고의 관심사(만약 그렇지 않다면 당신은 실패하게 될 것이다)일 뿐 만 아니라 앱 프로젝트에서 최고의 관심사이어야 한다.

따라서 미팅을 하고 해야 할 일을 적도록 한다. 만약 필요하다면 팀 명단을 귀엽게 디자인해보자. 하지만 역할과 책임이 분명히 수립되기 전까지 프로젝트를 진행하지 말아야 한다.

프로젝트 차터 개발하기

Lynch와 Horton은 웹 프로젝트를 위한 프로젝트 차터를 개발하는 것에 대해 특별히 도움이 되는 충고를 제공한다. 그리고 또한 나는 그들의 아이디어가 앱 프로젝트를 디자인하기 위해서도 유용한 것을 알았다.

프로젝트 차터는 프로젝트의 기본 요소들을 정의하는 간단하지만 포괄적인 문서이다. 이것은 이론상으로 다음 아이템들로 시작하여야 한다:

- 의뢰인(또는 고용주의 조직)의 임무
- 앱을 위한 두세 가지 정도의 핵심 목표
- 앱의 사용자
- 이 앱을 디자인하는 방법에 대한 설명이 앱의 목표를 달성하고 고객의 임무를 지원할 것이다.
- 앱의 성공 여부 예측

각각의 항목들을 명료하고 간결하게 정의할수록(누구도 복잡하고 막연하고 장황한 목표를 좋아하지 않는다) 자신과 의뢰인, 그리고 사용자들이 앱에 만족할 공산이 높다. 반대로 분명하고 간결한 것이 적을수록 프로젝트는 더 모호해질 것이다. 이렇게 되면 잘못된 기대, 혼돈, 오해 그리고 악감정을 유발할 것이다. 그리고 일단 사람들이 만족해하지 않으면 프로젝트는 대책 없이 길어지고 성공하지 못할 것이다.

하지만 프로젝트 차터는 유기적인 구조이며 계획에 따른 목표를 멈출 필요가 없다. 또한 앞 절에서 설명했듯이 참여하는 사람들의 역할과 책임을 요약하고 있어야 한다. 그리고 이것이 비용과 예산, 마감시간, 일을 진행하는 주요 단계들, 예상되는 광고 또는 마케팅 비용, 커뮤니케이션 계획 등의 현실적인 문제들을 다루고 있어야 한다. 이 아이템들 중의 일부는 자신의 권리를 나타내는 상세한 문서가 될 수 있을 것이다. 하지만 프로젝트 차터의 아이템으로서는 역량을 나타내는 척도로써 있어야 할 필요가 어느 정도 있다. 아이템들을 가능한 짧고 보기 좋은 목록으로 만들도록 하자. 그리고 정확한 측정이 힘들다면 거의 근사한 견적을 만들도록 하자. 이렇게 해두면 나중에 다듬으면 될 것이다.

결국 프로젝트 차터는 주요항목의 목록 또는 짧은 문장들로 이루어진 한두 장의 문서여야 한다. 이것은 충분히 간략해서 팀원들과 함께 주기적으로 평가할 수 있어야 한다. 비록 팀이 단지 자기 자신과 고용주 또는 의뢰인이어도 말이다. 그리고 단지 두 사람 뿐이라고 해서 프로젝트 차터를 작성하지 않아도 되는 핑계가 된다고 생각하지 말자. 두 사람이라도 분명한 계획이 없으면 반드시 언젠가는 의견이 맞지 않게 될 것이다.

솔직히 말해서 프로젝트 차터가 의견의 불일치가 발생하지 않도록 해주는 것은 아니다. 하지만 놀랄 만큼 불일치를 감소시킬 것이며, 몰래 일을 벌이다가 프로젝트에 대한 모든 사람들의 즐거움을 한번에 망치는 일 같은 것은 일어나지 않을 것이다.

앱을 종이에 그림으로 그려보기

좋은 앱 프로젝트 계획의 다음 단계는 전체 애플리케이션의 모든 화면을 그림으로 그려보는 것이다. 이 단계에서는 종이가 필요하다. 새로운 미디어 프로젝트를 디자인하는 것은 단순히 픽셀들을 사용하는 것이 아니다. 그렇지 않은가?

만약에 그냥 디자인을 시작하는 게 더 빠르다면 그림이 중요한 이유가 무엇인가? 결국 이것은 모두 디지털이다. 다시 작업하는 것과 수정을 가하는 것이 상당히 쉽다.

물론이다. 처음에는.

10번쯤 수정하고 나면 당신은 달리 생각하기 시작하고 프로젝트의 목표를 잊어버리게 될 것이다. 프로젝트의 범위와 요구사항이 자주 바뀌고 프로젝트에 대한 당신의 열정이 조용히 사라지게 될 것이다.

이것은 그림을 그리지 않았을 때의 결과이다.

그림으로 계획을 잡을 때 너무 세세하게 할 필요는 없다. 나는 단순하게 시작하도록 제안한다. 박스를 그리고 만약 필요하다면 손으로 레이블을 붙인다. 우리는 소프트웨어를 사용하는 것에 익숙해서 때때로 종이와 연필이 여전히 그런 대로 괜찮다는 것을 잊어버린다. 그리고 심지어 더 선호되기도 한다.

또는 프로그램을 사용해서 프로젝트를 그림으로 그려보자. 어떤 툴을 선호하는지에 상관없이, 이해하기 쉬운 앱 구조나 정보 아키텍처를 만든다(이것은 웹 사이트를 위한 구조 또는 정보 아키텍처와 같다). 앱 사용자들이 어떻게 이것을 사용하기 시작하는지, 어디에 있는 결정 포인트들이 그들을 인도할지를 보여주도록 한다. 당신의 구조가 어떻게 정보 계층들을 지원하는지와 이 앱을 우아하고 쉽게 사용하게 만드는 데 필요한 정보 덩어리에 대해 분명하게 나타내도록 한다.

당신이 모든 사람들이 그림을 승인하면 우리를 미치게 만들지 않으면서 앱 프로젝트가 한 단계 전진하게 된다.

시각적인 것들은 끝으로 아껴두자

이것은 웹 사이트에서보다 앱에서 하는 것이 다소 어렵다. 하지만 대부분의 시각 개발과 그래픽 디자인을 프로젝트의 끝부분으로 미루도록 하자.

여러분은 아마도 이것을 하지 않는 것이 어떤 것인지 경험이 있을 것이다. 의뢰인들은 프로젝트를 위한 그래픽을 보는 것을 좋아한다. 스크린에서 매혹적으로 빛나는 잘 디자인된 그래픽은 의뢰인들을 감탄시킨다. 그리고 이것은 프로젝트가 완성된 것처럼 보이게 하기도 한다. 실제로 그렇지 않지만 말이다.

헛된 기대 문제를 기억하는가? 너무 빨리 만든 그래픽은 프로젝트에 대한 헛된 기대의 가장 주요한 원인이다.

앞서 말했듯이, 룩 앤 필을 내비게이션과 앱의 콘텐츠와 분리하는 것은 다소 어려울 수 있다. 매우 작은 스크린에서는 눈으로 보기에만 좋은 것을 위한 공간이 거의 없다. 심지어 모형 테이블 뷰 내비게이션은 이미 완성된 것처럼 보이게 할 수 있다.

어떤 경우에는 빨리 만들 수 있음에도 불구하고 일부 요소들을 가능한 한 연기해서 나중에 만들기를 원할 수도 있다. 스크린에 픽셀을 뿌리기 전에 연필 스케치로 어느 정도 세세한 디자인을 만들어 모두가 받아들이도록 할 수 있다는 점을 잊지 말자.

반면에 과도한 문서에 너무 열중하거나 시각적인 요소들을 만드는 것을 너무 오래 미루지 않도록 한다. 시간과 경험이 쌓이면 충분한 계획과 문서로 만들 필요가 있는 것들에 대해 측정할 수 있는 능력이 생길 것이다. 적당한 수준이라면 문제에 대한 답을 얻을 수 있고, 현실적인 기대치를 설정하고, 목표를 명확히 하며 관련된 모든 사람들을 행복하게 할 수 있다. 너무 적으면 작은 오해가 주요 문제로 곪아갈 수 있게 할 수도 있다. 그리고 너무 많이 읽으면 관계와 에너지 그리고 프로젝트의 가속도 측면에서의 의지를 소모시킬 수 있다.

계획을 너무 크게 잡지 말고 그냥 올바른 방향을 잡도록 노력하자. 이렇게 하면 앱 프로젝트와 함께 행복과 성공이 따라올 것이다.

앱 사용성

사용성 컨설턴트인 Steve Krug는 자신의 저서 〈상식이 통하는 웹사이트가 성공한다〉(2006, 대웅)의 「Billboard Design 101」 이라는 부분에서 웹 사용성에 대한 굉장하면서도 기초적인 지침들을 제시한다. 그는 몇 년에 걸쳐 사람들이 웹 사이트를 어떻게 사용하는지를 관찰한 것에 기반을 두어 이 권고 사항들을 내놓았다. 사용자들이 데스크탑과 노트북 컴퓨터의 큰 화면에서 웹 사이트를 방문할 때 사이트 소유주나 디자이너들이 생각하는 방식으로 움직이지 않는다.

많은 텍스트 콘텐츠를 공유하기를 원하는 사이트 소유자들은 방문자들이 이 사이트를 고전 문학처럼 여기고 시간을 들여 모든 단어를 주의 깊게 애정을 갖고 읽을 것이라고 생각할 것이다. 사실 사이트 소유자가 사람들이 읽기를 기대하는 콘텐츠의 양을 고려했을 때, 어떤 사람은 이렇게 생각할 수도 있다. 사이트의 소유자는 실제로 성공하지 못한 소설가이며 이것들을 웹 사이트에 모두 올리는 대신에 출판사를 찾아야 할 것이라고 말이다.

웹 디자이너로서 우리는 우리의 기대치가 이와 비슷하게 높다고 인정해야만 한다 (아마 마지못해서 할 수도 있다). 디자이너들은 방문객들이 우리의 아름다운 웹 사이트—정말 아름답지 않은가?—에 오는 것을 상상한다. 그들은 우리 디자인의 우아한 아름다움에 완전히 사로잡혀 있다. 천사의 합창이 들려오고 완전히 넋이 빠진 상태로 놀라운 픽셀 창조물을 응시하면서 눈에는 눈물이 차오른다. 뭐 이와 비슷한 반응을 보일 것이다.

하지만 Krug와 사용성 테스트를 해 본 사람이라면 누구나 이런 이상적인 기대치와 실제 사용자 행동 사이의 거대한 틈을 접하게 된다. 사람들은 웹 사이트를 방문하고 그에 대해 열광적으로 이야기하기 위해 몇 시간씩 소비하지는 않는다. 방문객들은 서둘러 정보를 찾으며 우리가 그에 대해 할 수 있는 것이 없다. 온라인 환경에 관한 모든 것은 즉각적인 만족을 이야기한다. 따라서 사람들은 그에 따라 행동한다. 그들은 페이지를 흘낏 보고 텍스트를 훑어보고, 계속 이동하기 위해 링크와 같은 것들을 클릭한다.

이 동사들을 다시 살펴보도록 하자. 흘낏 보기, 훑어보기, 클릭. 이들은 모두 몇 초 동안에 이루어진다. 따라서 몇 초 동안에 우리는 방문객들이 고전문학이나 예술시를 이해하도록 설득해야만 하는가? 이것에 대해 생각한다면 아주 웃긴 일이다(말장난이 아니다). 아마도 Krug는 그의 책 제목을 〈Don't Make Me Laugh〉라고 고쳐야 했을 것이다. 내가 아는 그는 유머감각이 뛰어난 사람으로, 사용성 평가를 하고서 의기소침해 하는 사이트 소유자들과 디자이너들을 보게 되면 아주 심하게 웃어댔다. 내가 겪어보았기 때문에 나는 자신의 높은 디자인 기대치를 낮추는 것이 어떤 느낌인지 정확히 알고 있다.

그러니 이제 Krug가 이 상황을 위해 충고한 것이 무엇이며 어떻게 그것이 iOS 모바일 디바이스들을 위한 앱을 디자인하는 데에 적용할 수 있는지 함께 살펴보고 그것에 대해 생각해 보자.

시각적인 체계를 분명하게

분명한 시각 체계를 만드는 것은 디자이너가 프로젝트와 그 콘텐츠에 부여할 수 있는 가장 중요하고 핵심적인 서비스 중 하나이다. 사실 이것은 끝이 없다. 나는 미네소타 대학의 학부과정에서 Graphic Design 101 way라는 강좌로 시각 체계의 기초를 가르치고 있었다. 시기적으로 그들이 매력적인 웹과 쌍방향 미디어 기술에 대해서 많이 배우기 전이었다. 좋은 웹 사이트(지금은 모바일 애플리케이션)를 디자인할 때나 효과적인 포스터, 책 또는 엽서를 디자인할 때나 이런 시각적 체계는 똑같이 중요하다.

Krug는 좋은 시각 체계의 기본 교리는 다음과 같다고 주장한다:

- 가장 중요한 것을 가장 눈에 띄게 만들어라.
- 같은 종류의 아이템들을 그룹으로 만든다(그리고 다른 종류의 아이템들은 분리한다).

- 카테고리와 그 안의 아이템들 사이의 관계를 더 분명하게 하기 위해 내포화(nesting)를 이용한다.

나는 전폭적으로 이 기본 규칙들에 동의한다. 이 같은 방식은 수세기 동안 출판물에서 사용되어 왔고 사람들이 많은 양의 빽빽한 콘텐츠를 탐색할 수 있게 했다 (신문과 사전을 생각해 보라).

이 지침들과 관련이 있는 일부 iOS 제안은 다음과 같다:

- 웹 사이트에서와 마찬가지로 앱에서 쓰는 활자체를 요령 있게 선택하도록 하고 스타일을 많이 사용하지 않도록 한다. 크기순 배열, 볼드체의 사용 그리고 기껏해야 두 개정도의 활자체를 사용해서 작은 스크린에서 당신이 원하는 콘텐츠 체계를 만들 수 있어야 한다.
- 함께 속하는 아이템의 그룹들이 있을 때 그룹 테이블 뷰(grouped table view)를 사용한다.
- 정의 리스트(definition lists)는 레이블 밑에 정보를 내포하기 위한 좋은 방법이다.

관습을 이용하기

디자이너들에게 관습은 약간 역설적이다. 우리는 대단한 아이디어를 좋아한다. 하지만 대단한 아이디어를 다른 사람들이 모방하고 폭넓게 주류에 편입되어 갈수록(그래서 관습이 된다), 우리는 더 짜증을 내기 시작하고 무언가 다른 것을 원하게 된다. 독특하고 창조적인 디자인을 하도록 하라.

하지만 Krug가 언급한 것처럼 관습은 우리의 친구이다. 그리고 디자인하는 것이 항상 무언가 다른 것을 만드는 것은 아니다.

관습이 더 많이 적용될수록, 사용자들과 고객들이 우리가 디자인한 것을 사용하기 위해 알아내야 할 것이 더 적어진다. 그리고 만약 우리의 목표가 사람들이 정보를 빠르고 쉽게 얻게 하는 것이라면 관습의 역할이 커진다. 만약 대신에 우리가 재미있는 정보를 찾아내기 위한 모험적이며 도전적인 수단('이스터 에그' 같은)을 원한다면, 모호한 방법으로 디자인하면 된다.

후자는 게임 분야에서 대단히 재미있을 수도 있다. 하지만 현실에서 대부분의 사람들은 빠른 결과를 원한다. 대개는 익숙하지 않은 아이템들보다는 좀 더 익숙한 것을 이용해야 함을 의미한다.

결과적으로 우리는 중요한 이유 때문에 상태 바, 타이틀 바, 테이블 뷰 그리고 탭 내비게이션과 같은 iOS 관습에 익숙해지라고 강조한다. 우리는 다른 모바일 애플리케이션들(애플이 디자인한 것 포함)에서 이 아이템들을 항상 본다. 따라서 우리는 iOS 관습을 적합하게 사용한 앱을 디자인하는 방법을 배울 필요가 있다. 그리고 이것은 우리가 언제 어디에서든지 사용자가 원할 때 사용자에게 쉽게 정보를 전달하는, 콘텐츠에 기반을 두는 앱을 디자인하기를 원할 때 적합하다.

페이지를 명확하게 정의된 영역으로 쪼개기

iPod touch와 iPhone 스크린이 얼마나 작은지를 고려해서 당신은 처음에는 모바일 애플리케이션에서 정의된 영역에 대해서 생각하는 것을 묵살할지도 모른다.

하지만 다시 생각해보라.

작은 iOS 스크린 사이즈는 웹 페이지에서와 같은 죽은 공간이 없기 때문에 작은 스크린 환경에서 중요한 콘텐츠로 주의를 끄는 문제는 큰 스크린 환경에서와 같이 도전적이지 않다. 그럼에도 불구하고 당신이 앱 스크린에 타이틀 바, 콘텐츠 영역, 필요할 경우 탭 내비게이션을 배치하면 곧바로 읽기 위한 콘텐츠와 대비되는 동작을 할 수 있는 영역을 결정해야 할 것이다. 그리고 작은 스크린이더라도 앱 스크린에 사용자가 살펴볼 수 있는 부가적인 링크들을 놓는 것이 여전히 가능하다. 마찬가지로 콘텐츠를 잘못된 방식으로 구조화하거나 내비게이션 버튼 또는 탭에 라벨을 잘못 붙이면 의도한 디자인의 명확성이 감소하게 될 것이다.

iPad 구역으로 들어가면 페이지의 명확히 정의된 영역과 같은 문제가 훨씬 더 어려워질 수 있다(그림 A.1).

A.1 iPad 스크린상의 App Store는 많은 것들을 가지고 있다. 이 영역들은 분명히 정의되었고 계층은 잘 만들어졌는가? 이 스크린은 방문객들에게 분명하게 보이도록 디자인되었고 또한 그들이 둘러보도록 만드는가?

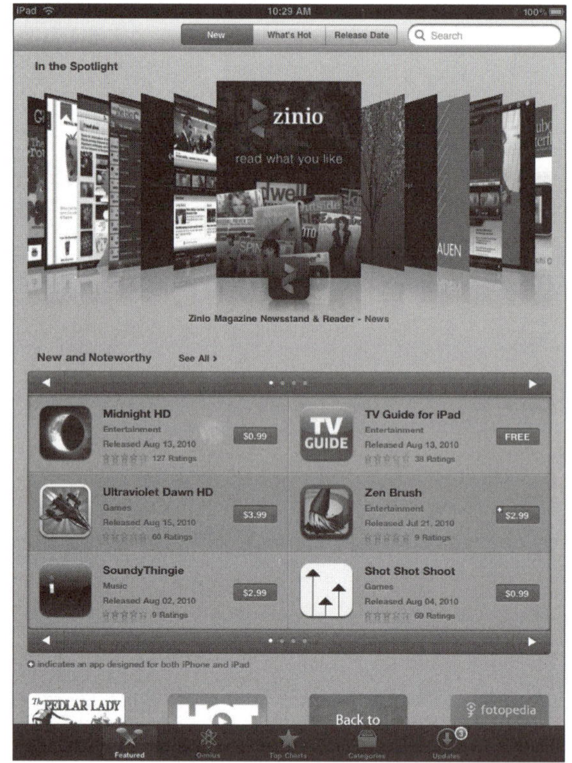

물론 이 규칙들에는 예외가 있다. App Store의 예를 보면, 애플의 디자인 팀이 스크린의 분명하게 정의된 영역을 잘 만들 수 있다는 것이 확실하다. 상단에는 세 개의 선택 가능한 탭이 있다. 그 밑에는 Spotlight Cover Flow 영역이 있고 그 밑의 영역들은 이용할 수 있는 최신 앱에 초점을 맞추고 있다. 스크린 레이아웃은 꽤 명확하고 디바이스에 맞는, 최신에 만들어진 관습들을 아주 잘 사용하고 있다. 하지만 계층이 특별히 명확하지는 않다고 말하는 것이 맞는 것 같다.

하지만 우리가 생각해 보았을 때, 애플은 사람들이 많은 앱에 관심을 갖도록 노력하고 있다. 모든 앱 말이다. 따라서 계층이 부족한 것은 아마도 의도적인 것일 수도 있다. 이 앱 디자인은 돌아다니고(browse) 검색하는(search) 것을 권장하는 것이지 구조화된 콘텐츠를 탐색하는(navigate) 것이 아니다.

따라서 정당한 이유가 있다면 좋은 사용성 관습들에 얽매이지 않아도 좋다.

클릭할 수 있는 것을 명백하게 하라

사람들은 웹 사이트와 iOS 앱 모두에서 클릭을 많이 한다. 따라서 무엇이 클릭 가능한지 명확히 나타내야 한다. 이 경우에는 무엇을 터치할 수 있는지가 사용 편의성과 효율성을 위해 무엇보다도 중요하다. 다행히도 애플은 앱에서 명백히 터치 가능한 지점들을 위해 여러 가지 UI 표준을 제공한다:

- 테이블 뷰 내비게이션에서 행
- 탭 바 내비게이션에서 탭
- 모서리를 둥글린 직사각형 버튼
- 왼쪽을 가리키는 백(back) 버튼

부가적으로 좀 더 고급 기능을 사용할 수 있는 앱 디자이너들은 훌륭한 date picker 인터페이스를 이용할 수 있고 정보와 선택들과 상호작용하는 방법들을 사용한다.

따라서 터치하는 것의 기본 원칙은 다음과 같다. 만약 무언가가 앱 안의 다른 무언가에 링크되어 있다면, 이것은 명백하다. 나는 여전히 앱 콘텐츠 안에서 하이퍼링크(hyperlink)를 디자인하고 때때로 링크만으로 충분히 명확하게 보이지 않는다는 것을 인식하게 된다. 반면에 콘텐츠에 많은 버튼들을 배치하면 읽는 흐름이 깨지게 된다(그림 A.2).

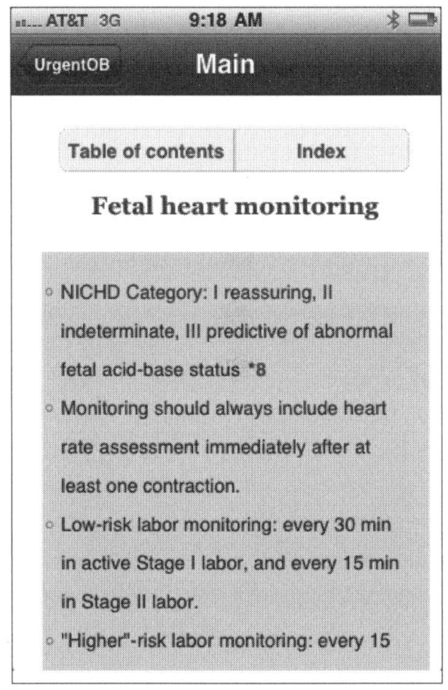

A.2 내가 디자인한 앱의 스크린 샷. 개인적인 의견으로는 좀 더 명확하게 나타내야 할 버튼 또는 링크가 있다. 어떤 것인지 말할 수 있겠는가? 그것은 *8이다. 이것은 볼드체(bold)이지만 그럼에도 불구하고 링크라는 사실을 알아보기 어렵다.

으흠... 사용하기 쉬운 앱 콘텐츠를 디자인하는 것이 항상 간단한 것은 아니다. 그렇지 않은가? 이것에 비추어 보았을 때 디자인 개선 작업을 반복하고 앱을 개발하면서 스스로 배운 새로운 아이디어를 적용하는 것을 결코 지체하지 말도록 하자. 일단 앱이 App Store에 있으면 당신은 앱을 업데이트할 수 있다. 이것을 활용하라!

노이즈를 최소화하기

불필요한 시각적인 노이즈는 훨씬 큰 웹 페이지보다 iOS 앱 스크린에 덜 스며드는 것 같다. 하지만 이것이 불가능한 것은 아니다. 노이즈는 캄캄한 선 또는 그림자와 같은 부분에 가끔 나타난다. 만약 당신이 사용자 지정 버튼을 디자인하고 있다면, 버튼이 너무 많은 노이즈를 만들기 전에 경계는 얼마나 넓어야 하며 그림자 효과는 얼마나 어두워야 하는가? 이것은 사용자 지정 테이블 뷰에서도 마찬가지다. 만약 당신이 특별한 질감의 배경 이미지를 추가하고 있다면, 무엇이 우아하고 절묘한 것이고 무엇이 서투른 것인가?

그리고 iPad 스크린을 가지고 다시 말하면, 당신이 작업해야 할 영역이 넓을수록 엉망이 될 가능성도 더 높아진다.

내가 보기에 iPad를 위한 UI 디자인은 여전히 서부개척 수준이다. 마치 90년대 중반의 웹과 같다. 거의 아무거나 들어가고 있는데 관습이 나타나는 데에는 시간이 걸리고 태블릿 컴퓨팅은 아주 새로운 영역이기 때문이다.

하지만 생각의 덫에 빠지지 않도록 하자. 왜냐하면 관습들은 여전히 나타나는 중이고 여러분은 원하는 것은 무엇이든 디자인할 수 있다. iPad를 위한 디자인을 할 때에도 사용성 권고 사항들을 마음에 간직하도록 하자. 친근하게 느껴지는 훌륭하고 우아하고 사용하기 편리한 아이디어를 떠올리도록 노력해 보도록 하자.

아마도 여러분은 모든 사람들의 디자인 관습이 될 최고의 관례를 개발해낼 수도 있을 것이다.

references

1. http://blog.braintraffic.com/2010/08/content-creation-quality-vs-quantity-or- "a-recipe-for-content-deliciousness" /

2. Yale University Press, 2008. 다음의 웹 사이트에서도 찾아볼 수 있다: http://www.webstyleguide.com.

찾아보기